网络直播平台
著作权侵权制度研究

姚震 著

ZHIDU YANJIU
ZHUZUOQUAN QINQUAN
WANGLUO ZHIBO PINGTAI

中国政法大学出版社

2022·北京

声　明　　1. 版权所有，侵权必究。
　　　　　2. 如有缺页、倒装问题，由出版社负责退换。

图书在版编目（CIP）数据

网络直播平台著作权侵权制度研究/姚震著.—北京：中国政法大学出版社，2022.9
ISBN 978-7-5764-0486-9

Ⅰ.①网… Ⅱ.①姚… Ⅲ.①著作权－侵权行为－研究－中国 Ⅳ.①D923.414

中国版本图书馆CIP数据核字(2022)第134346号

出 版 者	中国政法大学出版社
地　　址	北京市海淀区西土城路25号
邮寄地址	北京100088 信箱8034分箱　邮编100088
网　　址	http://www.cuplpress.com（网络实名：中国政法大学出版社）
电　　话	010-58908435(第一编辑部) 58908334(邮购部)
承　　印	固安华明印业有限公司
开　　本	720mm×960mm　1/16
印　　张	19.5
字　　数	308千字
版　　次	2022年9月第1版
印　　次	2022年9月第1次印刷
印　　数	1～1500册
定　　价	62.00元

前　言

近年来，随着互联网产业的飞速发展和信息技术的迭代进步，特别是智能手机和移动互联网的广泛普及，网络直播迅猛发展，成为社交、营销、教育等传统活动的新传播方式，呈现爆发式增长。根据《2020年中国网络表演直播行业发展报告》，2020年我国网络直播（表演）行业市场规模达1930.3亿元，主播账号累计超过1.3亿个，网络直播用户规模达6.17亿人，占网民整体的62.4%。网络直播行业发展至今，已形成较为成熟的产业链，产业链上的各个环节和相关主体通过分工协作、价值传导、信息传播、利益分配等方式紧密合作，贯穿网络直播活动的全流程，建立了稳定的行业生态系统。在这一生态系统中，网络直播平台处于中心环节，发挥着主导作用。

值得注意的是，在网络直播行业蓬勃发展的同时，各类侵权违法行为也随之层出不穷，影响和制约了网络直播行业的健康发展。其中，尤以著作权侵权问题较为突出，司法实践和学术界近年来也对网络直播环境下著作权保护予以了大量关注，特别是对网络直播行为的著作权法规制、网络直播内容的著作权法认定等课题进行了深入研究探讨。本书认为，除了上述课题外，还应专门就网络直播平台这个中心环节，对其涉及的著作权侵权问题进行研究，合理构建网络直播平台著作权侵权责任的认定规则。

网络技术与信息产业的高速发展不断为社会经济带来新动能，也在日益深刻地改变着人们的生活方式。与此同时，网络技术的不断革新也对知识产权，特别是著作权保护提出了新挑战。在网络时代来临前，著作权制度业已经过三四百年的发展，形成了一套成熟的规范体系。以《伯尔尼公约》为代表，著作权制度重点关注和调整著作权基本原则、著作权客体（作品）、权利主体（作者）、专有权利（精神权利、经济权利）、保护期限等传统领域。互联网时代到来后，以互联网为技术媒介进行的作品生产和传播迅速形成了自身特点和运行规律，特别是由于"网络服务提供者"这一关键变量的出现，传统著作权法（传统侵权法）中以"侵权人（加害人）—权利人（受害人）"为基本模式的主体结构发生了重大改变，"网络服务提供者"成为网络用户（通常是侵权人）和权利人之间在建构法律关系时不可逾越的主体因素。可以说，网络环境下的著作权保护制度就是围绕调整三者之间的法律关系设计的，甚至可以说，网络著作权领域的一切制度设计、争论、发展、创新几乎都是为了不断厘清和细化网络服务提供者的权利义务。

网络直播平台是一类特殊的网络服务提供者，其从外观上看，与传统信息网络传播权保护中的"信息存储空间"服务提供者十分类似，但行为模式又具有特殊性。此外，网络直播平台作为一类网络平台，其主要涉及的网络直播行为与信息网络传播行为在著作权法意义上也有着本质区别。在中国现行法律规范体系下，网络直播平台著作权侵权制度缺乏独立性，依附于网络服务提供者侵权制度一般规则。众所周知，中国法上网络服务提供者侵权制度的一般规则深受美国"避风港"规则影响，同时，在适应中国法治传统、传播技术和互联网产业发展、司法实践等基础上，逐渐形成和发展出具有中国特色的制度模式。经过多年的发展巩固，不夸张地说，这一制度模式无论是在立法层面、司法实践层面还是主流学术理论中，似乎都具有不可撼动的地位，并随之产生了某种根深蒂固的路径依赖——但凡涉及网络服务提供者侵权责任（即所谓"平台责任"）的讨论，大抵从直接侵权抑或间接侵权、明知应知的判定、"必要措施"的履行等维度进行考量，最终确定网络服务提供者能否进入"避风港"免责。

然而，这一发端于20世纪末、产业早期的制度模式，在互联网产业日新月异、形形色色的网络服务提供者与"BBS布告栏"存在天壤之别的今天，是否仍然具有解释一切的生命力？是否已经滞后过时、需要重塑？不少学者已经对此展开探讨。本书作者在律师工作实践中接触到的不少新型平台责任案例，也在不断对现行制度模式的普适性进行着拷问。本书正是期待通过对网络直播平台著作权侵权制度的研究，撬动中国法下网络服务提供者侵权制度模式的重塑。本书的整体研究思路是：通过对网络直播及网络直播平台内在规律的考察，结合网络直播平台著作权侵权制度现行规范渊源美国模式及本土规范基础中国模式的理论分析，探讨中国模式下网络直播平台著作权侵权制度的运行现状、困境及成因，最终从安全保障义务的新视野提出重塑网络直播平台著作权侵权制度的对策建议。基于这一思路，本书具体分为五章：

第一章是对网络直播和网络直播平台规律性问题的研究。主要分析了网络直播的定义和类型，网络直播兴起的历程及目前的发展态势，梳理了网络直播行业的运营模式和基本特征，回顾了网络直播中著作权侵权行为的类型、法律规制与热点问题。网络直播平台是基于网络，为直播参与主体开展各类直播活动提供软硬件服务和虚拟场所的经营者。本章针对网络直播平台的经营模式，围绕网络直播平台与直播公会、主播的关系模式、网络直播平台的内容生产模式、网络直播平台的收入分成模式进行分析，并对网络直播平台在著作权法上的法律性质进行探讨。

第二章主要对网络直播平台著作权侵权制度的现行规范渊源美国模式进行深入研究。首先分析了美国模式的理论基础，即传统著作权法"直接侵权—间接侵权"二分法理论及网络著作权间接侵权理论。接着分析了美国模式形成的国际国内背景。本章重点对美国模式的规则体系、主要内容和制度机理进行研究。美国模式的制度机理包括"避风港"规则、"通知—删除"规则、免责排除规则和特别义务条款等具体规则的制度结构、内在逻辑和相互作用。本章还从案例视角对美国模式下网络直播平台版权侵权的司法实践情况进行探究。

第三章是对网络直播平台著作权侵权制度的本土规范基础中国模式的具体研究。网络直播平台著作权侵权制度缺乏独立性，内嵌并依附于网络服务提供者侵权制度一般规则。本章梳理了中国模式形成前的早期立法情况、对美国模式的移植借鉴及其形成和发展的脉络。并对中国模式的特征、理论建构和规则体系进行剖析，这主要包括：主体范围和权利客体的扩大、形式上与传统民法理论相兼容、过错认定规则的发展和必要措施理论。本章还就近年来随着网络服务业态不断创新而产生的新型网络服务提供者侵权典型案件对中国模式的影响进行探讨。

第四章主要针对中国模式下网络直播平台著作权侵权制度的运行现状、困境及成因进行研究。本章首先分析了中国网络直播平台著作权侵权制度运行中法律适用规则和责任认定规则的应然逻辑，并通过具体案例印证了这一逻辑，同时总结了司法实践中暴露出的问题。结合司法实践未解决的问题以及网络直播平台的特征和商业模式，归纳出中国模式下网络直播平台著作权侵权制度面临的直接侵权与间接侵权区分困境、过错认定规则困境、"通知—必要措施"规则失灵等主要困境。探究这些困境产生的成因：一方面，中国模式脱胎于美国模式，而美国模式从制度基因上就存在诸多局限性，如成立条件方面的先天局限性、"通知—删除"规则须有实施的可能性、过度减轻网络服务提供者义务等。另一方面，中国模式有着其自身建构局限性。其中，中国模式对免责条件的僵化改造是根本成因，"通知—必要措施"规则的滥用是直接成因，而替代责任的缺位则是消极成因。两方面原因相互作用共同造成了网络直播平台著作权侵权制度的实践困局。

　　第五章对重塑网络直播平台著作权侵权制度提出对策建议。首先对中国模式的积极方面和消极方面进行反思，总结了学术界关于改造中国模式的路径探索，指出放弃美国模式制度样板是广泛共识。接着探究了传统民法中的安全保障义务理论，提出将网络服务提供者侵权制度纳入安全保障义务制度，并分析了其法理上的正当性、行为类型上的一致性和比较法上的经验，指出在制度接入时应同步对现行安全保障义务制度的责任承担方式进行改造和引入替代责任。本章重点对安全保障义务视野下网络直播平台著作权侵权制度的构建进行了规划：一是指出其义务来源；二是对其制度内核——注意义务的内容和范围进行分析，这包括对现有制度资源的合理取舍，依靠内容过滤技术履行主动审查义务，加强同权利人在共建版权库、建设在线授权系统和利用最新科技成果方面的合作，以及加强事后管理并将其与日常监管融为一体；三是对新视野下网络直播平台承担直接侵权责任、第三人介入下的连带责任和替代责任的具体条件进行研究和设计。

　　囿于作者学识水平，疏漏之处在所难免，恳请方家批评指正。

作　者

2022 年 4 月 26 日

缩略语

名称	简称
《中华人民共和国民法典》	《民法典》
《中华人民共和国民法通则》	《民法通则》
《中华人民共和国侵权责任法》	《侵权责任法》
《中华人民共和国著作权法》	《著作权法》
《中华人民共和国反不正当竞争法》	《反不正当竞争法》
《中华人民共和国网络安全法》	《网络安全法》
《中华人民共和国电子商务法》	《电子商务法》
其他法律	均省去国家名称
《信息网络传播权保护条例》	《信网权条例》
《最高人民法院关于审理涉及计算机网络著作权纠纷案件适用法律若干问题的解释》	《网络著作权司法解释》
《最高人民法院关于审理侵害信息网络传播权民事纠纷案件适用法律若干问题的规定》	《信网权司法解释》
《最高人民法院关于审理人身损害赔偿案件适用法律若干问题的解释》	《人身损害赔偿司法解释》
《最高人民法院关于审理利用信息网络侵害人身权益民事纠纷案件适用法律若干问题的规定》	《网络人身权司法解释》
《保护文学和艺术作品伯尔尼公约》	《伯尔尼公约》
《保护表演者、录音制品制作者和广播组织国际公约》	《罗马公约》
《与贸易有关的知识产权协定》	《TRIPS协定》
《世界知识产权组织版权条约》	WCT

续表

《世界知识产权组织表演和录音制品条约》	WPPT
《知识产权和国家信息基础设施》	《白皮书》
《千禧年数字版权法》	DMCA
《美国参议院关于 DMCA 的报告》	《DMCA 报告》

目录

绪 论 …………………………………………………………………… 1

第一章　网络直播与网络直播平台概论 ………………………… 7
　第一节　网络直播 …………………………………………………… 7
　第二节　网络直播平台 ……………………………………………… 25
　第三节　网络直播平台在著作权法上的法律性质 ………………… 33
　小　结 ………………………………………………………………… 43

第二章　网络直播平台著作权侵权制度的现行规范渊源——美国模式 …… 47
　第一节　美国模式的理论基础 ……………………………………… 48
　第二节　美国模式的形成背景 ……………………………………… 57
　第三节　美国模式的制度载体 ……………………………………… 68
　小　结 ………………………………………………………………… 98

第三章　网络直播平台著作权侵权制度的本土规范基础——中国模式 … 102
　第一节　立法上的移植和发展 ……………………………………… 103
　第二节　中国模式的理论建构和规则体系 ………………………… 125

第三节　新型案例对中国模式的影响 …………………… 145
小　结 …………………………………………………………… 154

第四章　中国网络直播平台著作权侵权制度的运行现状、困境及成因 … 157
第一节　中国网络直播平台著作权侵权制度运行的应然逻辑 ………… 157
第二节　中国网络直播平台著作权侵权制度的司法实践 ……………… 162
第三节　中国网络直播平台著作权侵权制度的困境 …………………… 174
第四节　成因之一——美国模式的制度基因局限性 …………………… 189
第五节　成因之二——中国模式的自身建构局限性 …………………… 196
小　结 …………………………………………………………… 207

第五章　重塑网络直播平台著作权侵权制度的对策建议 ……………… 212
第一节　中国模式之反思 ………………………………………… 212
第二节　新视野下的网络服务提供者侵权制度 …………………… 223
第三节　安全保障义务下的网络直播平台著作权侵权制度 ……… 235
小　结 …………………………………………………………… 258

总　结 …………………………………………………………… 263

参考文献 ………………………………………………………… 282

后　记 …………………………………………………………… 296

绪 论

一、问题的提出

2018年12月，北京互联网法院对"音著协诉斗鱼"案作出一审判决[1]，该案因涉及网络直播平台的著作权侵权责任承担问题而备受关注。该案中，斗鱼直播平台（下称"斗鱼"）提供的直播回看视频中存在未经权利人音著协许可的音乐作品，音著协指控斗鱼侵害其著作权。一审法院认为，虽然涉案音乐作品系主播在直播过程中播放，但由于斗鱼与主播之间的服务协议约定所有直播成果的知识产权归斗鱼所有，故斗鱼应对侵权行为承担责任，遂判决斗鱼败诉。此后，该案二审[2]、再审[3]均维持了一审判决。这一案件的性质实际上属于传统的信息网络传播权侵权纠纷（侵权内容为回放视频），抛开法院通过权利归属认定侵权责任的裁判规则争议，该案最引发思考的问题在于涉案信息网络传播行为如果换成直播行为，将会出现哪些新问题。正如审理该案的法官所言，由于网络直播平台的快速兴起和蓬勃发展，如果权利人针对网络直播行为本身提起诉讼，此时网络直播平台的责任应如何认定？

同时，结合网络直播行业发展现状，该案还提出了一系列新课题：网络直播平台作为一种新型网络服务提供者有什么特点？如网络直播中发生侵权行为时责任主体究竟是主播还是平台？网络直播平台是否适用"通知—删除"规则？面对海量主播和直播内容，网络直播平台究竟应该免责，还是负有更

---

[1] 北京互联网法院（2018）京0491民初935号民事判决书。
[2] 北京知识产权法院（2019）京73民终1384号民事判决书。
[3] 北京市高级人民法院（2020）京民申924号民事裁定书。

高注意义务，抑或强化审核监管？针对主播在直播过程中屡见不鲜地随意使用他人作品的问题，网络直播平台如何与权利人建立良好的合作机制，防范侵权风险并加强著作权保护，从而最终促进网络直播行业健康发展？这些问题归结起来都涉及对网络直播平台著作权侵权制度的认识和理解。值得一提的是，该案法官在案件评述中明确指出，法院强调了对网络空间交往行为责任的考量，同时指出现有制度对网络直播平台的规制力有不逮，明确网络直播平台著作权侵权制度刻不容缓。

鉴于此，本书认为，网络直播环境下著作权的保护，除了对网络直播行为的著作权法规制、网络直播内容的著作权法认定等课题进行研究外，迫切需要对网络直播平台著作权侵权制度进行研究，合理确定网络直播平台著作权侵权责任的认定规则。正如上述案件所示，现实中网络直播平台除了提供直播服务外，往往还提供直播回放和长短视频点播服务，而后者实际属于信息网络传播权范畴，故本书仅针对网络直播平台基于直播行为产生的著作权侵权问题进行探讨。

二、研究现状

由于网络直播及网络直播平台近几年刚刚大规模兴起，聚焦于网络直播平台著作权侵权制度的专题研究相对不足，但长期以来学界对于平台责任（网络服务提供者的著作权及其他民事侵权责任）研究极为丰富，为本书的研究提供了重要的理论基础和思想宝库。同时，对于网络直播涉及的著作权保护其他相关问题的研究成果也为本书提供了有益借鉴。现有研究主要涉及四个方面内容：

第一，对于网络服务提供者侵权制度的研究。学者关注的重点包括：侵权责任法将"避风港"免责规则改造为归责原则后的法系调适问题；网络服务提供者的概念、范围、类型、法律地位等问题；从民法视角考察网络侵权责任的责任性质问题（直接责任与间接责任、共同侵权及帮助侵权责任、不真正连带责任等）；网络服务提供者的审查义务、注意义务问题、举证责任问题；网络服务提供者的过错认定问题（故意与过失，明知、应知的认定）；通知问题（合格通知的要件、转通知、反通知等问题）；必要措施问题（及时性、比例原则等）；比较法（DMCA、欧盟电子商务指令、欧盟数字化单一市场版权指令等）上网络平台责任的来源及发展等。此类研究的总体趋势是对于网络服务提供者平台责任应当加重还是应当防止过重进行深入研究和争论，而平台责任是网络环境下绕不开的世界性难题，关于权利人、网络平台、网络用户和社会公共利益如何平衡实质上是上述研究的核心。

第二，对于新型网络服务提供者著作权侵权责任的研究。主要集中在近年来相关典型案例涉及的云服务器提供商、微信（小程序服务）等难以归入传统四类网络服务提供者的新型网络服务提供者的法律性质、注意义务、责任承担方式等问题的研究。随着平台类型的不断增加，新型平台著作权侵权案件势必不断产生，这方面研究将更加丰富。

第三，关于网络直播行为的著作权法规制研究。重点集中在现行著作权法下，著作权人控制作品通过网络实时传播行为的法律依据，尤其是对网络直播体育赛事节目、综艺晚会节目等典型案例引发的关于广播权控制范围、信息网络传播权控制范围、兜底权利的适用等问题的研究。现有研究结合《伯尔尼公约》、WCT第8条等国际条约的立法渊源，总体上呼吁通过扩张广播权、整合权利类型等方式填补我国法与国际条约的差距。随着《著作权法》第三次修改赋予广播权控制网络直播、广播组织权控制网络实时转播后，上述研究成果基本上已被立法吸收。

第四，针对网络直播活动中涉及的传播内容的著作权保护研究。主要涉及体育赛事节目、网络游戏直播画面、综艺晚会节目等网络直播节目的性质认定、保护方式等问题的研究。随着司法判例对上述客体性质的认定不断清晰，这方面研究结论逐渐形成共识。

三、研究思路与研究方法

（一）研究思路

在对网络直播和网络直播平台规律性问题的研究基础上，考虑到中国现行法律规范体系下网络直播平台著作权侵权制度缺乏独立性，内嵌并依附于网络服务提供者侵权制度一般规则，相关问题和困扰也源自一般规则，故本书以网络服务提供者侵权制度作为考察重点，研究其对网络直播平台著作权侵权制度的影响：第一步，追溯现行规范渊源美国模式的理论基础、形成背景、规则体系和制度机理，对美国模式下网络直播平台版权侵权司法实践做实证研究；第二步，针对本土规范基础中国模式的形成过程、理论建构和规则体系进行分析，并就新型案件对中国模式的影响做深入探讨；第三步，通过对理论上的应然逻辑和实践中司法案例的综合分析，考察中国模式下网络直播平台著作权侵权制度的运行现状，并对其面临的困境及成因进行梳理和归纳；第四步，针对困境和成因提出重塑网络直播平台著作权侵权制度的对策建议。

（二）研究方法

本书从法历史学、法教义学、比较法学等视角，综合运用历史考察法、实证研究法、比较分析法、法律解释等研究方法，对主题进行研究。

历史考察法。本书运用历史分析的方法，综合分析网络直播及网络直播平台的发展概况、类型、特征、商业模式等规律性问题，夯实理论研究的现实基础。对美国模式产生的国际条约背景、国内产业和政策背景以及判例法背景进行分析，对中国模式的形成过程进行梳理。

比较分析法。网络服务提供者侵权制度问题是绕不开的世界性难题。著作权法本身呈现国际化特点，涉及著作权侵权制度的理论部分需要与国外的理论和实践进行比较，也需要考察国际条约的立法和变化情况。其中，美国模式在世界范围内具有深远影响，是比较研究的重点之一。而大陆法系国家安全保障义务制度的实践是本书对策建议的重要参考。

实证研究法。实证研究是法学分析与研究的重要方法。本书通过实证分析，考察美国模式形成的判例法背景、美国模式下网络直播平台版权侵权司法实践情况，就新型案件对中国模式的影响做深入探讨，并通过具体案例印证中国模式下网络直播平台著作权侵权制度运行的应然逻辑，同时总结司法实践中暴露出的问题。对内容过滤技术、与权利人合作机制涉及的技术条件、现实问题和最新科技成果做实证研究。

法律解释方法。采用法教义学理论工具对美国模式的规则内容、制度机理进行详细分析，同时对中国模式的理论建构和规则体系进行细致剖析。就中国模式下网络直播平台著作权侵权制度困境，从美国模式制度基因局限性和中国模式自身建构局限性角度分别进行分析解释。对将网络服务提供者侵权制度纳入安全保障义务制度的制度契合性及相关适应性改造进行研究并提出建议。

四、研究意义

理论意义。如前所述，目前理论界对于本书主题的聚焦式研究成果寥寥，理论热点主要集中于网络服务提供者侵权制度一般理论研究、网络直播行为的著作权法规制研究、网络直播内容的著作权保护等领域，本书尝试抛砖引玉，引发对于网络直播平台著作权侵权制度的研究兴趣。

实践意义。网络直播平台因其提供的直播服务传播方式的独特性，在著作权侵权制度和著作权保护规则方面具有特殊性，直接适用网络服务提供者侵权制度中国模式（特别是"通知—必要措施"规则和过错认定规则）存在实践困境，本书建议将网络服务提供者侵权制度纳入安全保障义务制度，并提出新视野下重塑网络直播平台著作权侵权制度的具体措施，对于法院在司法实践中处理类似问题具有参考价值。

现实意义。目前司法实践中涉及本书主题的案例不多，但随着网络直播的迅猛发展，特别是《著作权法》第三次修改后，网络直播行为的控制模式从权利属性不甚确定的"兜底条款"转变成广播权及广播组织权等控制模式，权利属性更加明确、清晰，权利人维权动力获得激发，今后相关案件势必大量出现，本书具有一定前瞻性，将未雨绸缪、提前思考并提出应对方案。

五、本书创新之处

第一，本书选题创新。本书受热点案件启发，将近年来刚刚兴起的网络直播平台作为主要研究对象，通过考察网络直播和网络直播平台的性质、特征、商业模式等规律性问题，重点聚焦作为新型网络服务提供者的网络直播平台的著作权侵权制度主题，有别于将重点放在网络服务提供者侵权制度一般理论、网络直播行为的著作权法规制、网络直播内容的著作权保护等领域的现有理论研究主题。

第二，研究视角创新。网络直播平台作为一类特殊的网络服务提供者，其提供的直播服务及其自身性质和商业模式等均存在独特性，对其著作权侵权制度的研究很难找到明确的专门法律依据，而是依附于网络服务提供者侵权制度一般规则。本书追根溯源，从网络直播平台著作权侵权制度的现行规范渊源美国模式视角切入，进而归纳总结通过移植和改造美国模式而形成的网络服务提供者侵权制度中国模式，再对中国模式下网络直播平台著作权侵权制度面临的困局进行研究，分析来源于美国模式和中国模式两方面的困局成因，最终有针对性地提出对策建议。

第三，建议措施创新。本书在分析网络直播平台著作权侵权制度困境及成因的基础上，创新性地提出彻底"转换赛道"，放弃美国模式制度样板，通过将网络服务提供者侵权制度纳入安全保障义务制度根本改造中国模式。同时针对安全保障义务视野下的网络直播平台著作权侵权制度，提出以"注意义务"为中心，对于现有制度资源进行取舍、科以一定主动审查义务、加强与权利人合作及强化事后管理的综合设想。其中包括对内容过滤技术的原理分析和现状研究，对引入 NFT 等区块链技术建设在线授权系统提出建议，对直播内容留存制度在实践中的运行机制提出实验性方案，对制止重复侵权与加强日常教育管理提出具体建议等。本书还就改革现有安全保障义务的责任承担方式、引入替代责任提出构想，对于新视野下网络直播平台著作权侵权责任的承担方式提出实验性方案。

第一章　网络直播与网络直播平台概论

近年来，伴随着4G、5G技术的快速发展，以及互联网终端（特别是智能手机）的迅速普及，网络直播产业在我国蓬勃发展起来，网络直播在网络视听行业甚至是整个互联网行业中呈现异军突起之势。根据中国互联网络信息中心（CNNIC）发布的第47次《中国互联网络发展状况统计报告》，截至2020年12月，我国网络直播用户规模达6.17亿，较2020年3月增长5703万，占网民整体的62.4%。[1]巨大的市场规模和新兴的传播形态引发各方关注，不少学者从传播学、哲学、心理学、美学、经济学等学科领域对网络直播及随之产生的各类社会经济现象进行分析解读和规律研究。在法学领域，学者主要从对网络直播加强行政监管、网络直播涉及的各类侵权违法活动治理策略，以及与网络直播有关的知识产权运用、管理、保护等方面展开研究。本书针对网络直播平台的著作权侵权制度进行研究，为了准确把握网络直播这种新型传播方式的传播规律，发现其与传统传播方式的异同，就必须首先对网络直播及网络直播平台的发展现状、类型特征等规律性问题进行分析研究，并在此基础上探讨网络直播平台在著作权法上的法律性质。

第一节　网络直播

一、网络直播的定义和类型

（一）网络直播的定义

网络直播在日常生活中可谓耳熟能详，但对其进行严谨的定义并非易事。

---

[1]　中国互联网络信息中心：第47次《中国互联网络发展状况统计报告》，第52页。

事实上，考察近年来学者和从业者们从不同学科、不同视角对网络直播概念进行的定义，应该说至今并无权威、公认的一致意见。论者的观点往往针对网络直播在某一领域或某些方面特征进行定义：

例如，从传播学角度，有学者认为网络直播是"基于互联网平台，将现场直播以视讯的方式上传，以供用户进入网站观看的传播形式"。[1]有学者认为"网络直播是基于网络流媒体技术，在电脑、手机等终端设备上使用有线或无线联网进行信息传递，通过电脑网页和客户端等，将现场信息以文字、语音、图像、视频、弹幕等多媒体形式展现的传播方式"。[2]还有学者认为，网络直播"即利用计算机接入互联网，建立起一个信息传输、接收和共享的虚拟平台并主要利用视频同时兼有文字、图片和音频进行直播的直播形式"。[3]

再如，从网络直播概念的涵盖范围上，有学者将网络直播的概念分为广义和狭义两方面，其中"广义上指互联网中录制、编辑、上传、播出等所有流程同步完成的内容播出方式"[4]，狭义的网络直播仅指自媒体实施上述行为的播出方式，二者的差异在于主体不同。还有学者对网络直播的定义更为严格，认为"网络直播是指在特定现场架设音频、视频之类的独立信号采集设备，通过直播网页端即时展示音视频内容，由网民自主浏览、选择、观看的一类网络服务形式"。[5]

此外，有论者从网络直播的实践功能和娱乐属性上进行定义，认为网络直播是"主播通过录屏工具或手机在互联网平台上实时表演、玩游戏、与观众互动的一种新兴的在线娱乐方式"。[6]

而官方规范性文件将网络直播表述为"互联网直播"，规定"互联网直播，是指基于互联网，以视频、音频、图文等形式向公众持续发布实时信息

---

[1] 王乃考：《直播经济："互联网+泛娱乐"时代的连接变革》，中国铁道出版社2017年版，第2页。
[2] 付业勤、罗艳菊、张仙锋：“我国网络直播的内涵特征、类型模式与规范发展”，载《重庆邮电大学学报（社会科学版）》2017年第4期。
[3] 王兰燕：“网络直播的传播学分析”，载《新余学院学报》2017年第1期。
[4] 乔新玉：“网络直播的现状、问题及趋势研究”，载《现代视听》2018年第9期。
[5] 徐漪、沈建峰：“网络直播乱象的根源与治理”，载《产业与科技论坛》2018年第20期。
[6] 李泽清：《网络直播：从零开始学直播平台运营》，电子工业出版社2018年版，第2页。

的活动"。[1]

上述对网络直播的定义虽从表述上看各有侧重、不尽一致，但仔细分析不难发现，上述定义的基本立足点或概念支撑点是存在"公约数"的，反映出论者们对网络直播这一社会现象具有相对一致的共识：一是均立足传播媒介"互联网"。这是网络直播的基本特征之一，即完全依靠互联网、由互联网派生而来。事实上，互联网产生以前及不依赖互联网进行的直播，与网络直播不可同日而语，存在本质上的代际差异。二是均指出其实时性特点（如采用现场、直播、同步、即时、实时等表述）。这是网络直播的另一基本特征，也是其区别于短视频、点播、回放等获取信息方式的根本特征。三是基本都关注到传播设备，即电脑（网页）、手机（客户端）等，体现了网络直播在传播终端上与传统传播方式的重要差异。四是基本都涉及传播形式，即文字、图像、视频等形式，体现了网络直播的多媒体、多层面感官体验特点，间接反映出其采用流媒体技术的技术特点。当然，上述定义也具有互补性，如有的关注到网络直播的主体（如主播、自媒体等）；有的关注到网络直播的受众（如用户、网民、观众等）；有的关注到网络直播的呈现和传播方（如网站、虚拟平台、互联网平台等）；有的关注到网络直播的制作过程（如信息传播、录制、编辑、上传、播出、信号采集设备采集信号等）。

基于上述分析，本书认为，对网络直播进行定义应注意两个标准：一是对其定义不能回避或遗漏体现其基本特征、本质属性和体现其区别于其他传播方式的根本差异；二是不同学科视角对网络直播的定义侧重点天然存在差异，应根据研究者的学科特点和关注点进行科学定义。就本书而言，本书是站在知识产权法学，特别是著作权法的角度对网络直播平台的侵权制度进行研究，故在对网络直播进行定义时，除公认要素（即所谓"公约数"）外，还将侧重从网络直播的传播主体、传播内容、传播方式和传播行为等要素方面，参考规范性文件相关表述对其进行定义，即：网络直播是网络直播生产者（主播、经纪组织）通过网络直播服务提供者（平台），基于网络以音视频、图文等多种形式向公众实时传播作品等内容的行为。

---

[1] 国家互联网信息办公室《互联网直播服务管理规定》第2条第2款。

(二) 网络直播的类型

对网络直播进行类型化分析是深入认识和了解网络直播的重要途径。针对网络直播活动呈现出的不同面向，可以从直播目的、直播形式、内容产生来源、主播类型、原生或衍生等角度，按照不同的划分标准对网络直播进行分类。[1]其中，按照直播目的进行划分，网络直播可以分为单纯娱乐直播、生活直播、旅游直播、游戏直播、教育直播、社交直播、电商直播等。顾名思义，这种分类方式是从受众对参与网络直播活动的目的需求角度进行的划分，体现出网络直播回应社会公众生活工作需求的多面性和复杂性。按照主播类型进行划分，可以将网络直播分为所谓颜值直播、才艺直播、素人直播、网红直播、明星直播等，这一分类标准关注网络直播发布者（即主播）的身份特征。颜值主播主要依靠其出众的外貌特征、才艺主播主要凭借其独特才艺吸引用户，素人主播是指区别于职业主播、未经专业训练的主播。上述三类主播经过人气累积、获得较大网络影响或商业价值后，成为网红直播。文艺体育明星、商业名人、社会名流等已经具备一定社会知名度的主播属于明星主播，他们通过自身较高的社会影响和关注人群在网络直播活动中吸引流量、创造价值。此外，还可从网络直播平台专业性和非专业性视角进行分类，专业从事网络直播的平台，如 YY、bilibili、斗鱼、虎牙、熊猫、映客等，属于专业性直播；酷狗和唱吧等（音乐平台）、优酷和爱奇艺等（视频平台）、新浪微博等（社交平台）、腾讯和网易等（门户网站平台）、淘宝和蘑菇街等（电商平台）开展的网络直播属于衍生性的非专业直播，是上述平台在主营业务之外通过网络直播吸引流量、增加业务量、延伸产业链的直播类型。应该说，上述分类方法基于普通公众的一般认知和直观感受，缺乏严谨的科学依据和总结抽象，学术参考价值有限。本书认为，按直播形式和内容产生来源对网络直播进行分类，更有利于认识网络直播的运行规律。

1. 按直播形式分类。直播形式是指网络直播的具体呈现方式。第 47 次《中国互联网络发展状况统计报告》据此将网络直播划分为电商直播、游戏直播、真人秀直播、演唱会直播和体育直播等五类统计口径。有学者将网络直

---

[1] 付业勤、罗艳菊、张仙锋：“我国网络直播的内涵特征、类型模式与规范发展”，载《重庆邮电大学学报（社会科学版）》2017 年第 4 期。

播分为秀场直播、电竞游戏类直播和生活类直播。[1]有学者认为，当前较为流行的网络直播形式有秀场直播、游戏直播、泛娱乐类直播和垂直直播。[2]有学者按照网络直播不同发展阶段呈现形式的演进顺序，将网络直播分为PC（Personal Computer，个人电脑）秀场直播、游戏直播、移动直播和泛娱乐直播、VR直播。[3]综合上述分类方式，本书认为，网络直播可分为以下主要类型：

一是秀场直播，即主播在一定的空间范围内（如住宅房间、办公室或专业的直播工作室），通过展示才艺、聊天互动等方式展现自我的直播形式。秀场直播是最早出现也最为传统的直播形式。二是游戏直播，主要指涉及电子游戏的直播，一般模式为直播界面呈现正在进行中的联机游戏、单机游戏、竞技游戏等电子游戏画面，同时主播对游戏的过程进行实时解说。截至2019年9月，游戏直播的月活量已达8029.4万[4]，日益成为一种重要的游戏推广发行方式。三是电商直播，即将电子商务融入直播活动，如广为熟知的"直播带货"等。电商直播最早可以追溯到2016年[5]，2019年全面兴起并快速发展，当年电商直播行业总规模达到4338亿元[6]。四是体育赛事和综艺节目直播，此类直播通常采用的模式一种是借助电视信号在网络上观看，一般是采集电视信号，转码为数字信号后上传网络；另一种是直播平台获得体育赛事节目和综艺节目的网络直播权利，直接制作网络数字信号进行网络直播。五是泛娱乐直播，"大意是指直播的场景更加多元，衣食住行乐等均可成为直

---

[1] 徐漪、沈建峰：《网络直播乱象的根源与治理》，载《产业与科技论坛》2018年第20期。

[2] 许向东：《我国网络直播的发展现状、治理困境及应对策略》，载《暨南学报（哲学社会科学版）》2018年第3期。

[3] 王乃考：《直播经济："互联网+泛娱乐"时代的连接变革》，中国铁道出版社2017年版，第9页。

[4] QuestMobile研究院：《QuestMobile 2019 直播+X 洞察报告》，载QuestMobile网，https：∥www.questmobile.com.cn/research/report-new/73，访问时间：2021年4月18日。

[5] 陈鹏主编：《中国互联网视听行业发展报告（2020）》，社会科学文献出版社2020年版，第119页。

[6] 艾媒新零售产业研究中心、艾媒网：《艾媒报告｜2020—2021年中国直播电商行业运行大数据分析及趋势研究报告》，载艾媒网，https：∥www.iimedia.cn/c400/68945.html，访问时间：2021年4月18日。

播的素材"[1]。泛娱乐直播更倾向于草根性、多样化并日益丰富，主要涵盖网络文学、动漫（"二次元"）、在线音乐、移动电台等[2]。六是其他直播，随着"直播+"的迅速扩张，"直播+社交""直播+教育""直播+企业""直播+公益"等直播形式层出不穷，并向着"直播+VR""直播+AR"的新阶段发展。

2. 按内容产生来源分类。网络直播内容来源于网络直播生产者（主播、平台、相关支持方等），根据生产者的不同可以分为：

UGC（user generated content），"用户生产内容"，即网络直播的内容由非专业人士或非权威组织制作和发布。这是传统秀场直播、游戏直播的内容主要来源方式，体现了网络直播的平民化和去中心化，其覆盖面广、产量庞大。但存在的问题同样突出，如内容质量参差不齐、个别内容格调不高甚至违规违法、同质化严重、盈利方式单一等。

PUGC（professionally user generated content），"专业指导下的用户生产内容"，即由草根主播所属的直播公会、经纪公司、工作室等，对主播进行培训、协助，如提供相对专业的直播场所、直播设备（如布光、机位等），配合一定的运营推广，成为 UGC 的升级版，一定程度解决 UGC 的发展瓶颈问题。目前，在秀场直播中呈现 UGC 向 PUGC 过渡的趋势。

PGC（professionally generated content），"专业生产内容"，即网络直播的内容完全由专业的制作公司、制作团队制作和运营。PGC 模式下，制作团队几乎完全按照与传统电视节目相同的制作方式制作内容，其内容呈现专业化、高质量特点，用户体验也得到极大提升，但同时也存在产量低、成本高等问题，著作权侵权问题也较为突出。PGC 模式主要应用于电竞游戏、知识性直播（如教育、财经）等直播领域。

BGC（brand generated content），"品牌生产内容"，即一些本已具有较高知名度和品牌影响力的企业，直接通过网络直播对其产品和服务进行推介、

---

[1] 李泽清：《网络直播：从零开始学直播平台运营》，电子工业出版社 2018 年版，第 35 页。
[2] 有观点将体育赛事和综艺节目直播一并纳入泛娱乐直播，本书认为，泛娱乐直播本身定义模糊，由于近年来，体育赛事和综艺节目直播因涉及直播内容在著作权法上的客体定性问题，引发的著作权侵权诉讼成为热点、难点，备受关注，且直播内容具有一定的专业性和特殊性，本书将其单独归为一类。

宣传，将网络直播作为企业营销、传递企业文化和价值观的工具。

PGC 模式和 BGC 模式区别于 UGC 的"去中心化"特征，呈现"中心化、可控性强"等效果，借以实现与 UGC 为代表的所谓"全民直播"相区别的"垂直直播"。

二、网络直播的兴起和发展态势

（一）网络直播的兴起

1. 第一阶段（2005～2013 年）。我国从 20 世纪 90 年代中期开始步入互联网时代，但直到 2005 年，才出现当前意义上的网络直播。2005 年，视频网站开始迅速发展，主打陌生人视频交友业务的"9158"平台兴起并逐渐从刚开始的视频聊天室发展为美女主播互动、聊天的秀场模式。"9158"平台开发出"搞怪印章、私麦聊天、好友即时通信、超清晰视频、立体声宽频语音、全屏视频对聊等功能"[1]，并发展成为当时国内最大的视频互动平台。随着"9158"平台的成功，其他平台开始纷纷效仿。2006 年，视频网站"六间房"上线运行，其最初仅提供视频发布平台，大量精彩而别具特色的视频内容为该平台积累了海量用户，该平台于 2010 年转型为主播秀场直播。主打网络游戏玩家语音聊天、草根歌手在线表演的"YY 直播"早在 2008 年就开始运营，2010 年开始，"YY 直播"成功将直播表演商业化，推出直播公会培训网红的模式，其内容包括游戏直播、体育直播、电视直播等。这一阶段，网络直播限于 PC 秀场直播模式，"9158""六间房"和"YY 直播"三家平台稳定占据了市场，瓜分了约 100 亿元的市场份额。同时，三大平台开发并建立起"相对成熟的以虚拟物品打赏、会员充值及品牌商合作为核心的商业模式"[2]。

2. 第二阶段（2014～2015 年）。2013 年 12 月，工信部发放 4G 牌照，中国电信和互联网产业正式进入 4G 时代，同时，网络直播行业借助传播技术的飞跃实现了新的发展。2014 年 1 月，ACFUN 平台（又称 A 站）生放送直播

---

[1] 谭畅等：“浅析网络直播的定义、特点、发展历程及其商业模式”，载《现代商业》2018 年第 19 期。

[2] 王乃考：《直播经济：“互联网 + 泛娱乐”时代的连接变革》，中国铁道出版社 2017 年版，第 9 页。

更名为"斗鱼TV",该平台以游戏直播为主,同时涵盖综艺、体育、娱乐等各类直播。2014年底,具有行业领先地位的"虎牙直播"从"YY直播"游戏直播业务中独立出来,成为游戏直播龙头平台。2015年2月,苏州游视开发的综合游戏直播平台"龙珠直播"上线。同年,由王思聪控制的上海熊猫互娱文化有限公司创建了一家弹幕式视频直播平台"熊猫直播"。这一阶段,以"斗鱼TV""虎牙直播"和"龙珠直播"为代表的游戏直播平台几乎"一夜蹿红",海量游戏玩家涌入游戏直播领域。以"英雄联盟""dota"为代表的多人同时在线电子竞技游戏直播模式,在满足玩家休闲娱乐、提高游戏技能的同时,催生了新的社交需求。"由于电竞赛事相对频繁、游戏用户群体购买欲及忠实度较强,游戏直播的娱乐性及社交性更为强烈,从而使其成为继秀场之外的第二大独立战场。"[1]

3. 第三阶段(2016年至今)。众所周知,2016年是中国网络直播行业的分水岭,甚至被称为中国"网络直播元年"。这一方面源自美国投资界对于网络直播投资成功点燃了国内网络直播市场投资热情,大量资本进入;另一方面,中国本土的网络直播行业也恰好进入一个成熟发展期,大量网络直播平台如雨后春笋般呈现井喷式发展。在2016年,平均每三天就有一家直播平台成立,据不完全统计,当时的网络直播平台在500家以上。[2]这一时期,以陪伴、分享、社交为主要特色的"映客直播""花椒直播""一直播"等直播平台快速发展,吸引了以90后、00后为主体的庞大用户群体。发展至今,"直播+"向着泛娱乐、垂直化发展,产生出植根于众多细分领域的"直播+财经""直播+旅游""直播+电商""直播+教育"等模式,以及演唱会直播、体育赛事直播、综艺直播等直播形式。此外,随着智能手机的普及、5G技术的应用以及移动互联网市场的不断扩大,网络直播从早期的PC直播逐步演进至PC直播与移动直播并驾齐驱的局面。用户不再受时间、地点的限制,随时随地可以参与直播。

---

[1] 王乃考:《直播经济:"互联网+泛娱乐"时代的连接变革》,中国铁道出版社2017年版,第10页。

[2] 张燕:"网络直播遭遇成长的烦恼",载《中国经济周刊》2016年第45期。

(二) 网络直播的发展态势

1. **市场规模与经济效益。**中国互联网络信息中心（CNNIC）定期发布的《中国互联网络发展状况统计报告》是观察网络直播行业成长发展的重要窗口。该中心近年来发布的《中国互联网络发展状况统计报告》显示，2016 年 6 月，我国网络直播的用户规模约为 3.25 亿，占网民整体数量的 45.8%。而根据近期统计，截至 2020 年 12 月，我国网络直播用户规模达 6.17 亿，较 2016 年几乎翻了一番，网民整体占比也跃升至 62.4%。根据易观千帆数据统计显示，2019 年，我国网络直播市场中，娱乐类直播、交友直播、体育直播和游戏直播的占比较大，活跃人数接近 2 亿人次。[1]

近年来电商直播和游戏直播逐渐发展成为网络直播行业中的翘楚。以 2019 年 "双十一" 为例，淘宝直播全天成交额近 200 亿元。根据艾媒咨询数据显示，2019 年全年，中国电商直播行业总规模达到 4338 亿元，以直播为代表的 KOL 带货模式给不仅从用户体验上有了极大提升，还带来了较高的流量转化率。[2] 游戏直播方面，根据艾瑞咨询数据显示，2019 年中国游戏直播市场规模达到 208.1 亿元，预计 2021 年将达到近 400 亿元，而 2022 年则将扩张至近 500 亿元。2019 年直播业务收入占中国独立游戏直播平台整体收入的 93.5%。[3]

网络直播行业市场规模的快速扩张和经济效益的持续增长，一是源自关键技术的突破，除了上述 4G、5G 技术等通信技术革命外，云计算（云存储）、CDN 技术、编码技术、流媒体技术等基础设施不断完善也是重要因素；

---

[1] 易观千帆："《疫情之下企业直播高速发展遇新机》研究报告"，载发现报告网，https：//www.fxbaogao.com/pdf? id = 2000408&query = %7B%22keywords%22%3A%22%E7%96%AB%E6%83%85%E4%B9%8B%E4%B8%8B%E4%BC%81%E4%B8%9A%E7%9B%B4%E6%92%AD%E5%91%8A%E8%AF%89%E5%8F%91%E5%B1%95%E9%81%87%E6%96%B0%E6%9C%BA%22%7D&index=0&pid=2383，访问时间：2020 年 12 月 1 日。

[2] 艾媒新零售产业研究中心、艾媒网："艾媒报告｜2020—2021 年中国直播电商行业运行大数据分析及趋势研究报告"，载艾媒网，https：//www.iimedia.cn/c400/68945.html，访问时间：2021 年 4 月 18 日。

[3] 艾瑞咨询："2020 年中国游戏直播行业研究报告"，载发现报告网，https：//www.fxbaogao.com/pdf? id = 2111681&query = %7B%22keywords%22%3A%22%E6%B8%B8%E6%88%8F%E7%9B%B4%E6%92%AD%E9%A1%8C%E7%A0%94%E7%A9%B6%22%7D&index=0&pid=，访问时间：2021 年 4 月 20 日。

二是网络直播迎合了人们娱乐、社交、购物等基本生活需求；三是大量资本涌入，助推了网络直播这一新兴市场，使其具有了强大的物质后盾，各大平台在购买版权、带宽建设、主播签约方面投入巨大。

2. 发展趋势。经历了十余年的发展历程，尤其是近五年高歌猛进，网络直播作为一种新兴的传播方式和业态，从萌芽期的野蛮生长，到现如今的相对成熟，今后一个时期，网络直播仍将保持高速发展态势，并呈现以下五方面趋势：

第一，直播内容将趋于内涵化，强调内容为王。网络直播诞生的初期主要迎合了受众排遣寂寞、满足好奇、欣赏颜值、社会交往等基本需求，其中不乏窥探隐私、炫富逞强等低俗需求，直播内容同质化、低俗化问题普遍。随着PUGC、PGC渐成主流，所谓"颜值经济"将被高品质、原创性、精细化、差异化的"内容经济"取代，从而引领网络直播的内涵化发展。同时，高质量、品牌化的直播内容（即所谓"超级IP"）将成为稀缺资源，并溢出网络直播领域，超脱平台限制，跨界衍生至线下其他传播形式，形成新的产业链。

第二，平台发展将趋于专业化，加剧垄断格局。网络直播对资本市场的吸引力将进一步增强，可能出现更多企业甚至是互联网巨头加入直播行业，竞争格局面临重新洗牌，网络直播行业的集中程度将更高，进而出现数家占据垄断规模的大型网络直播平台。同时，粉丝效应将为主播们创造更多盈利可能，不再简单依附于某一平台。而平台通过PGC模式不断输出高价值、专业化、特色化的内容，将引导和重塑用户观念，加速平台的优化升级。

第三，垂直化、下沉化发展将渐成主流。随着"全民直播"时代的到来，"直播+"趋势将更为明显，网络直播必然从传统的秀场直播、游戏直播、体育综艺直播等直播形式向着新的、更广泛的细分领域发展，如"直播+美食""直播+汽车""直播+旅游"等。垂直化发展又将带来更多专业领域的主播的出现，进一步促进内容品质提升和平台竞争力增强。同时，面对中国城镇化建设的推进和互联网普及率的提高，网络直播下沉至中国三、四线城市甚至乡镇，与当地线下场景及文化娱乐生态相结合将成为直播行业值得深入挖掘的蓝海。

第四，技术更新将引领网络直播行业迈入新的世代。网络直播天生与技术革命相伴，甚至可以说网络直播由技术革命派生。未来，技术赋能仍将作为网络直播蓬勃发展的底色。如备受关注的"直播＋VR""直播＋AR"模式，将实现从多屏直播到无屏直播的跨越，直播场景将实现升维，网络直播的互动性将进一步增强，用户的沉浸感也将极大跃升。网络直播产业链也将迅速延伸，激发更大的消费需求。此外，大数据技术的发展将使网络直播更准确地把握用户偏好，深度挖掘热点选题，精准触达用户。

第五，强化监管和平台自律将相辅相成，促进行业健康发展。网络直播的爆发式增长将其自身托举至传播产业的顶端，其传导内容的价值观属性也进一步增强。近年来政府部门加强网络直播行业监管的措施将继续加强，监管目标将从最初的治理直播乱象提升至对直播内容进行价值观引导的新高度，同时监管手段也将向着流量监控、数据甄别、奖惩结合的精准化方向发展。2016 年 4 月，北京市网络文化协会联合花椒、六间房、映客、百度、新浪等 20 多家网络直播平台共同发布《北京网络直播行业自律公约》，这标志着网络直播行业的自律机制已初步形成。今后，网络直播行业将强化自我约束，完善行业自律机制，加强行业内各参与方的法治教育和版权意识教育，保障网络直播行业健康、良性发展。

三、网络直播的运营模式和基本特征

（一）网络直播的运营模式

1. 网络直播的基本运行逻辑。网络直播行业发展至今，已形成较为成熟的产业链，产业链上的各个环节和相关主体通过分工协作、价值传导、信息传播、利益分配等方式紧密合作，贯穿网络直播活动的全流程，建立了稳定的行业生态系统。

网络直播产业链的上游主体包括网络主播和直播公会、主播经纪公司两类主体，二者共同构成了网络直播生产者。网络主播是网络直播活动的核心要素，网红、明星、行业专家、KOL[1]等优质主播产出海量高质量内容，成为了直播经济最为活跃的因素。近年来，围绕主播跳槽、竞品挖人等行为发

---

[1] KOL（Key Opinion Leader），意为关键意见领袖，系营销学术语，指凭借掌握的产品信息，对目标群体的购买行为具有重要影响的人。

生了不少较大影响的诉讼。直播公会是直播平台中与主播签约并对主播进行培训、管理、扶持的经纪组织，直播公会承担着为主播争取直播资源、协调主播和平台关系的职责。主播经纪公司除履行直播公会职责外，还承担着孵化网红、挖掘新人、跨平台协作、公关广告、市场推广等工作。网络直播产业链的中游主体主要是直播平台，是网络直播服务提供者，也是网络直播产业链的中心环节（下文详述）。网络直播产业链的下游主体主要指网络直播的受众，也即用户、消费者，是网络直播的最终触达对象，呈现复杂多元的特点，产业链上游主体针对不同的用户需求打造直播产品，培育稳定的消费群体。此外，网络直播产业链的周围还围绕着众多支持方，如内容版权方、技术开发商、游戏运营商、电商平台、广告平台、网络支付平台、媒体渠道等，与产业链各主体协调配合形成了网络直播生态版图。

在网络直播活动中，直播公会、经纪公司等对主播进行孵化、包装、管理，主播创造直播内容，通过直播平台获得资源支持、进行利益分成，直播平台与支持方紧密合作，一些支持方为直播平台提供软硬件支撑、技术支持，另一些支持方为直播平台提供诸如游戏联营、增值服务、导流导购、推广代言、广告投放等服务，最终由用户消费和欣赏直播内容，并为直播活动买单。这是网络直播的基本运行逻辑。

2. 网络直播的商业模式。网络直播的商业模式，指的是网络直播产业链中的各类主体以及主体之间通过直播活动产生的交易关系和连接方式，也即网络直播生产者（主播和经纪组织）、网络直播服务提供者（平台）、网络直播支持方和网络直播用户之间形成的盈利模式、消费模式。由于网络主播和网络直播平台是网络直播活动的核心要素和中心环节，也是本书的重点研究对象，故本书主要分析这两类主体的盈利模式。

为了应对复杂多变的外部环境和用户体验需求，各平台不断升级创新盈利模式，某种意义上，盈利模式是直播行业生存发展的核心。[1]网络主播和网络直播平台的盈利模式，概括来说，主要是网络直播平台通过付出运营成本（主要是网络带宽、版权购买、营销推广、主播薪酬、技术维护等），搭建

---

〔1〕游浚、陈心佩："团购网站模式与运行机制比较研究"，载《重庆邮电大学学报（社会科学版）》2016年第5期。

供主播进行直播的软硬件环境，再通过直接盈利和间接盈利两种模式[1]获得收入，其中主播一般参与直接盈利的部分分成、获取报酬。

所谓直接盈利模式主要指通过用户打赏（虚拟道具）、会员付费、赛事竞猜、直播门票等方式直接获取收益。其中，用户打赏和会员付费是最原始、最基础的盈利模式：用户打赏模式下，网络直播平台通过将虚拟道具货币化的方式出售给用户，用户在网络直播过程中将虚拟道具赠送（支付）给主播；而会员付费则是用户支付一定金额的会员费后成为不同级别的会员，享受身份特权（勋章、提级等）、形象特权（形象美化、特效等）、功能特权（隐身进入、特权礼物等）、内容特权（指定内容）等相应级别的会员特权。部分直接盈利收入会在平台和主播之间进行分成，并根据主播的有效在线时长、完成任务情况等绩效因素，按不同比例分配，从而激励主播。

所谓间接盈利模式主要包括营销广告、电商购物、游戏联运、O2O等方式进行盈利。其中，营销广告是指网络直播平台将网络直播流量（用户量）作为资源，与广告投放者合作，在网络直播活动中对商品或服务进行推广营销。值得一提的是，游戏直播的盈利模式目前最为成熟，特别是所谓游戏联运模式，即网络游戏研发商与平台通过分成方式合作，将游戏研发商设计开发的游戏客户端、充值支付和客户服务等相关资源有机兼容进平台，平台则对应提供优质广告位等独特资源，双方（或多方）联合运营游戏直播。[2]此外，O2O（Online To Offline）模式是指将线下商业机会与线上平台打通，引导消费者在线上消费，再到线下享受服务，实现线上线下一体化。

（二）网络直播的基本特征

与给网络直播下定义一样，对网络直播基本特征的归纳和总结也呈现出不同学科视角特色。如有学者从传播学角度，分别从网络直播的传播主体、受众、传播模式、场景融合等四个维度分析其特点在于从精英掌控到主体的平民化与普泛化、窥私欲望实现"使用与满足"、"弹幕+直播"实时双向互

---

[1] 付业勤、罗艳菊、张仙锋："我国网络直播的内涵特征、类型模式与规范发展"，载《重庆邮电大学学报（社会科学版）》2017年第4期。

[2] 谭畅等："浅析网络直播的定义、特点、发展历程及其商业模式"，载《现代商业》2018年第19期。

动模式、极具后区偏向特点的场景融合[1];有学者从审美学视角认为,网络直播存在审美虚拟性、主体差异性等特点[2];还有学者从视觉文化角度分析指出网络直播存在由公共空间向私人领域转向、象征秩序移植下女性主播视觉快感享受、观看的商品化及形塑认同等特点[3]。本书主要研究著作权问题,故侧重从与著作权法有关的视角认为,网络直播主要存在即时性、涉网性、互动性及商业性四个特征,其中即时性属于网络直播的本质特征或言根本特征。

1. 即时性。《辞海》对"直播"的定义为:不经过录音、录像而直接播出的广播电视节目。虽然网络直播突破了上述定义对"广播电视节目"的限定,但从概念同一性角度,网络直播仍然是以"直接播出"作为本质特征的。这就意味着播出方可以跨越空间上的阻隔,将播出内容同步、实时地传送到其他地域。著作权法关注的传播行为通常包括现场传播和通过广播电视信号、信息网络等进行的传送到远端的非现场传播,相应的著作权法通过表演权、广播权、信息网络传播权、表演者权、广播组织权等对传播行为进行规制。上述非现场传播行为一般被具体为实时播出、延时播出、重播、点播等形式,并根据传播的客体是否能使受众在其选定的时间和地点获得为标准划分为非交互式传播和交互式传播。网络直播的即时性与传统广播电视的"直接播出"一脉相承,表现为不可选定时间的非交互式传播,从而与点播行为相区分。

2. 涉网性。互联网是"一种信息能在瞬间生成、瞬间传播、实时互动、高度共享的传播媒介"[4]。互联网的上述特性是网络直播能够产生和发展的根本媒介因素。如前文所述,正是依托信息网络构建的虚拟平台,才派生出如今丰富多彩的网络直播活动。当然,这里的信息网络不仅仅指互联网,根据《信网权司法解释》,在我国,信息网络是指"包括以计算机、电视机、固定电话机、移动电话机等电子设备为终端的计算机互联网、广播电视网、固

---

[1] 温晨晨:"传播学视阈下网络直播先行及其监管策略探析",载《东南传播》2017年第3期。
[2] 张瑜、马高曼:"泛网络生存下网络直播的审美反思",载《湖南大众传媒职业技术学院学报》2016年第6期。
[3] 袁爱清、孙强:"回归与超越:视觉文化心理下的网络直播",载《新闻界》2016年第16期。
[4] 刘文富:《网络政治——网络社会与国家治理》,商务印书馆2002年版,第4页。

定通信网、移动通信网等信息网络,以及向公众开放的局域网络"[1]。网络直播的这一特征又将其与以无线电波或导线为传播媒介的广播电视直播区分开来。

3. 互动性。无论是传统的广播电视直播,还是基于信息网络的点播,都无法实现真正意义上的互动。譬如广播电视直播,只能实现单向的信息传输,听众和观众只能在事后表达反响;而在网络点播中,虽然受众也可以通过评论、弹幕等在收听收看过程中随时进行反馈,但传播者又只能在事后获得反馈信息。正如有学者所言,传统人与人传播是"点对点",大众传播是"点对面",而网络传播则是"交互式"的。[2]网络直播的互动性首先表现在主播与用户的互动上,用户可以通过弹幕在观看直播的过程中随时发表评论,主播可以立刻根据评论内容调整播出的形式、内容、风格等,用户还可以通过打赏的方式向主播赠送虚拟礼物,对主播进行实时激励,最终实现双方"你来我往"。网络直播的互动性还不止于此,在"连麦"等模式下,主播之间可以实现实时互动,而用户和用户之间通过弹幕也可以对话交流互动,从而实现多方"众来众往"。值得关注的是,具有如此规模和独特形式的传播行为,很有可能突破传统著作权法意义上对"非交互式传播"的定义,用户在网络直播中通过实时互动,在个人选定的时间和地点获得作品并非不可能。

4. 商业性。与传统广播电视传媒的运作方式相异,网络直播因其具有的巨大商业价值,吸引了大量资本的进入,仅 2017 年,天鸽互动向花椒直播提供 1 亿元融资,估值 50 亿元;斗鱼获得 10 亿元融资;熊猫直播获得 10 亿元融资;甚至可以说,网络直播是完全依靠资本的持续投入而生存的。而从网络直播产业链各方主体来看,资本最为青睐的显然是网络直播平台。如前文所述,网络直播平台通过支付巨额成本,搭建软硬件环境,通过直接盈利模式和间接盈利模式获得商业利益,再与主播进行分成。同时,网络直播平台为获取更高收益,甚至还直接参与网络直播的设计策划、内容选编、主播培训等活动。上述特征使平台和主播之间的关系似乎超越了著作权法传统意义上对于网络服务提供者和服务对象的关系定义。

---

[1] 《信网权司法解释》第 2 条。
[2] 邵培仁:《传播学》,高等教育出版社 2007 年版,第 211 页。

四、网络直播中的著作权侵权行为

随着网络直播市场的繁荣与发展，越来越多的主播甚至网络直播平台在直播活动中转播未经权利人许可的电视、网络信号，或者未经权利人许可擅自使用依据《著作权法》而享有权利的作品，构成了对著作权人的权利侵害。

（一）侵权行为的类型及其法律规制

1. 侵权行为类型。网络直播中侵害著作权行为的类型，从实践来看主要有两种：

第一，未经许可进行转播（盗播）。近年来，一些网络直播平台或主播，在未经权利人许可的情况下，通过技术手段（包括通过破解权利人的权利保护措施）将热门体育赛事节目、网络游戏画面通过网站、APP等平台进行实时转播，吸引观众甚至获取收益。其中盗播电视节目的基本原理是通过采集电视（模拟）信号，将其转换为数字信号，并在电视节目播出的同时，实时将该节目通过网络提供给观众观看。早期如"央视国际诉我爱聊"案[1]，近年如"新浪诉天盈九州"案[2]等。盗播游戏直播画面则是将他人的网络游戏通过信号采集、截取画面或者录屏方式实时进行转播，如被称为国内网游直播"第一案"的"耀宇诉斗鱼"案[3]。

第二，未经许可在直播中使用他人作品。这包括在直播中翻唱他人的歌曲、朗读他人小说，也包括将体育赛事节目、影视作品、网络游戏画面录制后在自己的直播活动中再次播出等。正如"音著协诉斗鱼"案所反映的，现实中主播翻唱他人音乐作品的现象最为普遍和典型。所谓翻唱是指在不改变原有作品的情况下，将他人作品重新进行演唱。不少网络直播平台上，主播通过音乐软件，或者现场钢琴、吉他伴奏等方式翻唱他人音乐作品，成为在网络上走红的捷径。显然，未经许可翻唱他人音乐作品是涉嫌侵犯著作权的，但由于主播的表演具有随意性，且网络直播具有即时性，目前对于这种侵权行为的治理难度较大。

---

[1] 北京市第一中级人民法院（2014）一中民终字第3199号民事判决书。
[2] 北京市高级人民法院（2020）京民再128号民事判决书。
[3] 上海知识产权法院（2015）沪知民终字第641号民事判决书。

2. 法律规制。对于网络直播中著作权侵权行为的法律规制，主要考虑两方面因素：一是被侵害客体属于作品还是录像制品；二是不同性质的客体如何进行规制。

对于被侵害客体属于作品的，早期司法实践中的争论主要是侵害了原告何种具体权利。换言之，网络直播行为究竟属于信息网络传播权、广播权、"兜底权利"哪种权利控制，抑或均无法控制而归于不正当竞争。近年来，随着各方面认识的统一，这一问题基本不存在争议：在2020年《著作权法》修改前，由于信息网络传播权只控制交互式传播，广播权不延及网络，故均通过"兜底权利"规制网络直播侵权行为；2020年《著作权法》修改后，将广播权扩大到任何"有线或者无线方式公开传播或者转播作品"，网络直播行为改由广播权控制。

对于被侵害客体属于录像制品的，由于录像制品并无"兜底权利"，实践中只能通过《反不正当竞争法》进行保护。2020年《著作权法》修改时也未赋予录制者控制网络直播的权利。

值得一提的是，对于翻唱行为的法律定性，一般认为，翻唱属于通过网络向公众表演作品，而《著作权法》规定的"表演权"通常只能规制机械表演和现场表演，而不包括网络表演，故应参照一般作品网络直播的规制方式。也有学者提出，《伯尔尼公约》和WCT实际上对于表演权区分了"公开表演权"和"向公众传播表演的权利"两种类型，网络表演可以归入后者，从而由表演权控制。但考虑到我国立法传统和立法体系，只能"将错就错"通过新的广播权进行规制。[1]

（二）侵害客体

网络直播著作权侵权行为侵害的客体主要包括视听作品、音乐作品等。近年来，对于网络直播著作权侵权客体争论最多的是关于体育赛事节目和游戏直播画面在著作权法上的定性问题。

1. 体育赛事节目的著作权法定性。早在2008年，在"央视国际诉世纪龙"案[2]中，广东法院认为奥运火炬传递活动的直播节目属于著作权法上的

---

[1] 王迁："著作权法中传播权的体系"，载《法学研究》2021年第2期。
[2] 广东省广州市中级人民法院（2008）穗中法民三初字第352号民事判决书。

以类似摄制电影的方法创作的作品（类电影作品），因为其将直播活动有计划地分成了若干篇章，表现了一定的主题思想，体现出独创性。而在"央视国际诉我爱聊"案[1]中，北京法院则认为，单纯体育赛事直播节目并非展示文学艺术或科学的美感，不构成作品。在这一问题上，"新浪诉天盈九州"案因其经历三级法院两次结论反转而最受到业内关注。该案一审北京市朝阳区人民法院认为，涉案节目对镜头的选择编排形成了新的画面，系创造性劳动，而不同的选择、制作会产生不同的画面，正反映其具有独创性，故应认定为作品[2]。而二审北京知识产权法院推翻了这一结论，该院认为，认定作品与否的标准是独创性的"高低"而非"有无"，体育赛事节目直播画面的素材选择少、个性化差异低、选择编排的创作空间小，未达到类电影作品独创性的高度，故只能认定为录像制品[3]。由于涉及网络直播，二审法院将涉案节目认定为录像制品直接导致新浪公司败诉。北京市高级人民法院在再审中则再次推翻二审认定结论，该院认为，作品的判断应考虑两个因素：一是是否由作者独立创作，二是是否体现作者的智力创造性。作品的区分标准应为独创性"有无"而非"高低"。涉案节目的制作采用了多种手法和技术手段，体现了创作者个性化的选择编排，具有独创性，应认定为类电影作品[4]。该案虽划上句号，但对于体育赛事节目是否构成作品的争论仍未停止，尤其各地法院还存在理解不一、裁判标准矛盾的情形。

2. 网络游戏直播画面的著作权法定性。网络游戏直播画面实际上大体可以分为两种：一种是普通游戏直播画面，即展示游戏玩家对游戏的各种操作、玩法，同时主播往往通过字幕、解说、背景音乐等与观众互动，主要体现为UGC模式[5]。另一种则是对大型网络游戏竞技比赛的直播画面，其性质与体育赛事节目类似。关于第一种类型，即普通游戏直播画面是否构成著作权法上的作品，支持一方观点认为：游戏玩家在游戏过程中实际调用了网络游戏背后的资源库，而这种操作本身就体现了其独创性。反对一方观点认为：网

---

[1] 北京市第一中级人民法院（2014）一中民终字第3199号民事判决书。
[2] 北京市朝阳区人民法院（2014）朝民（知）初字第40334号民事判决书。
[3] 北京知识产权法院（2015）京知民终字第1818号民事判决书。
[4] 北京高级人民法院（2020）京民再128号民事判决书。
[5] 焦和平："网络游戏在线直播画面的作品属性再研究"，载《当代法学》2018年第5期。

络游戏有其预设的场景和机制，玩家的操作只不过是在预设范围内，并未创作出新的作品。对此，广东省高级人民法院在"网易诉华多"案[1]中进行了论证，该院认为：网络游戏本身是一种计算机软件，其通过程序指令，调用后台资源库中的文字、图片、音乐、动画等进行组合，并最终在屏幕上显示出连续动态画面。评价这种连续画面是否构成作品应考察其是否具有独创性和可复制性。从独创性上看，网络游戏本身的素材组合就体现了开发者个性化的选择编排，而最终的整体画面与设计之初又存在显著差别，呈现艺术风格，应认定具有独创性。从可复制性来看，无论是游戏软件本身还是其动态画面都具备复制和传播性。结合可以固定在一定介质上的特点，最终认定游戏直播画面构成类电影作品。

第二节　网络直播平台

一、网络直播平台概述

（一）网络直播与网络直播平台

不可否认，无论在日常生活还是新闻报道甚至是专业的学术研究中，网络直播与网络直播平台的概念分界并不清晰。人们在介绍、评论、研究有关网络直播的现状、特点、类型、问题、趋势时，习惯于不严格区分网络直播与网络直播平台，而将二者混用。究其原因，一方面是因为网络直播作为一项新兴的网络活动，产生和受关注时间还不长，且形式与内容极为丰富、日新月异，暂时缺乏对其内涵和规律的系统性、权威性研究，对基础概念的探究分析更是匮乏；另一方面在网络直播活动中，网络直播平台处于中心环节，是连接产业链各方的主要媒介，在网络直播生态圈中居于主导地位，显示度最高，其模式和特点牵一发而动全身，影响着整个网络直播产业的发展，故人们在许多场合习惯于用网络直播平台指代网络直播活动本身。本书认为，网络直播和网络直播平台不仅具有紧密联系，也存在重要区别，有必要进行

---

[1] 广东省高级人民法院（2018）粤民终137号民事判决书。

概念区分，这不仅因为本书研究的主要对象是网络直播平台，更因为网络直播平台在著作权法上具有独立价值。二者的区别主要体现在以下几个方面：

第一，性质不同。网络直播本质上是依托信息网络进行的一项传播活动，而网络直播平台是网络直播活动中的一类实体。

第二，功能不同。网络直播作为一项传播活动，主要的功能是传播信息，按照传播学上"使用与满足"理论，网络直播以一种传播媒介出现，是用户满足各种需求的工具，人们通过网络直播这种媒介接触行为使自己的需求获得满足。[1]而网络直播平台的主要功能是搭建技术、场景、商业模式等软硬件环境，为网络直播的功能实现提供支持。

第三，类型划分不同。网络直播按照其表现形式可以划分为秀场直播、游戏直播、电商直播、体育赛事和综艺节目直播、泛娱乐直播等类型，而网络直播平台发展至今已脱离与直播形式一一对应的模式，许多平台并不局限于某一类直播形式，除采用直播形式对平台类型进行划分外，还可依据网络直播平台运营中其他特点进行划分。

（二）网络直播平台的定义

考察"网络直播平台"的定义，应首先回归到对"平台"一词的解释和理解上。值得关注的是，虽然"平台"一词已在日常生活、学术研究甚至立法文件中广泛使用，但对其准确、权威的定义却并未形成共识。在立法上，通过"北大法宝"对"平台"一词进行检索，截至2021年4月28日，属于全国人大及其常委会现行有效的立法文件中使用"平台"一词的有153件，其中法律38件，内容涵盖"钻井平台"[2]"采油平台"[3]等实体对象，也包括"电子商务平台"[4]"网络交易平台"[5]"信息和咨询平台"[6]"电子商务交易平台"[7]等虚拟对象。在司法实践中，通过"Alpha案例库"检索系统

---

[1] 王宇明、何静："从'使用与满足'看网络直播平台的发展出路"，载《新闻知识》2018年第2期。

[2] 《气象法》第17条。

[3] 《海洋环境保护法》第51条。

[4] 《电子商务法》第二章第二节"电子商务平台经营者"。

[5] 《消费者权益保护法》第44条、《野生动物保护法》第32条。

[6] 《旅游法》第26条。

[7] 《出口管制法》第20条。

进行检索，截至2021年4月28日，公开的裁判文书中使用"平台"一词的有1 296 348件，涵盖民事、刑事、行政等各种案件类型。应该说，在我国法律实践中，已经将"平台"一词作为固定词汇和法律术语广泛使用。

关于"平台"一词的含义，《辞海》中并无独立解释，而是从其字面原意提供了"钻井平台""海洋平台"等词汇解释。在"百度百科"对"平台"词条列举的几类解释中，既有客观世界中的物理意义上的"工作台""高于附近区域的平面（如阳台）"等解释，也有引申意义上"供人们施展才能的舞台""计算机硬件或软件的操作环境""进行某项工作所需要的环境或条件"等解释。[1]显然，包括网络直播平台在内，日常使用的"网络平台""视频平台""电商平台"等用语的含义，应当从"平台"一词的引申意义上理解。从规范性文件来看：《电子商务法》第9条第2款规定："本法所称电子商务平台经营者，是指在电子商务中为交易双方或者多方提供网络经营场所、交易撮合、信息发布等服务，供交易双方或者多方独立开展交易活动的法人或者非法人组织。"国家互联网信息办公室发布的《互联网直播服务管理规定》第2条第2款从反向定义："本规定所称互联网直播服务提供者，是指提供互联网直播平台服务的主体。"国家互联网信息办公室等七部委发布的《网络直播营销管理办法（试行）》第2条第2款规定："本办法所称直播营销平台，是指在网络直播营销中提供直播服务的各类平台，包括互联网直播服务平台、互联网音视频服务平台、电子商务平台等。"

综合上述解释和定义可见，"平台"一词的特征点在于：①提供某种服务、环境、条件或场所；②供他人（通常情况下）开展某项活动。而"网络平台"或"互联网平台"则在此基础上增加了一项特征点，即"基于网络（互联网）"[2]。鉴此，本书认为，网络直播平台应指：基于网络，为直播参与主体开展各类直播活动提供软硬件服务和虚拟场所的经营者。

---

[1] 载百度百科，https://baike.baidu.com/item/%E5%B9%B3%E5%8F%B0/20155557? fr=aladdin，访问时间：2021年4月28日。

[2] 我国规范性文件中对网络、互联网、信息网络等法律术语的使用存在不规范、不统一的问题，相应的，对于网络直播的表述也不尽一致。如前文所述，著作权法意义上的信息网络包括互联网、广播电视网、电信网、局域网等，考虑网络直播的技术条件开放性及表述方便，下文统一采用"网络"一词。

(三）网络直播平台的主要类型

与早期网络直播平台专注于某一直播形式不同，网络直播平台发展至今逐渐呈现聚合性和兼容性，除专门从事某一直播领域的平台外，还出现不少综合直播平台和衍生开展网络直播的平台。因此，对于网络直播平台的类型划分更侧重其提供的服务内容和服务模式。有观点将网络直播平台分为秀直播平台、泛直播平台和专直播平台[1]，有观点则将之划分为捆绑式网络直播平台、专门式网络直播平台和附属式网络直播板块三种类型[2]。此外，还有观点依据平台终端特征划分为PC端（网站）网络直播平台和移动端（手机）网络直播平台。本书认为，网络直播平台可以分为以下四种类型：

第一，专业性网络直播平台。此类平台仍然坚持传统模式，主要提供某一类型的网络直播服务，平台将上下游资源（如投资者、广告商、技术服务商等）专注投入于某一直播领域，经过长期发展，成为该直播领域的头部平台。这一类型中最为典型的就是专门从事游戏直播的平台，如斗鱼已成为国内游戏类直播平台中知名度最高的平台，以电子竞技为主；又如虎牙直播，发展成为数百万人同时在线的互动直播平台，擅长PC单机和TV游戏直播；再如腾讯旗下的龙珠直播，号称提供最全的竞技赛事直播，并提供德玛西亚杯等顶级赛事的高清直播。这一类型中典型的还包括专门从事体育赛事直播的懂球帝、章鱼、企鹅直播等平台。

第二，综合性网络直播平台。此类平台以提供生活、娱乐类综合性直播为特色，融合了秀场直播、游戏直播、电商直播等多种直播形式，为用户提供一站式直播服务，并通过各类直播形式进行平台内用户导流，建立稳定的生态群。其中较为典型的如YY直播，平台内不仅提供游戏直播，还提供音乐、颜值、户外、体育、美食、舞蹈、旅游等多种场景类、生活类直播，且不仅提供PC端服务，也提供移动端直播服务；又如花椒直播，融合了脱口秀、情景剧、综艺、健身、旅游、体育、游戏等直播形式。

第三，兼容性网络直播平台。这一类型平台主要指的是将直播兼容、捆绑于内的社交类网络平台，此类平台原本主要提供的是社交媒介服务，但由

---

[1] 黄效唐:"中国网络直播平台研究"，载《科技传播》2018年第23期。
[2] 陈洁:"网络直播平台：内容与资本的较量"，载《视听界》2016年第3期。

于网络直播固有的强社交性，平台将直播引入并成功将传统社交分享服务与网络直播服务整合，使用户在传统网络社交活动中享受到直播带来的增值体验。较为典型的如微博直播、秒拍直播、美拍直播等，形式上多为移动端手机 APP。

第四，衍生性网络直播平台。此类平台与兼容性网络直播平台具有一定的相似性，平台本身并非自始从事网络直播活动，而是在网络直播兴起后融入直播功能。但此类平台原本并非提供社交媒介服务，而是专门从事网络购物、视频服务的电商平台、视频平台。与社交平台利用网络直播的社交属性丰富其社交媒介渠道不同，此类平台衍生出的直播服务主要为了服务于其传统业务类型或为传统服务导流。如淘宝直播、聚美优品直播等，原本主要提供网购平台服务，衍生出直播服务后着力打造"直播+电商"模式，主播在直播间展示、试穿试用产品，用户可以点击产品链接通过电商平台进行购买。再如优酷直播、爱奇艺直播、腾讯直播等，直播服务只是其平台服务的一个衍生部分，其提供游戏、秀场等网络直播服务主要目的是为平台主营业务吸引用户流量。

当然，上述对网络直播平台的分类并非泾渭分明，不少平台在类型上兼而有之，且随着网络直播产业的快速发展，平台类型也不断更新迭代。

二、网络直播平台的经营模式

网络直播平台作为网络直播产业链的中心环节，在网络直播活动中起着主导作用。网络直播平台的实际经营者是具有一定经济能力和管理水平的公司，这些公司往往背靠资本巨鳄或知名企业。网络直播平台在运营过程中涉及的主要发展节点包括：初创期寻找合伙人（创始人）、成立和组建公司架构、搭建以网络视频直播系统为主的硬件技术支持系统等；运营期建立本平台网络直播规则体系和盈利模式、吸引主播和直播公会（经纪公司）加入、内容打造、宣传推广吸引流量等；发展期获得稳定的经济收益、寻求平台升级、谋求上市或并购融资等。本书特别关注的有三个方面：一是网络直播平台与直播公会、主播的关系模式；二是网络直播平台的内容生产模式；三是网络直播平台的收入分成模式。

(一) 网络直播平台与直播公会、主播的关系模式

所谓"公会",按照《现代汉语词典》的解释,指的是旧社会同行业经营者联合组成的行会性质的组织,也叫同业公会。为了应对日益激烈的市场竞争,网络直播逐渐告别过去单纯的 UGC 模式,主播们需要背靠一定的组织,扶持、培养自己,获得技术和专业支持,同时为自己在网络直播平台上争取优质资源,网络直播公会便产生和发展起来。作为对"公会"一词原意的引申,网络直播公会相当于建立在网络直播平台上的经纪组织[1],实际经营者往往是正规的经纪公司,他们负责对签约主播进行培养、管理、孵化、扶持,通过自身实力、市场影响力、与平台关系等资源,为主播在平台争取例如流量倾斜、推荐信息流、频道信息流、个性化推荐、广告位展示等推广资源,极力打造网红主播。同时,网络直播平台也建立起复杂的直播公会政策,并通过与直播公会签订协议,对直播公会、公会所属主播进行支持、管理和激励。以抖音直播平台为例,平台在《直播公会签约协议》中约定"在线直播有效天"是指"单日在线直播时长满 60 分钟计为 1 个在线直播有效天,在线直播有效天不重复计算,当日多次开播时长均在 60 分钟及以上的,仅计为 1 个在线直播有效天";"在线直播时长"是指"单场连续直播满 25 分钟且无挂播、他人替播等无效直播情形,则视为有效直播并计入在线直播时长","在线直播时长及在线直播有效天数并称为'直播时长'"。平台通过对直播公会、主播的在线直播时长、有效天数等指标进行目标化管理、分级化收入分成,激励直播公会和主播创造优质内容。

随着网络直播平台日臻成熟,不少平台日益加强对主播的管理,要求主播在加入时就应与公会签约,不与公会签约的平台拒绝为其通过注册认证。此外,不少平台着力吸引实力雄厚的直播公会加入,YY 直播招股说明书中就表示会通过不同规模的群组帮助用户参与直播活动。其中提到的"群组"指的就是直播公会,YY 直播上已建立上百万个公会。直播公会培养和打造主播,

---

[1] 需要说明的是,与主播签约的经纪组织除了线上还有线下经纪公司、主播工作室等形式,即使是线上,也不仅采取"直播公会"的形式,如已经自带流量的网红主播,可能同网络直播平台直接签约,由平台负责打造和运营,但"直播公会"仍然是目前最主要、最广泛、影响最大的主播经纪组织形式。

主播快速成长吸引流量，这样的模式使网络直播平台节省了自己去寻找和经营管理主播的繁琐工作，提升了经营效率，使得平台和公会的关系日趋紧密。

（二）网络直播平台的内容生产模式

在网络直播发展的第一阶段，特别是这一阶段前期，主播"颜值"曾是网络直播平台的核心竞争力。然而发展至今，"颜值经济"逐渐退潮，持续打造优质内容，坚持"内容为王"，才是眼下网络直播平台在激烈竞争中脱颖而出或保持领先地位的核心要素。在来疯直播2017年6月直播的世界舞蹈大赛WOD（World of Dance）中国赛区总决赛中，不仅靠传统直播节目吸引眼球，还尝试了互动性更强的新直播玩法，观众用户不仅可以凭借刷礼物、投票等助推参赛选手获得好的名次，甚至还可以通过移动端帮助参赛选手获得选择比赛出场顺序的特权，吸引超百万人在线观看，创造了巨大的流量红利。这种新型直播模式（直播玩法）看起来是对直播形式的创新，但实质上是网络直播平台对于直播内容的深度改造和大胆探索。在网络直播平台群雄逐鹿的赛场上，平台之间要同时进行资本竞逐、硬件技术对垒、主播争夺、广告资源比拼等诸多博弈，但主播争夺无疑是最根本、最核心的竞争，而主播的直播生命延续根本又在于持续性、高质量、高价值直播内容的生产。因此，网络直播内容的生产对于平台具有特殊和极为重大的意义。

从持续提供优质内容的角度出发，网络直播内容呈现出专业性、趣味性、互动性齐头并进的势头。首先，在打造专业性方面，最大的特点就是内容生产方式的更新，即从UGC到PUGC再到PGC的过渡。在UGC时代，网络直播平台仅仅是为主播提供了施展才艺、赚取利益的单纯媒介；发展到PUGC模式下，以直播公会为代表的经纪组织参与进来，为主播生产内容提供动力支持，即所谓专业扶持下的自由表演；而PGC模式下，为了产出高质量定制化的专业生产内容，仅靠直播公会和主播是远远不够的，网络直播平台则动用其强大的资本、技术、市场、专业资源，直接参与内容生产。其中比较典型的是财经类专业直播的出现，如早期YY直播与广发证券等金融机构携手，着力将财经频道改造成证券市场操盘手、股市达人的直播互动平台知牛财经。其次，在富有趣味性方面，网络直播平台打破传统秀场直播形式，将多种不同元素与直播混搭，如将真人秀等综艺节目融入直播，采用"直播+综艺"

方式极大地提升了直播内容的趣味性。2016年，斗鱼组织网红主播和嘉宾在常州恐龙园、厦门、潍坊等地制作的首档直播综艺真人秀《鱼乐星之旅》，首日最高观看人数达80万，日平均在线50万人，此后《鱼乐星之旅》又举办两季，成为斗鱼在泛娱乐网络直播中的又一次深耕，展示斗鱼由单纯的直播平台转向多媒体互动平台转变的思路。最后，在提高互动性方面，网络直播平台可谓绞尽脑汁将主播和用户的互动参与推向极致，各大平台互相效仿又独具特色地推出了道具互动、多人游戏互动、主播视频连麦、直播歌曲、匿名恶搞电话甚至VR互动等模式，有的平台还开发人脸识别功能，供用户和主播"美颜"。通过这些模式，用户对主播和平台的黏性得到增强。

总之，从网络直播内容生产模式看，网络直播平台对于直播内容已远远超越了仅提供基础服务的阶段。为了增强内容的专业性、趣味性、互动性，打造持续输出的优质内容，平台不仅躬身入局，许多场景下还成为内容生产的主导力量。

（三）网络直播平台的收入分成模式

前文提到，网络直播平台的盈利模式主要有直接盈利模式和间接盈利模式两种。其中，直接盈利模式主要包括用户打赏、会员付费、赛事竞猜、直播门票等；间接盈利模式主要包括营销广告、电商购物、游戏联运、O2O等。有学者从网络直播平台收入面向的群体角度，将上述两种盈利模式区分为C端（即To Consumer，指向消费者、个人）和B端[1]（即To Business，指向企业、组织、机构）。C端收入对应上述直接盈利模式，B端收入对应上述间接盈利模式。其中，C端收入主要来自用户打赏这种方式，用户在观看直播时，从平台将真实货币兑换成虚拟礼物（如火箭、游艇、房子、汽车等）并打赏给喜欢的主播，获得满足感和娱乐体验，平台收到用户打赏后，将其再次换算成真实货币，并根据约定的比例将收入在平台、直播公会和主播间进行分配。例如有的大型网络直播平台对于用户打赏的分配比例为平台：主播：直播公会＝6∶3∶1。[2]除了用户打赏以外，不少平台还针对广告营销、会员收费、各类绩效目标完成情况等与直播公会和主播进行收入分成。还是以抖音直播

---

[1] 戴兵、宋航："网络直播平台收入确认与计量探讨"，载《财会通讯》2019年第25期。
[2] 李泽清：《网络直播：从零开始学直播平台运营》，电子工业出版社2018年版，第162页。

平台为例，平台与直播公会通过协议约定，直播公会旗下主播依照约定保质保量开展网络直播活动后，如平台采取直播公会统一结算的，由平台向直播公会支付旗下主播所有收益后，再由直播公会与旗下主播结算；如平台采取直播公会旗下主播自行提现结算的，则平台仅向直播公会支付直播公会应得的部分收益，主播的收益则自行通过甲方平台结算和提取。抖音直播平台每月会在直播公会管理系统的后台公布本月"公会月任务说明"，依照基线任务、活跃任务、短视频任务、拉新业务、流水业务等维度对直播公会进行考核并按照一套极为精细和复杂的分配政策进行分配。[1]可见，网络直播平台与直播公会、主播之间的利益绑定已经日渐成熟、定型，呈现出规则清晰、分配稳定、各司其职、绩效挂钩等特点。

第三节　网络直播平台在著作权法上的法律性质

一、网络著作权领域的法律主体概述

网络著作权，即网络环境下的著作权，是与传统著作权相对的概念。在网络时代来临前，著作权制度业已经过三四百年的发展，形成了一套成熟的规范体系。以《伯尔尼公约》为代表，著作权制度重点关注和调整著作权基本原则、著作权客体（作品）、权利主体（作者）、专有权利（精神权利、经济权利）、保护期限等传统领域。互联网时代到来后，以互联网为技术媒介进行的作品生产和传播迅速形成了自身特点和运行规律，特别是"网络服务提供者"的出现，对传统著作权制度产生重大影响。"数字时代对著作权法的最大冲击，在于它彻底改变了作品复制和传播的方式。"[2]著作权制度不得不因应这种影响进行自我调整和发展进步。这种调整和发展首先反映在对信息网络传播行为的规制上，进而将规范触角延伸和扩展到其他传播行为。因此，对信息网络传播行为的规制是网络著作权领域的基石和典范。

---

〔1〕　如《抖音直播2021年5.1~5.31公会月任务说明》，载飞书网，https://zhibogonghui.feishu.cn/docs/doccnJQPDvmDNBQIcsLIYhFQqfb，访问时间：2021年5月3日。

〔2〕　王迁：《网络环境中的著作权保护研究》，法律出版社2011年版，第1页。

在中国网络著作权领域的法律主体上,《信网权条例》创设了"权利人—网络服务提供者—服务对象"的概念表述和围绕三者的法律逻辑结构。其中,对于"网络服务提供者",《信网权条例》并未作出明确定义和概念解释,而是通过对其提供具体服务的描述,将其分为"自动接入服务和自动传输服务""自动存储""信息存储空间"和"搜索或者链接服务"四种类型。此后,《侵权责任法》第36条使用了"网络用户—网络服务提供者—被侵权人"的表述并以此建构网络侵权责任制度;《民法典》侵权责任编第1194~1197条[1]承继和发展了上述表述,将网络侵权责任的法律主体明确为"网络用户—网络服务提供者—权利人"。可见,在网络著作权领域,由于"网络服务提供者"这一关键变量的出现,传统著作权保护(或言传统侵权责任法)中以"侵权人(加害人)—权利人(受害人)"为基本模式的主体结构发生了重大改变,"网络服务提供者"成为了网络用户(通常是侵权人)和权利人之间在建构法律关系时不可逾越的主体因素。可以说,网络著作权制度就是围绕调整三者之间的法律关系设计的,甚至可以说,网络著作权领域的一切制度设计、争论、发展、创新几乎都是为了不断厘清和细化网络服务提供者的权利义务。

二、"网络服务提供者"的概念和类型

(一)"网络服务提供者"的概念

尽管网络服务提供者在网络著作权领域具有极为特殊重要的法律地位,直接影响了网络著作权制度的建构,但遗憾的是,上述主要法律规范均未对"网络服务提供者"进行法律上的定义和内涵外延的廓清。尤其是网络侵权责任条款,作为仅次于宪法法律位阶的规范性文件,对于"网络服务提供者"这一概念含义保持了留白处理。从立法者对《侵权责任法》立法背景的介绍来看,"在本法起草过程中,针对网络服务提供者的具体含义,有不同认识"[2]。

---

[1] 为方便表述,本书将《侵权责任法》第36条和《民法典》第1194~1197条统称为"网络侵权责任条款"。

[2] 全国人大常委会法制工作委员会民法室:《〈中华人民共和国侵权责任法〉条文说明、立法理由及相关规定》,北京大学出版社2010年版,第149页。

最高人民法院从法律适用角度认为,"网络服务提供者是指那些提供信息平台或者信息通道服务,例如信息存储、搜索、链接服务的网络服务提供者"。[1]在对《民法典》网络侵权责任条款进行释义时,最高人民法院也指出,"'网络服务提供者'一词实际上并不是IT业中的一个专业词语,其更多的是一个法律上的概念。目前,在我国法律、行政法规和司法解释中,对于'网络服务提供者'并无十分明确的定义,且在不同法律、法规中,也出现了同义但不同名的表述。……本条所称'网络服务提供者'的内涵较广,应包括网络技术服务提供者和网络内容服务提供者"。[2]可见,即使是权威机关,对于"网络服务提供者"进行概念抽象也很难形成共识。

学理上,有学者认为,"网络服务提供者是指为信息的传输、存储和搜索提供管道、空间与路径服务的网络经营者,其既可以是法人,也可以是自然人或其他组织,但不包括网络终端用户"。[3]有学者指出,"网络服务提供者(Internet Service Provider,简称ISP),是指不参加内容制作,也不以自己的名义发布内容的互联网服务提供者"。[4]还有学者认为,"网络服务提供者可分成为自己的信息和为他人的信息提供服务的服务提供者"。[5]

综合来看,由于网络服务提供者并非传统民法、著作权法上的概念,出现较晚,加之实践中各类网络服务提供者具体从事的业务类型极为广泛、行为模式差异较大,无论是立法者、司法机关还是学者,往往都倾向于通过类型化的方法对网络服务提供者进行定义。也正因此,对网络服务提供者进行类型化分析研究具有重要意义。

(二)"网络服务提供者"的类型

关于网络服务提供者的类型,理论界和实务界观点也不尽一致。正如立法者所言,"有的认为仅指技术服务提供者,包括接入服务、缓存服务、信息

---

[1] 最高人民法院侵权责任法研究小组编著:《〈中华人民共和国侵权责任法〉条文理解与适用》,人民法院出版社2016年版,第264页。

[2] 最高人民法院民法典贯彻实施工作领导小组主编:《中华人民共和国民法典侵权责任编理解与适用》,人民法院出版社2020年版,第262~263页。

[3] 邓社民:"网络服务提供者侵权责任限制问题探析",载《甘肃政法学院学报》2011年第5期。

[4] 刘文杰:"网络服务提供者的安全保障义务",载《中外法学》2012年第2期。

[5] 鲁春雅:"网络服务提供者侵权责任的类型化解读",载《政治与法律》2011年第4期。

存储空间服务以及搜索或者链接服务四种类型;有的认为不包括接入服务和缓存服务这两种类型;有的认为除了上述四种类型,还应当包括内容服务提供者"。[1]除此以外,有观点认为,网络服务提供者主要包括四种类型:网络服务提供者(ISP);网络内容提供者(ICP);网络接入服务者(IAP),主要指提供连线服务、IP地址分配、电子布告板等服务的电信公司;在线服务提供者(OSP),主要提供数据库、检索、查询、论坛等服务。[2]还有学者仿效美国法和欧盟法将网络内容提供者(ICP)以外的其他网络服务提供者统称为"中间服务提供者"或"消极中立的第三方主体"。[3]

综合上述观点,结合《信网权条例》《信网权司法解释》和网络侵权责任条款的制度设计,一般认为,我国法上的网络服务提供者,主要分为网络技术服务提供者和网络内容服务提供者。网络技术服务提供者是指"按照用户的指令在用户指定的两点或多点之间通过信息网络就该用户提供或修改的内容自动提供网络接入、信息传输、存储空间、信息搜索、链接等技术服务"。[4]可见,传统意义上的网络技术服务提供者主要呈现出技术性、被动性、中立性等特点,在为信息传送提供技术支持的同时,不对内容进行实质干预。网络内容服务提供者则是以网络技术为依托,直接向用户提供载有各种内容的信息,典型如大型资讯类网站,其提供的新闻信息、评论报道、图片视频等,无论原创还是转载,都是网站对发布内容进行创作、制作、编辑、选择、分类、审查后的结果。

现行法律法规和司法解释虽然并未明文规定网络服务提供者的上述两种类型,但从规范内容来看,似乎也针对两类主体及其行为性质差别进行了分别规定。《信网权条例》第20~23条是对单纯提供技术服务的网络技术服务提供者豁免著作权侵权责任的规定,第9条则是对向农村提供特定作品的网

---

[1] 全国人大常委会法制工作委员会民法室编:《〈中华人民共和国侵权责任法〉条文说明、立法理由及相关规定》,北京大学出版社2010年版,第149页。

[2] 张新宝主编:《互联网上的侵权问题研究》,中国人民大学出版社2003年版,第31页;靳学军、宋鱼水主编:《互联网的理性与秩序——网络侵权法律适用与典型案例精析》,人民法院出版社2006年版,第148页。

[3] 鲁春雅:"网络服务提供者侵权责任的类型化解读",载《政治与法律》2011年第4期。

[4] 程啸:《侵权责任法》,法律出版社2015年版,第445页。

络服务提供者规定的一项准法定许可，实施上述行为的主体显然不可能是网络技术服务服务者，而应系网络内容服务提供者。《信网权司法解释》明确将信息网络传播权行为区分为作品提供行为[1]和网络服务提供行为[2]，在涉及网络服务提供者实施上述行为时，该司法解释实际上将网络服务提供者区分为了上述两种类型。《民法典》网络侵权责任条款中，第1194条与《侵权责任法》第36条第1款规范内容基本相同，属于宣示性条文，该条中的"网络服务提供者"不仅包括网络技术服务提供者，也包括网络内容服务提供者。而第1195～1197条是对"避风港"规则的反面表述，显然，这三条中的"网络服务提供者"仅指网络技术服务提供者，因为网络内容服务提供者是不可能通过进入"避风港"豁免著作权侵权责任的。

需要指出的是：其一，著作权法上对网络服务提供者进行的上述分类并非依据网络服务提供者的产业类型、行业身份、组织特征或监管要求等标准，而是基于网络服务提供者实施的具体行为性质及因其行为产生的法律责任进行的划分。因此，同一网络服务提供者可能兼具两种身份，在具体个案中，不能以网络服务提供者自己宣称的服务内容、功能定位认定其主体身份，而应回归其实施的具体行为性质进行判断。其二，上述"内容—技术"二分法仅是对网络服务提供者第一层面的划分，具体到网络技术服务提供者，因其提供的技术服务类型差异较大甚至功能互相交织，现行法律法规并未对其进行具有实践意义的类型化划分，只能由法院在个案中进行识别，进而确定其法律责任。

（三）"网络服务提供者"的适用限制

关于法律规范对于"网络服务提供者"定义的缺失，本书推测不排除立法者为司法实践留有空间，供司法机关在个案中予以阐释和探索。然而，这一"留白"以及"网络服务提供者"类型划分上的立法冲突，客观上也为"网络服务提供者"概念的准确适用带来不少困扰。

网络侵权责任条款未对"网络服务提供者"进行定义和界定，从立法角度或许可以解释为涵盖所有网络服务提供者，但在适用法律时，必须首先根

---

[1]《信网权司法解释》第3条、第4条前半句。
[2]《信网权司法解释》第4条后半句。

据案件涉及的领域确定具体适用的规范,确定此时"网络服务提供者"指代的对象,不能理解为任何时候、任何侵权行为中的任何涉及提供网络服务的主体范围均一样。例如,《信网权条例》从第 20 条到第 23 条规定了四种"网络服务提供者"在提供网络服务时的免责条件。其中,第 20 条、第 21 条分别对提供自动接入、自动传输服务和提供自动缓存服务的网络服务提供者规定了免责条件,需要注意的是,这两类主体的免责条件中并不包含"通知—删除"规则要件,也即这两类主体不受"通知—删除"规则约束,只要符合第 20 条、第 21 条规定的免责条件,即完全免责。[1]这时,如果认为依照网络侵权责任条款,"网络服务提供者"在任何时候均包含任何主体,则必须回答:前述两类主体收到通知后暂停服务才能免责?《信网权条例》是否被网络侵权责任条款所取代而废止或停止使用?答案显然是否定的。[2]

在实践中,随着网络服务形式和内容的日新月异,新型网络服务提供者层出不穷。同时,网络服务提供者提供服务的具体方式也在迅速发生变化,个案中如何认定网络服务提供者的法律性质、如何正确适用法律存在诸多争议。

三、网络直播平台的法律性质探讨

需要特别指出的是,当前各类网络平台广泛提供综合性互联网业务,业务类型呈现聚合性、融合性、多样性,早期单一从事某一业务类型的平台已不多见,网络直播平台与其他网络平台类似,除了主要为网络直播活动提供软硬件服务和虚拟场所外,可能还会从事例如直播回放、直播内容点播甚至开辟专区售卖商品,此时网络直播平台因其具体实施的行为特征,比较容易被划入信息存储空间、电商平台等身份,客观上存在网络直播平台法律身份

---

[1] "可见,《信息网络传播权保护条例》第 20 条的立法目的就是让网络自动接入和传输服务提供者完全免责,……'通知与移除'规则对于此类服务提供者并不适用",见王迁:"论'通知与移除'规则对专利领域的适用性——兼评《专利法修订草案(送审稿)》第 63 条第 2 款",载《知识产权》2016 年第 3 期。

[2] "就著作权侵权而言,《条例》上的'通知—删除'规则仅仅适用于网络存储和网络搜索和链接服务的提供者,并不适用于网络接入服务提供者或其他服务商。而《侵权责任法》的宽泛规定中显然无法看到这样的限制,必然引发公众对其适用范围的担心",见崔国斌:《著作权法:原理与案例》,北京大学出版社 2014 年版,第 775 页。

重叠、混同的情形。本书主要研究网络直播活动中平台的著作权侵权制度问题，故在分析网络直播平台的著作权法律性质时，仅对涉及网络直播行为时的平台法律性质进行分析，下文亦如此。

（一）规范依据视角

规范依据是判断法律性质的主要标准，在考察网络直播平台在著作权法上的法律性质时，应当根据其行为特征和主体特征，分析其在法律规范上的定位。

在中国，网络著作权制度形成和发展的基本逻辑是：第一阶段，立法首先面对和回应的是信息网络传播权保护的问题。对此，《信网权条例》和《信网权司法解释》构建起"作品提供行为对应直接侵权""网络技术服务提供行为对应间接侵权"的基本范式，并（实际上）将网络服务提供者划分为网络内容服务提供者和网络技术服务提供者，而网络技术服务提供者则主要包括《信网权条例》第20～23条规定的四种主体类型。第二阶段，将信息网络传播权保护领域的法律规则移植、改造、提升为统辖所有民事领域的《侵权责任法》和《民法典》层面的网络侵权责任条款，除保护网络环境下著作权以外的民事权益外，也成为调整著作权领域内、网络著作权第一阶段制度外侵权行为的法律依据。具言之，网络侵权责任条款调整的著作权侵权行为主要包括两类：一是行为特征不属于信息网络传播权控制的行为，主要指与信息网络传播行为"交互式"特征相异的"非交互式"行为，如网络定时播放；二是主体特征不属于《信网权条例》列举的四类主体的行为，如云服务器提供商。同时，由于网络侵权责任条款的法律位阶较高以及条文高度概括性，以及信息网络传播权保护领域法律制度和司法实践的高度丰富性，司法机关在适用网络侵权责任条款审理案件时，又时常会自然地参照和使用信息网络传播权保护领域的法律规范、思维方法、裁判逻辑和认定标准。

著作权法视野下网络直播的基本特征包括即时性、涉网性、互动性和商业性，据此，发生在网络直播平台上的网络直播行为从总体上看，属于不能使用户在个人选定的时间和地点获得作品的"非交互式"传播行为，不属于《信网权条例》《信网权司法解释》调整的范围，相应的，网络直播平台也不属于上述两部规范性文件中的"网络服务提供者"，进而只能适用《民法典》

网络侵权责任条款判断其法律性质。

在网络侵权责任条款中，网络服务提供者实际上被区分为网络内容服务提供者和网络技术服务提供者。具体区分依据应参照信息网络传播权保护领域两部规范性文件中确立的标准，例如关于信息存储空间服务提供者的规定[1]、关于"内容技术"二分法的规定[2]、关于分工合作的规定[3]、关于教唆侵权的规定[4]、关于"红旗规则"的规定[5]、关于推荐引流的规定[6]、关于直接获利的规定[7]等综合进行识别判断。如前文所述，网络直播平台在经营模式上存在以下特征：一是网络直播平台与直播公会、主播关系紧密，平台通过对直播公会的管理规制，直接或间接引导主播的直播行为；二是网络直播平台大量直接组织和参与直播内容的打造，不仅仅是提供技术服务的被动角色；三是网络直播平台与直播公会、主播之间利益绑定成熟、定型，呈现出规则清晰、分配稳定、各司其职、绩效挂钩等特点。

基于这些特点不难看出，依照现行法律，理论上网络直播平台因其提供行为的不同特征，存在不同的法律性质，其中：当网络直播平台直接参与直播内容的投资、制作、选择、编辑、审查、发布等行为，或与直播公会、主播存在分工合作时，属于网络内容服务提供者；当网络直播平台未对直播内容进行上述干预，仅仅提供技术服务时，属于网络技术服务提供者。但这种完全基于规范基础分类方法认定网络直播平台法律性质的路径真的科学、合理吗？下文将在中国网络直播平台著作权侵权制度面临的困境中对此进行详述。

（二）功能特征视角

如果抛开机械对照法律规范依据的判断方法，从外观上考察网络直播平台的功能特征不难发现，网络直播平台与传统的四类网络服务提供者，特别

---

[1]《信网权条例》第14条、第22条。
[2]《信网权司法解释》第3条、第4条、第12条。
[3]《信网权司法解释》第4条。
[4]《信网权司法解释》第7条。
[5]《信网权司法解释》第9条。
[6]《信网权司法解释》第10条、第12条。
[7]《信网权司法解释》第11条。

是信息存储空间有着高度相似性。关于"信息存储空间"的含义，DMCA 描述为为其自身发展而控制或运营的系统或网络中提供面向用户的相关内容可以被用户存储[1]。《信网权条例》未作明确定义，实践中引发不少争议。《信网权条例》的立法者对此解释为，可以永久存储信息的计算机外部存储器的容量，而"计算机"则扩大解释为可以与互联网连接的网络服务器。[2]立法者还列举了"信息存储空间"的三种类型：一是向他人提供服务器空间，使不具备技术能力和物质条件的用户可以建设虚拟网站。这些虚拟网站由经营者自主经营，网络服务提供者不干预，类似租房。二是社交平台。三是用户将自己的作品数字化后上传到网络服务提供者提供的服务器空间中。司法实践中，"阿里云"案的二审法院通过技术特征、法律法规和行业监管三个层面比较的方法将云服务器提供商和信息存储空间区分开来[3]。

综合国内外观点来看，信息存储空间通常包含两个基本功能：一是展示功能。无论是传统的门户网站、电商平台、媒体平台、社交平台，信息展示功能都是其最基本的特点，也正是通过信息展示，才使公众有可能接触到其中受著作权法保护的作品。即使是相对封闭的"网盘"，在其对外公开时，公众也很容易通过直接点开链接或简单地输入密码获取网盘资源。"阿里云"案中，云服务器中的信息不能对外展示，甚至连云服务器提供商也不能随意接触数据，是法院否定其属于信息存储空间的重要理由。从这一特征来看，网络直播平台显然是与信息存储空间具有共性的。二是存储功能。信息存储空间的这一功能是不言而喻的，从其名称中就足以反映。事实上，也正是因为用户信息存储于网络服务提供者的服务器中，才使其有可能被公众在其个人选定的时间和地点获得，也才能被信息网络传播权控制，而一经而过、未被存储下来的信息是无法"点播"的。正是这一特征，又将网络直播平台与信息存储空间区别开来。从功能特征来看，只能说网络直播平台从外观上与信息存储空间具有相似性，但区别也是明显的，甚至可以说存在本质上的特殊性和差异性。

---

[1] 17 USC 512（c）(1) & DMCA p.11.
[2] 张建华主编：《信息网络传播权保护条例释义》，中国法制出版社 2006 年版，第 83 页。
[3] 北京知识产权法院（2017）京 73 民终 1194 号民事判决书。

此外，美国学者还对网络直播平台是否属于自动传输服务提供者进行过探讨。DMCA 将这类网络服务提供者称为"短暂传输（Transitory Communications）"或"临时数字网络传播（Transitory Digital Network Communications）"，除了通过"定义"[1]对其特征进行概括外，还通过具体免责条件对其设定了 5 项要求[2]。美国学者认为，要判断网络直播平台是否属于这类网络服务提供者，就要对照上述要求进行考察。其一，DMCA 定义的先决条件要求这项服务是在"点对点"之间传输信息，而网络直播平台通常将信息传播给所有访问该网站的人，从这个角度看，似乎不能认定为网络直播平台的服务是"点对点"的。但从另一个角度看，一个用户将直播从用户那里传输到用户指定的平台，这似乎又是符合"点对点"要求的。其二，对于具体免责条件中第一和第二个要求——在用户指示下进行，不需要平台选择，显然是很容易满足的。其三，对于限制网络服务提供者选择内容接收者的要求，网络直播平台似乎不太可能主动为用户的直播选择观众。其四，对于在"合理需要"下，内容副本可以在网络服务提供者的系统上留存的要求，网络直播平台上大多数视频流存在时间很短，足够符合这一要求。其五，对于不做内容修改的要求，网络直播平台对于视频流形式上（如修改格式）的处理并不属于对内容的修改，因此也满足这一要求。如此看来，网络直播平台是可能被认定为自动传输服务提供者的。[3]

应该说，美国学者的这一结论超出了我们的想象。正如"阿里云"案中二审法院对自动传输服务的理解，网络直播平台对其先决条件"点对点"而言就是不符合的。美国学者的上述观点是非常牵强的。但是，且不论其观点正确与否，至少反映了一个重要事实，那就是从 DMCA 开始延续到中国的四类网络服务提供者的分类方法存在极大的不确定性和僵化性。此外，这一分类方法明显基于信息网络传播权，对网络著作权的其他领域缺乏包容性，适

---

〔1〕 17 USC 512（k）（1）（A）.

〔2〕 17 USC 512（a）.

〔3〕 Simon J. Frankel, Ethan Forrest and Virginia Scholtes: How Does Livestreaming Video Fit into the DMCA's Safe Harbor? Bloomberg Law, September 19, 2015, https://news.bloomberglaw.com/tech-and-telecom-law/how-does-livestreaming-video-fit-into-the-dmcas-safe-harbor, 访问时间：2021 年 9 月 15 日。

用范围显得狭窄而保守,而且即使在信息网络传播权领域也早已落后。因此,从功能特征视角考察网络直播平台的法律性质,很难准确地将其与传统四类网络服务提供者进行对号入座。

小　结

关于网络直播的定义,不同领域视角各有侧重、不尽一致,站在著作权法的角度看,网络直播是网络直播生产者(主播、经纪组织)通过网络直播服务提供者(平台),基于网络以音视频、图文等多种形式向公众实时传播作品等内容的行为。对网络直播进行类型化分析是深入认识和了解网络直播的重要途径。从直播形式上看,网络直播可分为秀场直播、游戏直播、电商直播、体育赛事和综艺节目直播、泛娱乐直播和其他直播六类。从内容产生来源来看,网络直播可分为UGC(用户生产内容)、PUGC(专业指导下的用户生产内容)、PGC(专业生产内容)和BGC(品牌生产内容)四类。

网络直播的兴起分为三个阶段。第一阶段(2005~2013年)中,网络直播限于PC秀场直播模式。第二阶段(2014~2015年)中,游戏直播平台"一夜蹿红",海量游戏玩家涌入游戏直播领域。而多人同时在线电子竞技游戏直播模式,在满足玩家休闲娱乐、提高游戏技能的同时,催生了新的社交需求。第三阶段(2016年至今)中,以陪伴、分享、社交为主要特色的直播平台快速生长,"直播+"向着泛娱乐、垂直化发展,同时网络直播从早期的PC直播逐步演进至PC直播与移动直播并驾齐驱的局面。网络直播行业整体呈现市场规模快速扩张和经济效益持续增长的态势,并体现出直播内容内涵化、平台发展专业化、直播形式垂直化、下沉化、技术引领作用明显以及强化监管和平台自律等发展趋势。

网络直播行业发展至今,已形成较为成熟的产业链,产业链上的各个环节和相关主体通过分工协作、价值传导、信息传播、利益分配等方式紧密合作,贯穿网络直播活动的全流程,建立了稳定的行业生态系统。从盈利模式看,网络直播分为直接盈利模式和间接盈利模式。与给网络直播下定义一样,对网络直播基本特征的归纳和总结也呈现出不同学科视角特色。从与著作权法有关的视角认为，网络直播主要存在即时性、涉网性、互动性及商业性四个特征，即时性属于网络直播的本质特征或言根本特征。其中，即时性与传统广播电视的"直接播出"一脉相承，表现为不可选定时间的非交互式传播，从而与点播行为相区分；涉网性将其与以无线电波或导线为传播媒介的广播电视直播区分开来；互动性很有可能突破传统著作权法意义上对"非交互式传播"的定义，用户在网络直播中通过实时互动，在个人选定的时间和地点获得作品并非不可能；商业性则使平台和主播之间的关系某种意义上超越了传统立法对于网络服务提供者和服务对象的关系定义。

网络直播中的著作权侵权行为主要是未经许可进行转播（盗播）和未经许可在直播中使用他人作品。目前通说认为，网络直播行为由 2020 年修改后《著作权法》上的"广播权"控制。网络直播著作权侵权行为侵害的客体主要包括视听作品、音乐作品等。近年来，理论和实务界对于网络直播著作权侵权客体争论最多的是关于体育赛事节目和游戏直播画面在著作权法上的定性问题。

网络直播平台与网络直播在性质、功能、类型划分上存在明显区别，不可混为一谈。网络直播平台是指基于网络，为直播参与主体开展各类直播活动提供软硬件服务和虚拟场所的经营者。网络直播平台主要有四种类型：专业性网络直播平台、综合性网络直播平台、兼容性网络直播平台和衍生性网络直播平台。

网络直播平台的经营模式分为三个方面：一是网络直播平台与直播公会、主播的关系模式；二是网络直播平台的内容生产模式；三是网络直播平台的收入分成模式。

从产业链主体的关系模式来看，为了应对日益激烈的市场竞争，网络直播逐渐告别过去单纯的 UGC 模式，主播们需要背靠直播公会等经纪组织，扶持、培养自己，获得技术和专业支持，同时为自己在网络直播平台上争取优质资源。直播公会负责对签约主播进行培养、管理、孵化、扶持，通过自身实力、市场影响力、与平台关系等资源，为主播在平台争取例如流量倾斜、推荐信息流、频道信息流、个性化推荐、广告位展示等推广资源，极力打造网红主播。同时，网络直播平台也建立起复杂的直播公会政策，并通过与直播公会签订协议，对直播公会、公会所属主播进行支持、管理和激励。

从网络直播内容生产模式来看，在网络直播平台群雄逐鹿的赛场上，平台之间要同时进行资本竞逐、硬件技术对垒、主播争夺、广告资源比拼等诸多博弈，但主播争夺无疑是最根本、最核心的竞争，而主播的直播生命延续根本又在于持续性、高质量、高价值直播内容的生产。因此，网络直播内容的生产对于平台具有特殊和极为重大的意义。发展至今，网络直播平台对于直播内容已远远超越了仅提供基础服务的阶段。为了增强内容的专业性、趣味性、互动性，打造持续输出的优质内容，平台不仅躬身入局，许多场景下还成为内容生产的主导力量。

从网络直播的盈利模式和收入分成模式来看，网络直播平台的盈利模式主要有直接盈利模式和间接盈利模式两种。其中，直接盈利模式主要包括用户打赏、会员付费、赛事竞猜、直播门票等；间接盈利模式主要包括营销广告、电商购物、游戏联运、O2O 等。在面向 C 端的直接盈利模式下，用户在观看直播时，从平台将真实货币兑换成虚拟礼物（如"火箭""游艇""房子""汽车"等）并打赏给喜欢的主播，获得满足感和娱乐体验，平台收到用户打赏后，将其再次换算成真实货币，并根据约定的比例将收入在平台、直播公会和主播间进行分配。除了用户打赏以外，不少平台还针对广告营销、会员收费、各类绩效目标完成情况等与直播公会和主播进行收入分成。网络直播平台与直播公会、主播之间的利益绑定已经日渐成熟、定型，呈现出规则清晰、分配稳定、各司其职、绩效挂钩等特点。

在中国网络著作权领域的法律主体上，《信网权条例》创设了"权利人—网络服务提供者—服务对象"的概念表述和围绕三者的法律逻辑结构。由于"网络服务提供者"这一关键变量的出现，传统著作权法（传统侵权责任法）中以"侵权人（加害人）—权利人（受害人）"为基本模式的主体结构发生了重大改变，"网络服务提供者"成为网络用户（通常是侵权人）和权利人之间在建构法律关系时不可逾越的主体因素。

由于网络服务提供者并非传统民法、著作权法上的概念，出现较晚，加之实践中各类网络服务提供者具体从事的业务类型极为广泛、行为模式差异较大，无论是立法者、司法机关还是学者，往往都倾向于通过类型化的方法对网络服务提供者进行定义。一般认为，我国法上的网络服务提供者，主要分为网络技术服务提供者和网络内容服务提供者。传统意义上的网络技术服务提供者主要呈现出技术性、被动性、中立性等特点，在为信息传送提供技术支持的同时，不对内容进行编辑、筛选和审查；网络内容服务提供者则是依托网络技术通过信息网络直接向网络用户提供载有各种内容的信息。同一民事主体既可以是网络技术服务提供者，也可能是网络内容服务提供者，应根据其具体行为进行判断。实践中，随着网络服务形式和内容的日新月异，新型网络服务提供者层出不穷，而网络服务提供者提供服务的具体方式也在迅速发生变化，个案中如何认定网络服务提供者的法律性质、如何正确适用法律存在诸多争议。

依照现行法律，理论上网络直播平台因其提供行为的不同特征，存在不同的法律性质。其中，当网络直播平台直接参与直播内容的投资、制作、选择、编辑、审查、发布等行为，或与直播公会、主播存在分工合作时，属于网络内容服务提供者；当网络直播平台未对直播内容进行上述干预，仅仅提供技术服务时，属于网络技术服务提供者。但事实上这一分类方式对于网络直播平台并非科学合理。而从功能特征来看，网络直播平台从外观上与信息存储空间具有相似性，但区别也是明显的，甚至可以说存在本质上的特殊性和差异性。此外，国外学者也近乎牵强地将网络直播平台解释为自动传输服务提供者。网络直播平台法律性质的认定困境反映出自 DMCA 开始延续到中国的四类网络服务提供者的分类方法存在极大的不确定性和僵化性。此外，这一分类方法明显基于信息网络传播权，对网络著作权的其他领域缺乏包容性，适用范围显得狭窄而保守。

第二章 网络直播平台著作权侵权制度的现行规范渊源——美国模式

　　网络直播平台是基于网络，为直播参与主体开展各类直播活动提供软硬件服务和虚拟场所的经营者。虽在现行法律中很难准确认定其具体法律性质，但总体上属于网络服务提供者是确定无疑的。因此本书主题实际包含两个理论面向：一是网络直播平台作为一类网络服务提供者，其涉及的侵权行为构成、侵权责任认定等制度问题；二是这一问题限定于（网络）著作权领域。由此，一方面，研究网络直播平台著作权侵权制度，首在研究网络服务提供者侵权制度一般规则；另一方面，网络环境下的著作权侵权制度与传统著作权法上的侵权制度有着重大区别，需要重点关注。从历史来看，在网络服务提供者侵权制度中，著作权侵权制度起着先导和示范作用，且由于其从规范信息网络传播行为开始，恰又与网络直播具有天然联系。综合以上因素，深入探究网络服务提供者著作权侵权制度的起源、背景、规则设计和制度机理，对研究本书主题具有重要价值。

　　20世纪末，美国为了回应日益严峻的网络版权侵权问题，围绕网络服务提供者建立了体系化的解决方案，即网络服务提供者版权侵权制度，并形成具有自身特色的制度模式。美国模式是美国国会基于传统版权侵权理论，为了落实相关国际条约，在国内政策背景和司法实践争论影响下，采用英美法系实用主义立法技术确立的全新制度模式，集中体现为DMCA中首创的"避风港"规则。美国模式确立后，世界各国纷纷借鉴效仿并扩大其适用范围，至今仍是包括中国在内主要法域针对网络服务提供者侵权问题的基本解决方案和制度样板，更是本书研究主题网络直播平台著作权侵权制度的现行规范渊源。

第一节 美国模式的理论基础

一、著作权直接侵权理论

传统民法上，著作权与物权、人格权一样，属于绝对权（absolutes Recht），也称"对世权"，具有对世效力，即针对权利人以外的一切不特定的人。法律为权利人划定较为清晰的权利边界，世人均要容忍并尊重权利人的权利范围，未经权利人许可，且不存在法律规定的正当理由，任何人不得进入法律为权利人划定的权利范围。著作权作为一项绝对权，法律为其规定了一系列由著作权人支配的专有权利（权项），每一权项都对应控制着某一类具体的行为，例如，复制权控制着将作品通过各种方式制作为一份或多份的行为，发行权控制着以出售或赠与方式向公众提供作品原件或复制件的行为，改编权控制着在原有作品基础上创作出具有新的独创性作品的行为，等等。作为世界各国著作权法基石的《伯尔尼公约》规定了著作权人享有的翻译权（第8条）、复制权（第9条）、（戏剧作品、音乐戏剧作品、音乐作品作者的）表演权（第11条）、广播权（第11条之二）、朗诵权（第11条之三）、改编权（第12条）等专有权利，并要求缔约国按照不低于公约保护的标准通过其国内法自行设定相关专有权利，从而实现对著作权的法律保护。著作权法正是通过这种方式，为权利人划定了比较清晰的权利范围，除权利人以外的一切不特定的人，只要未经著作权人许可，且不具有合理使用、法定许可等抗辩事由，实施了受上述专有权利控制的行为，即构成对著作权人的直接侵权。

在对著作权直接侵权的理论探讨和制度设计中，除了涉及权利客体及其归属的审查、侵权主体的确定、侵权成立规则（接触+实质性近似）等问题外，关于著作权直接侵权归责原则的讨论争议最大，且与后文探讨的间接侵权问题关系紧密。传统民法（侵权法）在归责原则上是以过错责任原则为基础的，"即因'故意或过失'不法侵害他人权益时，应就所生的损害，负赔偿责任"。[1]过错责任原则作为最基本的归责原则,在两大法系几乎世界各国都成为侵权法上的基本原则。[2]这不仅体现出过错责任原则与所有权神圣、意思自治并称为现代私法三大理论基石的重要地位,也反映出个人主义哲学自由意志理论对自己责任思想基础的坚守。同时,对于一些特定活动本身存在的危险性,现代侵权法对于过错责任原则的特殊形态规定了过错推定责任,即损害事实发生后,法律推定行为人具有过错,而由行为人(而非受害人)举证证明其不存在过错(举证责任倒置)。而对于"特定企业、特定装置、特定物品之所有人或持有人"[3],因其内在、特定的高度危险性,侵权法通过明文规定的方式确定了无过错责任,德国法上称为"危险责任(Gefährdungshaftung)",英美法系称为"严格责任(strict liability)",侵权行为的成立不考虑行为人的故意和过失。[4]通说认为,无过错责任原则显著扩大了行为人的责任范围,显而易见地压缩了权利人以外公众的自由空间,法理上应属特例且必须由法律明文规定。

"知识产权(特别是其中无须行政登记即可依法产生的版权),由于其无形并具有地域性、受法定时间限制等特点,所以,其权利人的专有权范围被他人无意及无过失闯入的机会和可能性,比物权等权利大得多、普遍得多。"[5]基于这一特点,对于著作权直接侵权行为的归责原则素来争议较大。有观点站在传统侵权法归责原则的基础上认为,著作权直接侵权属于一般侵权行为,在法律没有对其规定无过错责任的前提下,理应适用过错责任原则。吴汉东教授认为,"当侵权损害结果发生时,法律推定行为人有过错并要求其提出无过错抗辩,若无反驳事由,或反驳事由不成立,即确认侵权人有过错并应承担赔偿责任"[6],故应适用过错推定责任原则。一般认为,英美法系著作权直

---

[1] 王泽鉴:《侵权行为》,北京大学出版社2009年版,第12页。
[2] 如《法国民法典》第1382条、第1383条;《德国民法典》第823条、第826条;《瑞士债务法》第41条;《日本民法典》第709条;等等。
[3] Karl Larenz:"德国法上损害赔偿之归责原则",王泽鉴译,载王泽鉴:《民法学说与判例研究》,北京大学出版社2009年版,第187页。
[4] 王泽鉴:《侵权行为》,北京大学出版社2009年版,第15页。
[5] 郑成思:"侵害知识产权的无过错责任",载《中国法学》1998年第1期。
[6] 吴汉东:"试论知识产权的'物上请求权'与侵权赔偿请求权——兼论《知识产权协议》第45条规定之实质精神",载《法商研究》2001年第5期。

接侵权采取严格责任（即无过错责任）原则，即行为人只要实施了受著作权控制的行为，无论是否具有过错，均应承担侵权责任。例如，英国1988年《版权、设计和专利法案》（以下简称《英国版权法》）第16条第（2）款规定："任何人未获作品的版权所有人的特许，而自行或授权他人作出任何受版权所限制的行为，即属侵犯该作品的版权。"又如，1976年《美国版权法》第501条规定："任何人侵犯了任何专有权利，包括版权人的权利，或作者权利，或违反第602条的规定，向美国进口复制品或录音制品，视情况而定，就是版权或者作者权利的侵权人。"受英美法系影响的《TRIPS协定》第45条第2款规定："在适当的情形，即使侵权人并非明知或有合理的根据应知其从事了侵权活动，各成员仍可以授权司法机关责令返还利润，和/或支付法律预先规定的损害赔偿金。"对此，王迁教授认为：对包括著作权在内的知识产权的侵权，与普通民事侵权不同。前者英文为infringement（通常指direct infringement，即直接侵权），后者英文为tort。如果行为人不知道也没有合理理由知道自己的行为侵害了他人的著作权，其行为不构成tort，但基于绝对权效力，权利人可以请求行为人停止相关行为。[1]本书认同这一观点，进而认为，包括著作权在内的知识产权具有类似"物上请求权"的"知识产权请求权"，当行为人未经许可进入专有权利控制范围，无须考虑过错，即构成infringement（直接侵权），权利人可基于上述"知识产权请求权"要求行为人停止侵害、排除妨害。而当行为人存在过错时，权利人进而产生损害赔偿请求权，即过错只影响损害赔偿是否成立及数额大小，不影响直接侵权成立。[2]

二、著作权间接侵权理论

著作权法上的"间接侵权"一般是指，行为人虽然并未直接实施落入权利人专有权利控制范围的行为，但因其为直接侵权行为提供帮助或诱因，或基于行为人与直接侵权行为之间存在某种特定关系，且行为人具有主观过错，

---

[1] 王迁：《著作权法》，中国人民大学出版社2015年版，第405~406页。
[2] 当然在著作权侵权审判实践中，由于法院普遍科以被告极高的注意义务，导致被告过错标准极低，实践中几乎不存在只成立直接侵权、不承担损害赔偿责任的情形，造成了著作权侵权损害赔偿实际上采用无过错责任原则。

也可被法律评价为侵权行为。这一概念大体来源于英美法系版权法上的"indirect infringement""contributory infringement"或"secondary infringement"等理论。

在著作权法形成和发展的早期,间接侵权并未引起著作权人和立法者的关注。在当时的物质技术条件下,只有具有一定经济实力,且具备一定生产经营场所的经营者(如出版社、唱片公司、书店等)才可能实施严重侵害著作权人权益的直接侵权行为,也由于上述因素,著作权人锁定侵权人、进而要求比较充分的损害赔偿相对比较容易实现。但随着现代科学技术和传播手段的快速发展,作品的复制发行和传播日益便捷化、平民化。"过去,直至1960年代,要违反版权法并不容易。一个人需要有印刷机、电台或者录制设备才能侵权,而很多人并没有这些设备。今天,每个个人、公司和孩子都有能力复制和传输,因而能够以有害或无害的方式侵害版权。"[1]正因此,著作权直接侵权越来越呈现普遍化、分散化,同时,侵权行为也不再是孤立、自成一体的,而更多体现出第三方对直接侵权行为提供帮助、支持和参与。同时,由于直接侵权行为日益平民化,权利人追究直接侵权人侵权责任的难度和成本越来越大,而为直接侵权提供支持、帮助或诱因的实体如果一概免责,不免导致利益的天平倒向侵权人一方,给著作权人带来重大损失。在这一背景下,著作权间接侵权规则在两大法系建立起来。两大法系在著作权领域的间接侵权规则均建立在两项既有规则之上:一是行为人明知他人实施侵权行为,仍然给予其实质性的帮助,由于其过错明显,且帮助行为与损害后果存在因果关系,故应对损害后果承担侵权责任。[2]二是雇主应对雇员因从事雇佣工作产生的侵权行为承担侵权责任。[3]但两大法系在著作权间接侵权规则的具体制度设计上存在显著差异。

大陆法系国家在法学理论和立法中普遍承认在著作权侵权中,直接侵权人以外的第三人在符合某些条件下应承担侵权责任。由于大陆法系素有严格

---

[1] Tim Wu Tolerated Use, 31 Colum. J. L & Arts 617, 618 (2008).

[2] Restatement of the Law, Second, Torts, §876; FowlerHarper, Fleming James&Oscar Gray, The Law of Torts (2ndEdition), §10.1, Little Brown and Co. (1986).

[3] Restatement of the Law, Second, Torts, §416-429; FowlerHarper, Fleming James& Oscar Gray, The Law of Torts (2ndEdition), §26.1-26.3, Little Brown and Co. (1986).

注重逻辑结构和立法体系的传统，大陆法系国家对著作权侵权领域的"间接侵权"规定很少，判例也较少提及"间接侵权"或"间接责任"，主要是通过民法典（侵权法）中共同侵权理论进行调整。法国学者认为，"在缺乏（对间接责任）法律规定的情况下，民法中有关帮助侵权责任的一般规则可以适用"。[1]意大利学者指出，"对于协助或间接参与（版权）侵权的责任虽然在版权法中没有规定，但侵权行为法的一般原则可以适用"。[2]德国法院也曾就一种在公共场所通过投币复制唱片的机器经营商颁布过禁令。[3]

著作权间接侵权规则在奉行实用主义的英美法系发展较为充分和成熟，当然，在英美法系内部，间接侵权的分类、适用规则等又具有较大差异。《英国版权法》在第2章"版权人的权利"中，通过第22~26条明确规定了"间接侵犯版权"的行为，其中：第22条规定了进口侵权复制品，第23条规定了持有侵权复制品或进行侵权复制品的交易，这两条针对的是侵权复制品的商业利用；第24条规定了提供制造侵犯版权复制品的方法；第25条规定了允许场所用作侵犯版权的表演，第26条规定了提供用于侵犯版权的表演等的设备，这两条针对的是为侵权人侵权表演提供物质条件。上述行为虽然没有直接进入著作权人专有权利的控制范围，但无疑为直接侵权行为提供了实质性帮助或为其损害扩大提供了有利条件。例如，第22条和第23条（a）款规定的进口侵权复制品和在商业过程中持有侵权复制品的行为，伴随的是对侵权产品的销售，即对著作权人发行权的侵犯；第25条规定的明知侵权表演而为其提供场地，则实质上帮助了直接侵犯表演权行为的实施。

美国法上的间接侵权规则与英国迥异，《美国版权法》并无"间接侵权"的明确、一般性规定，而是在司法实践中通过判例法逐渐确立的。美国法传统上的间接侵权规则主要由"帮助侵权"和"引诱侵权"两种类型构成。在Screen Gems案[4]中，法院认定明知物品为盗版唱片仍为其提供广告制作播出

---

[1] Andre Lucasn, Pascal Kaminan, Robert Plaisantn, FRA International Copyright Law and Practice Scope §11 [1] [a] [ii], Matthew Bender&Company, Inc., (2002).

[2] Alberto Musso, Mario Fabiani, ITA International Copyright Law and Practice Scope, §11 [1] [a] [ii], Matthew Bender & Company, Inc., (2002).

[3] LG MunichI, November 7, 2002, Case 7018271/02.

[4] Screen Gems-Columbia Music, Inc. v. Mark-Fi Records, Inc., 256 F. Supp. 399 (S.D.N.Y. 1966).

及唱片包装服务的广告商、广播公司和包装公司均构成帮助侵权。在经典的Sony案[1]中,美国最高法院借用专利法上的间接侵权规则,确立了代表技术中立思想的"实质性非侵权用途"规则,成为此后十多年版权领域帮助侵权的判定标准。此后,在著名的Fonovisa案[2]中,法院认定二手货市场的经营者明知其中一些摊位大量从事售卖盗版唱片的活动,在接到侵权警告函后不仅未采取制止行动,反而继续为其提供设施、广告、维修、车位等服务,且从侵权人不法收入中直接获得提成,构成"替代侵权"。美国法院将普通法中原先只规制雇主责任的替代责任改造到版权法上,并逐渐确立了版权法上的替代责任规则:对他人侵权行为有控制的权利和能力;同时又从侵权行为中直接获得了经济利益,就应为其行为承担侵权责任。

在美国版权法上,间接侵权的成立通常需要三个要件:一是须以直接侵权成立为前提。直接侵权行为是落入版权人专有权利控制范围的行为,而间接侵权行为只是为其提供了帮助或诱因,或基于其他特定关系而被法律评价为侵犯版权。直接侵权不存在或不成立,自然谈不上间接侵权。二是存在主观过错。与直接侵权归责原则存在较大争论不同,间接侵权采用过错责任原则争议不大。间接侵权过错认定的标准,英美法通常采用"拟制的合理人(reasonable man)作为判断模式"[3]。在美国一般侵权法上,帮助侵权人除了"实际知道(actual knowledge)"外,还可能因为"有理由知道"而承担帮助侵权责任。"有理由知道"是一种推定的知道(constructive knowledge),虽然帮助者并非实际知道,但根据客观事实,以一个正常的理性人标准来评判,应当完全可以认识到直接侵权人侵权行为存在。[4]三是行为人对直接侵权行为提供了实质性帮助或诱因。这一要件的重点在于"实质性",也即,与直接侵权行为的成立产生弱联系(如供水供电)的行为不应被评价为间接侵权,而应与直接侵权行为存在法律上的因果关系。在Perfect 10诉Visa案[5]中,Visa仅是为侵权行为提供信用卡支付系统服务,对此美国第九巡回上诉法

---

[1] Sony Corporation of America v. Universal City Studios, Inc. 464 U.S. 417 (1984).

[2] Fonovisa, Inc. v. Cherry Auction, Inc., 76 F.3d259 (1995).

[3] 王泽鉴:《侵权行为》,北京大学出版社2009年版,第13页。

[4] Restatement (Second) of Torts, 12 (1965).

[5] Perfect 10, Inc. v. Visa International Service Association, 494 F.3d 788, (9th Cir. 2007).

院指出，在这起案件中，Visa 与侵权行为没有直接联系（no direct connection），所以不能说他们对侵权行为进行了实质性帮助（materially contribute）。用户即使没有向侵权人支付费用，侵权行为依然存在。本案虽于 2007 年判决，但法院对于"实质性帮助、引诱或因果联系（Material Contribution, Inducement, or Causation）"的论述则体现了传统版权法间接侵权理论。

三、网络著作权间接侵权理论

在保护创新者利益和社会公众获得新知识新技术权益、促进社会整体福祉之间保持平衡，是知识产权法的基本特征和永恒主题。著作权法正是秉承这一宗旨，不断通过精细、高超的制度设计和规则安排，在作者（著作权人）和社会公众、权利人和投资者、原始著作权人和后继创新者、本国和他国之间不懈且艰难地寻求利益平衡。"著作权法被认为是一种平衡的设计，在限制获得保护作品的成本和对作品提供激励所产生的利益之间存在一个平衡问题。"[1]利益平衡既是现代著作权制度的基本精神，也是著作权法不断进步和完善的根本指南。著作权法在作者和社会公众之间起到"平衡器"[2]作用。如果不坚持著作权法的平衡器作用、违背著作权法的利益平衡原则，要么对著作权人提供过高的保护水平，典型如美国贸易代表办公室发布的 2008 年度《特别 301 报告》要求中国立法科以网络服务提供者普遍的强制删除义务，不仅将显著加重网络服务提供者的著作权侵权责任，也将严重阻碍中国互联网产业的进步发展，最终损害社会整体利益；要么过度关注社会公众"对作品的接近"[3]，不恰当地让渡著作权人的利益，典型如对合理使用范围的过分扩大，将严重侵蚀著作权人专有权利的保护范围，抑制著作权法对作者的激励功能。

---

[1] Richard Stallman. Innovation and the Information Environment: Reevaluating Copyright: The Public Must Prevail, 75 Oregon Law Review, 291 – 6 (1996).

[2] 冯晓青："著作权法的利益平衡理论研究"，载《湖南大学学报（社会科学版）》2008 年第 6 期。

[3] 冯晓青："著作权法的利益平衡理论研究"，载《湖南大学学报（社会科学版）》2008 年第 6 期。

第二章　网络直播平台著作权侵权制度的现行规范渊源——美国模式

虽然在著作权法三四百年的制度发展史中，通过立法者、著作权人、资本、社会公众不断地博弈和试错，基本保持了总体相对平衡的制度格局，但著作权法对技术进步的高度敏感性又使技术进步一次又一次地打破既有的利益平衡局面，复制、发行等传播方式不断迭代的过程也是著作权法利益平衡天平不断校准的过程。这里必须指出的是，著作权法对于技术进步的回应和校准，绝非简单地增加、减少一条规范、一个项目那么从容，重大技术变革往往会彻底颠覆既有平衡。[1]为了保护著作权人的利益，法律赋予著作权人一系列专有权利，著作权人可以通过许可、转让等方式实现利益诉求，且每一项专有权利都可以结合许可范围衍生出无数利益实现方式；同时，为了防止著作权人利益过度挤压社会公众利益，著作权法又将著作权人的利益范围严格控制在专有权利以内，只有未经许可进入了专有权利的控制范围，才构成对著作权人的直接侵权。随着现代传播技术的发展进步，侵权人在第三人实质性帮助下实施侵权行为或扩大侵权损害后果的现实又催生出著作权法上的间接侵权制度。应该说，无论是直接侵权还是间接侵权规则，都是著作权法回应技术进步、校准利益平衡的制度设计和立法手段。

然而，进入网络时代后，信息网络技术的迅猛发展再次打破平衡，数字化、虚拟化技术使作品的存储、使用和传播日益便捷、廉价，社会公众通过信息网络获得作品的方式、途径呈现多元化、低成本性。与此同时，著作权人对于作品的保有能力和控制能力却随着技术进步日益削弱，传统高技术壁垒为著作权人形成的天然屏障被打破，侵权损害后果也显著加重。社会公众利益更易保障，著作权人利益遭到严重侵蚀，著作权法原有的利益平衡天平被信息网络技术彻底颠覆。在这一背景下，为了因应网络技术的冲击，著作权法抓住网络环境导致的利益失衡关键变量，改造和发展间接侵权制度。一方面，由于网络环境下著作权侵权行为的直接侵权人（也即网络用户）基本不具备独立实施侵权行为的能力，而是高度依赖网络服务提供者的技术支持，因此，网络著作权制度的规制目标精准定位于提供网络技术和网络服务的实

---

〔1〕 崔国斌：《著作权法：原理与案例》，北京大学出版社2014年版，第3页。

体而非直接侵权人。另一方面,"网络环境下著作权直接侵权人存在分散性和匿名性的特征"[1],权利人不仅很难便捷地精准锁定直接侵权人,而且由于直接侵权人往往是自然人,权利人也很难获得充分赔偿,故著作权法将网络环境下的著作权侵权责任主体目标定位于网络服务提供者,并配套以诉讼法上的行为保全制度(禁令制度)有效防止损害结果不可弥补地扩大,实现了著作权法利益平衡的再次校准。可以说,世界各国立法和司法实践不断表明:当代著作权间接侵权制度主要适用于网络著作权领域;而网络著作权间接侵权制度实际上就是规范和调整网络服务提供者间接侵权的制度。

从目的来看,网络著作权间接侵权制度首在解决网络技术变革和冲击造成的利益失衡,从制度设计上加强对著作权人的保护,这体现在:一是抓住网络著作权侵权行为与传统著作权侵权行为相比最大的主体变量,即网络服务提供者,解决著作权人难以锁定直接侵权人、难以获得充分赔偿的问题,将网络服务提供者制度性纳入侵权责任承担主体;二是通过合理确定网络服务提供者的注意义务,平衡网络服务提供者因提供网络服务获利与承担著作权保护义务之间的关系,同时通过科以合理的间接侵权责任,推动和促使网络服务提供者通过技术手段预防和及时制止用户的直接侵权行为。其次,网络著作权间接侵权制度还将促进技术进步和互联网产业发展作为宗旨,从而从根本上维护社会整体利益。在网络著作权间接侵权理论指导下的制度设置和运行,一方面关乎社会公众获得作品、从事知识创新的网络土壤;另一方面也会影响互联网技术的创新迭代,尤其是对于网络服务提供者注意义务和过错认定标准的衡量把握,将深刻影响相关产业的发展。如对网络服务提供者科以过重的责任将不可避免地加重其运营成本和经营负担,导致其将有限资源过多投入风险防范中,进而可能降低服务质量和技术创新动力,最终不利于社会整体利益。

一般侵权法和传统版权法上的直接侵权、间接侵权二分理论,以及间接侵权(帮助侵权、引诱侵权、替代侵权)理论为美国模式的形成提供了理论渊源和制度底色。进入网络时代后,网络著作权侵权较之传统著作权侵权发

---

[1] 网络谚语:"在互联网上,没人知道你是一条狗",见朱开鑫:"网络著作权间接侵权规则的制度重构",载《法学家》2019年第6期。

生了重大变化,网络服务提供者作为关键变量,在著作权侵权活动中处于中心环节,围绕其建立网络环境下的著作权间接侵权制度具有来自于实践呼唤的坚实理论支撑。美国模式正是基于上述理论基础构建起来的。

第二节 美国模式的形成背景

一、国际背景

以《伯尔尼公约》和《罗马公约》为代表的现代版权国际条约缔结的时期距离网络时代还比较遥远,《伯尔尼公约》和《罗马公约》对于作品(表演、录音制品)传播和保护的制度设计尚处于传统传播方式影响之下,国际条约层面对于网络环境下的著作权保护长期处于空白。进入20世纪90年代后,互联网信息技术对著作权保护的冲击越来越明显,影响也越来越深刻,世界知识产权组织敏锐觉察到这一现象,并在相关国家提议下开始讨论网络环境下保护著作权的国际条约及相关标准。1996年12月,世界知识产权组织在瑞士日内瓦召开的版权和邻接权外交会议(Diplomatic Conference on Certain Copyright and Neighboring Rights Questions,以下简称外交会议)上制定了两个迄今为止影响深远的国际条约——WCT和WPPT。WCT和WPPT是《伯尔尼公约》和《罗马公约》在网络时代的延续和发展。WCT和WPPT均在序言部分开宗明义地指出:"各缔约方……承认信息与通信技术的发展和交汇对文学和艺术作品(对表演和录音制品)的创作(制作)与使用的深刻影响。"[1]同时,WCT第1条作出如下声明:"对于属《伯尔尼公约》所建联盟之成员国的缔约方而言,本条约系该公约第20条意义下的专门协定。"[2]世界知识产权组织公布的WCT提要也指出,WCT"属于《伯尔尼公约》所称的特别协议,涉及数字环境中对作品和作品作者的保护"。[3]

---

[1] WCT及WPPT序言。
[2] WCT第1条第(1)款。
[3] 世界知识产权组织官方网站:《世界知识产权组织版权条约》(WCT)(1996年)提要,https://www.wipo.int/treaties/zh/ip/wct/summary_wct.html,访问时间:2021年5月28日。

在条约内容上，WCT第8条创立了"向公众传播权"，即"在不损害《伯尔尼公约》……规定的情况下，文学和艺术作品的作者应享有专有权，以授权将其作品以有线或无线方式向公众传播，包括将其作品向公众提供，使公众中的成员在其个人选定的地点和时间可获得这些作品"。[1]上述WCT提要也指出，后半句"尤其涵盖通过互联网按要求进行的交互式传播"。[2]对于网络环境下著作权侵权责任，WCT有两个条款涉及：一是外交会议最后通过的关于WCT的议定声明对WCT第8条作了如下说明："不言而喻，仅仅为促成或进行传播提供实物设施不致构成本条约或《伯尔尼公约》意义下的传播。"这一说明字面意思似乎确立了"技术中立"原则，网络服务提供者应不承担直接侵权责任，但又未明确免除以网络服务提供者为代表的仅仅"提供实物设施"的主体的著作权侵权责任，即没有规定网络服务提供者间接责任的承担。[3]二是WCT第14条第（2）款："缔约各方应确保依照其法律可以提供执法程序，以便能采取制止对本条约所涵盖权利的任何侵犯行为的有效行动，包括防止侵权的快速补救和为遏制进一步侵权的补救。"[4]该款要求各缔约国通过国内法对包括网络服务提供者在内的可能侵犯著作权的主体采取法律行动，防止侵权和遏制侵权扩大，但对于网络服务提供者的著作权侵权责任规则的确定，WCT留给了各缔约国国内法。然而，WCT对网络服务提供者著作权侵权责任的上述模糊处理和留白，并非因为各缔约方对此不够重视或有意无意忽略，而恰恰在于各缔约方及相关利益群体在WCT缔结过程中的激烈博弈和争论，导致外交会议最终无法形成一致意见。

从世界知识产权组织对于WCT的官方解释来看，关于第8条议定声明，《世界知识产权组织（WIPO）管理的版权及相关权条约指南以及版权及相关权术语汇编》作了如下说明："基于1996年外交会议的非正式谈判期间发生

---

〔1〕 WCT第8条。事实上，WPPT也针对已录制的表演和录音制品规定了通过有线或无线方式向公众提供，使公众中的成员在其个人选定的地点和时间获得的权利，见WPPT第10条和第14条。

〔2〕 世界知识产权组织官方网站：《世界知识产权组织版权条约》（WCT）（1996年）提要，https：∥www.wipo.int/treaties/zh/ip/wct/summary_wct.html，访问时间：2021年5月28日。

〔3〕 ［德］约格·莱因伯特、西尔克·冯·莱温斯基：《WIPO因特网条约评注》，万勇、相靖译，中国人民大学出版社2008年版，第138页。

〔4〕 WCT第14条第（2）款。

第二章 网络直播平台著作权侵权制度的现行规范渊源——美国模式

的情况，十分清楚，被纳入议定声明的第一句是代表网络服务提供者和电信公司的非政府组织集中游说的结果。他们希望在 WCT 和 WPPT 条文或议定声明中纳入一些关于限制它们因用户侵权而承担责任的规定。但是在这方面并未取得成效，事实上议定声明并没有解决责任问题，特别是连带责任和替代责任。"[1]同时，该文件在关于 WCT 第 14 条的解释中认为，任何对网络服务提供者责任（责任限额及其条件）的规定都应当符合下列四个原则：一是最低限度原则，相关规定仅应确保对于网络服务提供者的免责在适当安全所必需的程度上，一概免责不符合 WCT 第 14 条第（2）款的精神；二是版权法制度价值原则，相关规定不得妨碍版权法的宗旨，不得阻碍作品创作和传播的动机，也不得忽视作者创作作品的价值；三是鼓励合作原则，相关规定应当尽可能采取市场方式促进版权人同网络服务提供者进行合作，以便应用技术手段发现盗版并迅速从网络中进行移除，便于版权人确认和起诉侵权人；四是法律救济原则，相关规定应当不妨碍并继续使法院有可能适用禁令及其他方式的救济措施。[2]上述四项原则中，第一项和第二项原则从宏观层面要求缔约方既能在最低安全限度上通过免责条款保障网络服务提供者的正常经营权利，又强调这种免责不得与版权法的基本价值相抵触，侵蚀作者的基本版权权利；第三项和第四项原则从具体措施层面要求缔约方在确立免责条款时应注意建立版权人和网络服务提供者的合作机制，目的是尽快发现侵权行为、迅速将其清除并帮助版权人锁定侵权人，同时，免责条款应当有利于（至少是不妨碍）法院采取既有的包括禁令在内的法律补救措施。

可见，在美国模式形成前的国际条约讨论和制定过程中，一方面，网络服务提供者代表通过游说强烈表达了希望免责、限责的迫切愿望和利益诉求，另一方面，WCT 对于这一免责问题的回应显得十分谨慎和消极。但从 WCT 及其议定声明、世界知识产权组织官方解释中不难看出，WCT 仍试图在著作权

---

[1]《世界知识产权组织（WIPO）管理的版权及相关权条约指南以及版权及相关权术语汇编》CT-8.20.，第 166 页，载世界知识产权组织官方网站，https://www.wipo.int/publications/en/details.jsp?id=361&plang=EN，访问时间：2021 年 5 月 29 日。

[2]《世界知识产权组织（WIPO）管理的版权及相关权条约指南以及版权及相关权术语汇编》CT-14.10.，第 176 页，载世界知识产权组织官方网站，https://www.wipo.int/publications/en/details.jsp?id=361&plang=EN，访问时间：2021 年 5 月 29 日。

人和网络服务提供者之间艰难地寻找某种利益平衡模式，这包括：其一，明确"仅仅为促成或进行传播提供实物设施"不构成传播，也即单纯提供技术服务的网络服务提供者不可能构成著作权直接侵权。其二，将网络服务提供者免责条款的制定权留给各缔约方国内法，由其根据自身实际予以确定。其三，对各缔约方国内法可能涉及的网络服务提供者著作权侵权免责条款的制定原则进行宏观和指导性要求，特别是要求促进著作权人与网络服务提供者合作，建立迅速移除侵权资料及锁定侵权人的规则。美国模式建立前的这一国际背景反映出两个现实问题：一是国际现实，当时虽然网络技术已经开始对著作权保护产生重大影响，但毕竟尚处于起步阶段，尤其因为发展不平衡，世界各国对于网络服务提供者著作权侵权责任的认识和理解还存在时代局限性，无法形成共识。二是法律现实，网络服务提供者与著作权人的博弈已经开始，但受限于传统著作权法上的侵权责任理论，利益平衡的天平是否要向网络服务提供者倾斜，以及如何在二者之间形成新的平衡模式，立法和司法实践均未做好准备。而这一法律现实也同时是美国模式产生的国内背景。

二、国内背景

（一）国内产业和政策背景

从信息技术和互联网诞生到 20 世纪 90 年代，美国都是发源地和中心。早在 1964 年，美国兰德公司就开发出了一种电脑网络，其具有通信、中央转换和控制功能，联网用户可以随时各取所需，信息传播效率实现了突破。20 世纪 60 年代后期，美国国防部开始建设连接国防部与军事基地、各有关大学和实验室之间的互联网络，目的主要是保证在发生核灾难时保持国内计算机互联不断。20 世纪 70 年代到 80 年代，互联网络得到发展，但也仅限于为教育、科研和政府服务。美国一些专门收集情报的商业公司在 20 世纪 80 年代末期通过电话线将其拥有的高性能计算机同用户计算机相连接，廉价将情报出售给用户，最早的网络空间随之诞生。进入 20 世纪 90 年代后，互联网产业真正开始了服务民众和多元化应用，发展出与商业交易有关的网络商贸活动。1994 年，美国开始出现网络商店。1996 年底网络购物中心增至 2 万多

第二章 网络直播平台著作权侵权制度的现行规范渊源——美国模式

家,此时,美国家庭中有110万户通过网络进行电子货币业务。[1]

产业政策方面,当时的美国政府敏锐而富有前瞻性地意识到信息技术和互联网对支撑其超级大国地位的重要性。时任总统克林顿和副总统戈尔在竞选时期就将建设广泛连接各行各业、高度信息化的互联网产业作为竞选纲领,并在上任伊始付诸行动。1993年9月,克林顿政府推出了雄心勃勃的"信息高速公路"计划(Information Highway),也即所谓"国家信息基础设施"(National Information Infrastructure,NII),并设立了美国信息基础设施专门工作组(IITF)贯彻实施,NII意图以计算机和网络技术为基础,以光纤、卫星等为载体,通过信息网络实现政府、科研机构、教育机构、企业和家庭等的互联互通。财政预算上,克林顿政府1994年较前一年增加了30亿美元作为专项资金,确保"信息高速公路"在1997年建成[2],从而奠定美国在21世纪高度信息化社会的综合国力竞争中始终处于优势地位[3]。随着美国"信息高速公路"计划的实施,欧盟、日本、韩国、新加坡等国家相继提出各自的类似计划,在此形势下,克林顿政府又于1994年9月提出了"全球信息高速公路"计划,倡导建立各国参与的互联网信息社会,美国自然在其中扮演全球领导者角色。这一时期,世界范围内互联网发展呈现明显的"美国中心"格局[4]。

在网络技术对知识产权,特别是版权保护的影响方面,美国政府也通过一系列政策予以调整和指导,其中比较具有代表性的是美国信息基础设施专门工作组(IITF)下属的知识产权工作组(WGIPR)于1995年9月公布的《白皮书》。《白皮书》对知识产权法各个主要领域都进行了分析讨论,但重点是NII计划下版权法的应用,包括作品传输、图书馆与视障者合理使用、技术保护措施和版权管理信息等方面的立法建议[5]。其中,《白皮书》在关于

---

[1] 李长久:"从'信息革命'到'网络社会'",载《时事报告》1997年第8期。
[2] 张保明:"克林顿政府的'信息高速公路'计划",载《信息与电脑》1994年第1期。
[3] 张海峰:"美国'信息高速公路'建设计划的产生背景、进展、社会经济影响及评价",载《世界研究与发展》1994年第6期。
[4] 周民:"世界互联网发展状况一瞥",载《全球科技经济瞭望》2001年第4期。
[5] 李颖:"网络环境下版权法的修改——美国《知识产权与国家信息基础设施》白皮书简析",载《情报杂志》1999年第5期。

网络服务提供者版权侵权责任的部分指出：有人主张应该免除网络服务提供者的严格责任，只有在其故意或重复侵权或其实际知道侵权行为并有能力阻止侵权行为的场合，才追究网络服务提供者的责任。这一主张显著背离了现在的版权法原则，损害版权人利益。[1]《白皮书》对主张豁免或降低网络服务提供者责任的理由逐一进行了驳斥：没有能力审查不能成为免责的理由。在现有版权法下，照片店、书店、音像店、报摊、软件店尽管都没有能力对出售的材料是否侵权进行审查，但都要承担严格责任。[2] 在线服务商在国家信息技术设施建设和促进信息自由交流方面的确扮演整合角色，但这不能成为减免其版权责任的理由。网络服务商和他的用户之间存在业务关系，因此有能力制止侵权行为，版权人在选择两个主体时，选择网络服务商承担侵权责任显然是最好的政策。[3]《白皮书》对于网络服务提供者版权侵权责任最重要的建议观点是认为在线服务商本质上相当于电子出版者，应当承担严格责任。现在谈减免任何服务商的责任都为时过早。[4] 不同服务商扮演不同角色且不断变化，目前很难先验地确定免责情形。[5] 应该说，《白皮书》对于网络服务提供者版权侵权责任的上述观点反映了当时历史条件下，虽然网络技术已经对版权保护提出了挑战，但各方对于网络服务提供者的角色定位、作用意义和归责原则认识还很模糊，甚至将其理所当然地嫁接到传统版权法理论中，直观地认为其与电子出版者本质相同，应负严格责任。《白皮书》的认识局限性（尤其是对直接侵权和间接侵权的错误认识）与当时司法实践互相矛盾的判例形成某种暗合和默契，上述重要观点也与这一时期的某些经典判例形成呼应。

---

[1] Information Infrastructure Task Force, Intellectual Property and the National Information Infrastructure-The Report of the Working Group on Intellectual Property Rights, p. 114 (1995).

[2] Information Infrastructure Task Force, Intellectual Property and the National Information Infrastructure-The Report of the Working Group on Intellectual Property Rights, p. 117 (1995).

[3] Information Infrastructure Task Force, Intellectual Property and the National Information Infrastructure-The Report of the Working Group on Intellectual Property Rights, p. 115 (1995).

[4] Information Infrastructure Task Force, Intellectual Property and the National Information Infrastructure-The Report of the Working Group on Intellectual Property Rights, p. 123 (1995).

[5] Information Infrastructure Task Force, Intellectual Property and the National Information Infrastructure-The Report of the Working Group on Intellectual Property Rights, p. 124 (1995).

第二章 网络直播平台著作权侵权制度的现行规范渊源——美国模式

(二) 判例法背景

1. Frena 案[1]。Frena 案出现在互联网时代早期，被认为是美国法院认定信息存储空间类型的网络服务提供者版权侵权责任最早的案例，对网络服务提供者版权侵权制度的形成和发展产生重要影响。该案于 1993 年由美国佛罗里达州中区联邦地区法院 (United States District Court, M. D. Florida) 判决。该案原告是著名的花花公子公司，被告 George Frena 经营着一个付费订阅的计算机公告板服务（即"BBS"）。用户可以通过互联网访问该 BBS，并通过支付一定费用或向被告 Frena 购买某些产品从而浏览和下载 BBS 上的高质量图片。原告发现被告经营的 BBS 上存在未经其许可的 170 张成人图片复制品，认为被告侵犯其版权，同时存在商标侵权及不正当竞争行为。被告 Frena 抗辩称，其从未将原告的任何图片上传至 BBS，而是 BBS 的订阅者（用户）上传了这些图片，Frena 在收到传票和得知此事后立即从 BBS 上删除了图片，并一直监控 BBS 防止更多原告的图片被用户上传。

法院在审理该案时依据 1976 年《美国版权法》，采用传统版权案件的审理方式，即逐一审查原告花花公子公司对涉案图片是否享有版权、被告 Frena 是否存在抄袭行为（接触+实质性相似）、被告行为是否属于合理使用（《美国版权法》第 107 条确定的四条标准），认定被告 Frena 侵犯了原告对于图片的公开发行权和展示权。法院同时认为：《美国版权法》第 106 条赋予了版权人对大多数商业价值活动的专有控制权，根据第 501 条，如果没有版权人的许可而实施或授权实施落入第 106 条控制范围的行为，就侵犯了版权人的专有权利，构成侵犯版权。被告 Frena 提供的 BBS 产品中含有未经授权的受版权保护作品的复制品，这是没有争议的，即使被告 Frena 声称不是其自己制作的也没关系。本案中存在直接侵犯版权的无可辩驳的证据，被告 Frena 可能不知道（用户）侵犯版权的事实，但这并不重要，侵犯版权不需要有侵犯的意图，意图或认知不是侵权考虑的因素，因此即使是无辜的侵权人（无过错）也要对侵权负责，相反，过错在初审法院确定法定赔偿时才是重要的，因为法定赔偿是衡平法上的救济。

---

[1] Playboy Enterprises, Inc. v. Frena, 839 F. Supp. 1552 (M. D. Fla. 1993).

Frena 案体现了早期美国法院对于信息存储空间服务提供者版权侵权责任的司法态度,其特点是:①不区分直接侵权与间接侵权,将单纯提供服务的网络服务提供者的用户实施的侵权行为等同于网络服务提供者自己实施的侵权行为,并根据传统版权侵权认定规则进行审判;②归责原则上,网络服务提供者版权侵权适用严格责任(无过错责任),不考虑其主观过错,这实际上与将网络服务提供者的行为认定为直接侵权是一脉相承的,因为直接侵权本身就采用严格责任。

2. Netcom 案[1]。Netcom 案由美国加利福尼亚州北区联邦地区法院(United States District Court, N. D. California)于 1995 年判决。原告宗教技术中心和 Bridge 出版物公司持有 Scientology 教会已故创始人 L. Ron Hubbard 已出版和未出版作品的版权。被告之一 Dennis Erlich 是该教会的前牧师。原告认为,被告 Erlich 在一个讨论和批评该教会的新闻群组"alt. religion. scientology"("a. r. s")上发布的相关内容侵犯了原告版权。原告指出,Erlich 是通过另一被告 Thomas Klemesrud 经营的 BBS"support. com"发布侵权内容的,这个 BBS 有大约 500 个付费用户,而该 BBS 正是通过被告 Netcom(美国最大的互联网接入供应商之一)的设施接入互联网的。也即,在本案中 Netcom 的身份是网络接入服务提供者。

原告曾要求 Erlich 停止发帖,遭到拒绝后联系 Klemesrud 和 Netcom,要求二者将 Erlich 踢出 BBS 和互联网。Klemesrud 要求原告证明其享有相关作品的版权,而原告认为其要求不合理予以拒绝。Netcom 则认为,其不可能对 Erlich 的帖子进行预先筛选,而禁止 Erlich 访问互联网相当于将该 BBS 上数百名用户踢出互联网,故亦拒绝了原告的请求。遂引发本案诉讼,而 Netcom 作为单纯的网络接入服务提供者是否承担责任、如何承担责任显然是本案的核心和最受关注的问题。

原告在诉讼中虽然认可 Netcom 并非侵权内容的提供者,但却认为其仍然要承担版权侵权责任,不论是直接侵权、间接侵权(帮助侵权)还是替代侵权,法院则在该案判决书中对此进行了详细论述:

---

[1] Religious Technology Center v. Netcom On-line Communication Services, Inc. 907 F. Supp. 1361 (N. D. Cal. 1995).

第一，关于直接侵权。原告主张 Netcom 直接侵犯其复制权、公开发行权和展示权，并引用 Frena 案作为依据。对此法院认为，Netcom 设计或运行一种系统，自动统一地为通过 Netcom 发送的所有数据创建临时副本，这与复印机的所有者让公众使用它进行复制的行为没有本质区别。虽然一些使用复印机的人可能直接侵犯版权，但法院分析复印机所有者的责任是从帮助侵权角度而非直接侵权。原告的观点将会导致 Erlich 发送的信息在全球互联网连接中的每一个服务器经营者都要承担直接侵权责任。虽然版权侵权采用严格责任，但本案被告 Netcom 的系统仅仅被第三方用来制作副本，对于 Netcom 来说，仍然应该有一些主观意志（过错）或因果关系的要件是缺乏的。法院在对公开发行权和展示权的分析中否定了 Frena 案的结论，认为 Netcom 与 Erlich 没有直接关系，不是分销链中的第一个环节，Erlich 只是与 BBS 有关系，而 BBS 利用 Netcom 的服务接入互联网。法院进一步认为，如果 BBS 只是存储和传递其订阅者或其他人发送的消息，那么 BBS 不应被视为导致这些作品被公开发行和展示的原因。法院最终否定了原告关于 Netcom 承担直接侵权责任的主张。

第二，关于间接侵权（帮助侵权）。法院首先认为 Netcom 不能仅仅因为没有直接侵权就完全免除责任，虽然版权法中没有关于间接侵权的法定规则，但正如"索尼诉环球影城案"中确立的规则，如果被告在知道侵权活动的情况下引诱、导致或实质上促成了他人的侵权行为，应认定为帮助侵权。接着，法院分析了 Netcom 对于侵权行为的主观认知，特别是区分原告向 Netcom 发出警告通知前后不同情形下 Netcom 对于直接侵权的主观认知和参与程度，并认为，对于在 Netcom 接到原告通知后 Erlich 所发布的帖子，原告确实提出了帮助侵权理论的实质性事实问题。

第三，关于替代侵权。法院分析了构成替代侵权的两个要件，即"有权利和能力控制侵权人的行为"和"从侵权行为中直接获得经济利益"，并认为，原告没有举证证明 Netcom 或任何人能够设计出判定一篇帖子是否侵权的软件（即不具有控制能力），同时没有证据表明 Netcom 收取固定费用的行为是从 Erlich 侵权行为中直接获利，故 Netcom 不构成替代侵权。

本案中，Netcom 向法院提出了不侵权即决判决（Summary Judgment）[1]动议，但由于原告对于 Netcom 间接侵权（帮助侵权）提出了"真正的实质性事实问题"（即 Netcom 在收到原告警告通知后是否应该知道 Erlich 的侵权行为、Netcom 是否实质上参与了侵权行为以及 Netcom 是否享有合理使用抗辩），故法院驳回了 Netcom 就帮助侵权部分获得不侵权即决判决的动议，然而原告关于 Netcom 直接侵权、替代侵权的主张及获得初步禁令的要求也均告失败。

本案最重要的意义和影响在于法院正确区分了网络服务提供者直接侵权与间接侵权，未采纳 Frena 案中将网络服务提供者一概认定为直接侵权并适用严格责任的先例，同时指出了帮助侵权（间接侵权）应以"认知"或"知晓"为前提，即采用过错责任原则。值得一提的是，法院在论述中认为，是否应该为在线服务提供商开辟新的豁免权，应由国会而非法院来解决。

3. Webbworld 案[2]和 Hardenburgh 案[3]。Webbworld 案是花花公子公司针对另一 BBS 服务提供者 Webbworld 提起的诉讼，由美国得克萨斯州北区联邦地区法院达拉斯分部（United States District Court, N. D. Texas, Dallas Division）于 1997 年 6 月判决。Webbworld 运营着一家名为"netics"的网站，该网站为互联网用户提供成人图片，用户须每月支付 11.95 美元的订阅费。原告花花公子公司指控该网站上存在其享有版权且未经其许可的图片，并向法院提出了部分即决判决动议。原告引用 Frena 案说明其对于涉案图片享有版权，被告则引用 Netcom 案的裁决观点主张自己并不构成直接侵权。而法院认为，被告与 Netcom 不同：Webbworld 的用户不是通过其服务访问互联网的，而是通过 Netcom 等接入商接入互联网后才能连接到 netics 网站。Netcom 为其用户提供互联网接入服务而获得报酬，而 Webbworld 则因销售其存储在服务器上的图片而获得报酬。Webbworld 的服务并非与 Netcom 一样是一个单纯的信息渠道。Webbworld 辩称其对于用户上传图片不具有控制能力，法院却认为：即使没有这种控制能力，也不能作为免责的抗辩。法院进一步保守地认

---

[1] 即决判决是英美法系国家民事诉讼简易程序的一种重要形式，其具有在审理前过滤无争议民事案件、简化诉讼程序、加快诉讼进程、节约当事人时间、费用以及国家司法资源的重要功能。见章武生、杨严炎："论我国即决判决制度的确立"，载《政法论坛（中国政法大学学报）》2002 年第 6 期。

[2] Playboy Enterprises, Inc. v. Webbworld, 968 F. Supp. 1171 (N. D. Tex. 1997).

[3] Playboy Enterprises, Inc. v. Russ Hardenburgh, Inc. 982 F. Supp. 503 (N. D. Ohio. 1997).

为:如果一个企业不能在版权法的范围内经营,那么它的合法存在问题可能就需要解决了。法院的这一极为严厉的观点相当于认为,只要此类网站上出现了侵犯版权的内容,网络服务提供者就必须对此承担直接侵权责任。此外,法院还认定 Webbworld 的两位经营者构成替代侵权,因为两位经营者不仅有权利和能力控制 Webbworld,而且原告的图片增强了 Webbworld 对潜在客户的吸引力,两位经营者属于从 Webbworld 的侵权行为中直接获得经济利益。

然而,在同年 11 月判决的 Hardenburgh 案中,法院则支持了 Netcom 案的观点。该案由美国俄亥俄州北区联邦地区法院(United States District Court, N. D. Ohio)判决,基本案情与 Frena 案和 Webbworld 案类似。关于被告版权侵权责任部分,法院逐一引用并分析了 Frena 案、Sega 案[1]和 Netcom 案的裁判观点,并且认为:作为一个法律问题,法院认同 Netcom 案法官的观点,即版权直接侵权的构成,需要一些直接行动或参与行为的要件,这主要由于两个原因:其一,版权法第 106 条是根据版权人控制某一行为来划定版权人权利范围的,要构成对版权的直接侵权,侵权人就必须实际实施了其中某一种行为,而开设 BBS 并不是这种行为之一,仅是鼓励或为这些行为提供便利,版权法并未禁止。其二,鼓励或为这些行为提供便利属于帮助侵权领域,即允许对自己并未参与侵权活动的某些当事人施加责任。在直接侵权理论下,如果与版权侵权无关的行为也要被定性为直接侵权,那么就没有理由将版权侵权责任区分为直接侵权责任和帮助侵权责任两类了。当然,具体到本案,由于被告不仅鼓励用户上传图片到系统中(引诱和实质促成了侵权行为),而且被告使用的筛选程序使负责筛选的员工可以查看所有上传文件并将之移动到用户一般可用的文件中,也即对图片上传行为实施了干预,故法院从结论上仍然认定被告构成直接侵权(同时也认定构成帮助侵权)。但法院延续 Netcom 案的观点,对直接侵权和间接侵权进行合理区分的理论无疑是正确的。

可见,20 世纪 90 年代美国各地法院对于网络服务提供者版权侵权责任的

---

[1] Sega Enterprises Ltd. v. Maphia, 857 F. Supp. 679 (N. D. Cal. 1994).

认定规则和裁判观点呈现两极分化，加之《白皮书》的立法政策影响，实践中难以形成一致意见，不仅影响了司法标准的统一，也给新兴的网络服务提供者带来困扰，甚至引发寒蝉效应。正如 Netcom 案中法院指出的，对于网络服务提供者是否应增加新的豁免权亟需国会通过立法进行明确。

第三节 美国模式的制度载体

美国模式产生前的国际和美国国内背景综合来看集中反映了新兴的网络环境下，网络服务提供者作为关键变量，在版权侵权责任方面的几个重大问题：其一，当时的网络服务提供者及其从事的服务在促进互联网产业发展的大趋势下扮演何种角色及有何作用意义？其二，在版权人和网络服务提供者的利益博弈中，法律是否应当为网络服务提供者提供特别的保护？其三，网络服务提供者在版权侵权中究竟应承担何种责任？特别是在网络用户发生版权侵权行为时，网络服务提供者为其提供技术服务的行为，属于直接侵权还是间接侵权？进而如何承担责任（采用何种归责原则）？其四，是否应当为网络服务提供者制定免责条款？免责条款应当如何进行制度设计从而平衡各方利益？上述问题之外实际上隐含了第五个问题，即在世界各国对于网络服务提供者版权侵权责任认识模糊、无法达成共识的情况下，作为信息技术发源地、全球互联网中心和具有发达法治环境的美国，是否应当为世界各国率先建立起一套较为完善的规制网络服务提供者版权侵权责任的规则体系和制度模板。应该说，作为美国模式制度载体的 DMCA 基于当时的技术条件和美国法治传统，系统回应了上述问题。

一、DMCA 的规则体系和主要内容

（一）DMCA 的规则体系

美国国会参众两院分别于 1998 年 10 月 8 日和 10 月 12 日通过了 DMCA 文本，并于 10 月 28 日由时任总统克林顿签署生效，成为美国联邦法律。DMCA 制定的主要动机和原因是为了将 WCT 和 WPPT 纳入美国国内法，并确保两个条约在美国获得执行，同时，DMCA 也针对 WCT 未予解决、留待各国国内法

具体规定的网络服务提供者[1]版权侵权责任问题及其他与版权有关的重要议题进行了规定。DMCA 共分五个部分，其中：

第一部分为"WCT 和 WPPT 实施法案（WIPO Copyright and Performances and Phonograms Treaties Implementation Act of 1998）"，涉及世界知识产权组织两个条约在美国的具体执行。

第二部分为"网络版权侵权责任限制法案（Online Copyright Infringement Liability Limitation Act）"，涉及网络服务提供者提供的服务及涉及版权侵权诉讼时的责任承担范围。

第三部分为"计算机维护竞争保障法案（Computer Maintenance Competition Assurance Act）"，规定以计算机维护为目的，通过激活计算机来备份软件程序无须承担版权侵权责任。

第四部分为"综合条款（miscellaneous provisions）"，涉及美国版权局的职权说明、广播机构的临时录制、远程教育学习、非营利性图书馆和档案馆的豁免权、针对录音制品数字表演权的网络广播修正案和电影权利转让方面的合同义务假设等 6 项具体条款。

第五部分为"船体设计保护法案（Vessel Hull Design Protection Act）"，正文中也叫做"某些原创设计的保护（Protection Of Certain Original Designs）"，主要是确立了一套新的制度来保护包括船体在内的某些实用物品的原创设计。

（二）DMCA 第二部分的主要内容

DMCA 五个部分法案中，最重要的显然是第二部分，DMCA 将其作为《美国版权法》的新条款，在《美国版权法》第 5 章"侵犯版权和救济"中增设为第 512 条[2]，明确了四类网络服务提供者（短暂传输、系统缓存、面向用户的系统或网络信息的储存、信息定位工具）在版权侵权行为中的责任限制。网络服务提供者版权侵权责任限制法案也成为 DMCA 最大的亮点和影响最广的条款，不少人甚至因其独特的代表性将该法案等同于 DMCA。第 512

---

[1] DMCA 导言部分称为 Online Service Providers，与网络服务提供者（Internet Service Provider，ISP）同义，本书统称为网络服务提供者。

[2] 为表述方便，本书在本章将"第 512 条"用于指代 DMCA 第二部分法案，在其他章节使用"DMCA"。

条由（a）到（n）共14个条款组成：

第（a）款是对"短暂传输（Transitory Communications）"[1]的责任限制条款。根据第（k）款"定义"第（1）项对"网络服务提供者"定义第（A）目的规定，该款中的"网络服务提供者"指一个为用户指定的点之间或用户选择的内容提供数字在线通信传输、路由或连接的实体，且对发送或接收的内容不作修改。根据美国版权局关于DMCA概要（以下简称《DMCA概要》）解释，这类网络服务提供者仅充当数据渠道角色，根据他人要求将数字信息从网络中的一点传输到另一点，该限制包括传输、路由、连接以及网络操作中自动产生的中间备份和临时备份[2]。这类网络服务提供者为免责应符合以下条件：①传输的发起人和接收人均应是网络服务提供者之外的人；②传输、发送、连接或存储均应由自动技术程序执行，网络服务提供者未对内容进行选择；③网络服务提供者除自动回应外，不得决定内容的接收人；④在传输或临时存储过程中，网络服务提供者未采用除预期接收人之外其他人以正常途径获取的方式对内容进行复制，也不存在该预期接收人正常获取之外超过传输、发送、连接合理必要时间的复制品；⑤网络服务提供者未对内容进行修改。

第（b）款是对"系统缓存（System Caching）"的责任限制条款。这类网络服务提供者的基本行为模式是，网络服务提供者之外的人在网上向用户传输某些内容，服务提供商在有限时间内保留备份，这样当以后用户需要相同资料时，就能通过保存的备份来获得，无需通过网络从原始处重新检索获得。根据《DMCA概要》解释，这一行为的意义主要在于降低网络服务提供者的带宽要求，减少随后检索相同资料时的等待时间[3]。第（b）款分为"（1）责任限制"和"（2）条件"两项，第（1）项是对系统缓存服务提供者免责的总体要求，第（2）项是对免责条件的具体规定，概括起来免责条件主要有：①网络服务提供者不得对传输内容进行修改；②在指定期间，按照普遍

---

[1] 第512条的法律文本中称为"临时数字网络传播（Transitory Digital Network Communications）"。

[2] DMCA, p.10.

[3] DMCA, p.10.

接受的行业标准数据通信协议，网络服务提供者必须遵守"更新"法则，用原始位置的内容代替该内容的保留备份；③网络服务提供者不得干预把"点击"信息回馈至内容提供者的技术，在此情形下，这一技术必须满足某些特定要求；④网络服务提供者必须根据内容发布者设置的访问条件（如密码保护）来限制用户访问内容；⑤一旦网络服务提供者被告知在原网站上未经版权人授权发布的资料已经被删除或屏蔽，或是被要求删除或屏蔽，网络服务提供者必须立即将这些内容删除或屏蔽。

第（c）款是对"面向用户的系统或网络信息的储存（Storage of information on systems or networks at direction of users）"的责任限制条款。这类网络服务提供者在为其自身服务发展而控制或运营的系统或网络中提供的面向用户的相关内容可以被用户存储。第（c）款有3项，其中：第（1）项"总论"概括了这类网络服务提供者免责的主要条件：①网络服务提供者不具备对侵权行为的实际认知，包括没有意识到那些事实或情形是明显的侵权，以及在获得这样的认知后已经尽快删除或禁止访问这些内容；②网络服务提供者没有因侵权行为直接获利，且网络服务提供者有权利和能力控制与这种活动直接相关的侵权行为；③根据第（3）项的"通知"，尽快删除或禁止访问被认为是侵权或侵权行为主体的内容。第（2）项"指定代理"要求网络服务提供者必须事先指定一名代理人接受侵权通知，并将该代理人的名字、地址、联系方式等在美国版权局备案，版权局应为公众提供可以查阅代理人的目录。第（3）项是关于"通知"的具体要求。其中第（A）目是对有效通知的规定：（ⅰ）投诉方的授权代表须提供物理或电子签名，表明其代表一个据称遭到侵权的专有权利人；（ⅱ）对声明被侵权的作品进行确认，如果一份通知涉及多个在线网站上受保护的作品，则将这些作品的名单列明；（ⅲ）对声明侵权且将被删除或禁止访问的内容进行确认，信息足以让网络服务提供者确认这些内容侵权；（ⅳ）信息（如地址、电话）合理且充分，能够让网络服务提供者联系投诉方；（ⅴ）通知须包含投诉人一份真诚的声明，保证被投诉的行为并未获得版权人、代理人或法律的合法授权；（ⅵ）通知须包含投诉人一份声明，明确表明通知中的信息是准确的，并根据伪证处罚，该投诉方有权代表专有权人采取行动。第（B）目规定，在投诉人实质上未遵守合格通知要求的情况下,不能认为网络服务提供者拥有判断显而易见的侵权行为的实际认知或是否清楚相关事实。此外,与第(c)款第(3)项"通知"有关的"反通知"规则规定在第(g)款中。

第(d)款是对"信息定位工具(Information Location Tools)"的责任限制条款。这类网络服务提供者利用包括目录、索引、引用、指示或超链接等信息定位工具,将用户导向一个包含侵权内容或侵权行为的链接地址,其免责条件为:①网络服务提供者不具备对侵权行为的实际认知,包括没有意识到那些事实或情形是明显的侵权,以及在获得这样的认知后已经尽快删除或禁止访问这些内容;②网络服务提供者没有因侵权行为直接获利,且网络服务提供者有权利和能力控制与这种活动直接相关的侵权行为;③依据第(c)款第(3)项"通知"要求,网络服务提供者收到投诉通知后,及时删除或禁止访问侵权内容,其中,第(c)款第(3)项第(A)目第(ⅲ)段对于被控侵权内容的通知在本款中应被视为对被控侵权内容的引用或链接,且足以使网络服务提供者找到这些引用或链接的准确位置。第(d)款规定的免责条件实际与第(c)款相同。

第(e)款是关于"非营利教育机构(Nonprofit Educational Institutions)"的责任限制特殊规定。该款主要规定了从事教育或研究工作的教员或研究生在哪些情况下可以影响非营利教育机构享受上述四项免责条款。当从事短暂传输或系统缓存活动时,只有当教员和研究生被认为不属于"网络服务提供者"而属于"个人"时,方可使教育机构符合免责资格。当从事其他两种活动时,教员或研究生知道或意识到其侵权行为并非所属机构所为,且满足以下条件时方可免责:①教员和研究生的侵权行为不包括提供过去3年内要求或推荐的课程资料的网上访问权;②教育机构在过去3年内没有收到两份以上关于其教员或研究生存在侵权行为的投诉通知;③教育机构向所有用户提供有描述版权法或促进遵守版权法的信息资料。

第(f)款是对"歪曲(Misrepresentations)"的规定,即任何人在通知或反通知中故意歪曲事实,谎称遭受侵权("通知"中)或谎称内容不侵权而遭到误删("反通知"中),从而造成损失(包括诉讼费和律师费)均应承担责任。

第(g)款实际是对"反通知(counter notification)"的规定。该款第(1)项规定在已删除相关内容的情况下,网络服务提供者不应对任何人承担任何责任。为了防范可能发生的错误通知或欺诈性通知,第(2)项详细规定了"反通知"预防措施:为了使自身有资格免于承担删除内容的责任,网络服务提供者应当及时转告用户,它已经删除相关内容或使用户无法访问。如果用户在遵守法律的情况下,面对作伪证的惩罚,回复一份相反的通知,声明相关内容并未侵权,而是因网络服务提供者误认侵权从而进行了错误删除或屏蔽,那么网络服务提供者应当在收到反通知后 10~14 个工作日内恢复相关内容,除非版权人通过法庭命令制止这一行为。

第(h)款是关于法庭"传票(Subpoena)"的程序规定。通过这一程序,版权人可以向联邦法庭申请传票,要求网络服务提供者披露侵权用户的真实身份。

第(i)款是对网络服务提供者获得免责的"资格条件(Conditions for Eligibility)"的总体性规定。该款要求网络服务提供者:①应当采取并合理执行相应政策以冻结多次侵权用户的账号,防止重复侵权;②必须适应并不得妨碍版权人的"标准技术措施(standard technical measures)",其中"标准技术措施"是指版权人用以识别和保护作品的技术措施。

第(j)款是对"禁令(Injunctions)"的规定,第 512 条要求上述每条限制都完全禁止货币救济,并在第(j)款中对禁令救济的可用性进行了各方面限制。

第(k)款是对相关概念的定义。其中,除第(a)款以外使用术语"网络服务提供者(service provider)",是指更广泛意义上在线服务或网络访问的提供者,或者为在线服务或网络访问提供设施的运营商;而"货币救济(monetary relief)"包括损害赔偿、诉讼费、律师费及任何其他形式使用货币支付的费用。

第(l)款规定网络服务提供者如果没有符合第 512 条中任何的免责条款,并不当然意味着它必须承担版权侵权责任。版权人仍应明确指控网络服务提供者侵犯了版权,且网络服务提供者仍然可以利用任何被告通常可以使用的抗辩(如合理使用等)维护自身利益。

第（m）款是"对隐私的保护（Protection of Privacy）"。该款使网络服务提供者不至陷入既要符合免责条件，又要保护用户隐私的两难境地。第512条中任何条款都不得被解释为网络服务提供者为了符合免责条件而违法监控它提供的服务和获取内容（如违反《电子通讯隐私法》[1]）。

第（n）款规定，第（a）款到第（d）款，四款免责条款各有不同、独立的作用，判断网络服务提供者是否符合任一免责条款，都应完全按照该款的标准，而不得影响判定其是否满足其他条款规定。

二、美国模式的制度机理

（一）"避风港"规则

20世纪90年代，针对网络服务提供者版权侵权责任问题的争论从政策层面到判例法层面始终没有停止。以《白皮书》为代表的立法建议将网络服务提供者视为电子出版者，应对其中的侵权行为承担严格责任，拒绝考虑减免网络服务提供者的责任。[2]与之相呼应，Frena案、Webbworld案、Sega案等司法判例未区分直接侵权与间接侵权，既不考虑落入版权人专有权利控制范围的行为究竟由谁实施，也不考虑网络服务提供者对侵权行为是否存在过错，而概以严格责任论之，认定为直接侵权。上述政策和判例过分加重了网络服务提供者的责任，受到了互联网产业的批评和抵制，以电信公司为代表的新兴产业主体为争取免责四处游说。而在同一时期，Netcom案、Hardenburgh案等判例则对此作出相反的认定，正确区分直接侵权和间接侵权，认为网络服务提供者对于其服务中用户的侵权行为，只可能构成间接侵权，排除了直接侵权。由于网络服务提供者的赔偿能力远高于用户个人，版权人为取得最大化的侵权赔偿，拒绝为网络服务提供者设定任何免责条件，即使有也应在尽可能小范围内存在[3]。

在此情形下，一方面，《白皮书》不具有法律效力，而上述判决由各地方

---

[1] DMCA, p.9.

[2] Information Infrastructure Task Force, Intellectual Property and the National Information Infrastructure-The Report of the Working Group on Intellectual Property Rights, p.123 (1995).

[3] [美]朱莉·E.科恩等著，王迁、侍孝祥、贺炯译：《全球信息经济下的美国版权法》，商务出版社2016年版，第794页。

第二章 网络直播平台著作权侵权制度的现行规范渊源——美国模式

法院判决,对其他法院没有拘束力,裁判结果存在极大的不确定性;另一方面,对于是否应明确减轻或限制网络服务提供者的侵权责任,以及如何限制,法官无从造法。任务留给了美国国会。

为了回应网络服务提供者对其版权侵权法律制度"澄清的愿望"[1],美国国会制定了DMCA。DMCA第二部分(即第512条)的标题为"网络版权侵权责任限制法案",很明显,美国国会制定第512条的立法目的十分明确,就是为网络服务提供者因其提供的服务涉及的版权侵权行为减轻责任,而减轻的方式体现为"有条件的免责"。《DMCA报告》指出,立法者在保持现行法律正常运行的情况下,为网络服务提供者的某些共同行为创建一系列"避风港",符合"避风港"条件的网络服务提供者将享有有限责任的利益[2]。可见,所谓"避风港"规则,其实是第512条一系列为网络服务提供者有条件免除侵权责任的规则的统称,从第(a)款到第(n)款,既包括限制四类网络服务提供者责任的具体规则,也包括门槛资格、限制范围、定义等共通性规则。可以说,"避风港"规则就是第512条,"避风港"规则也即所谓网络服务提供者版权侵权制度美国模式。"避风港"规则从成文法层面明确了网络服务提供者的责任,也为网络产业开发新型商业模式[3]提供了制度保障。

(二)"通知—删除"规则

1."通知—删除"规则的原理。

(1)"通知—删除"规则与"避风港"规则的关系。首先,正如前文所述,"通知—删除"规则作为第512条为信息存储空间和信息定位工具两类网络服务提供者规定的免责条件之一,从概念逻辑和规则体系上从属于"避风港"规则。其次,具体到四类网络服务提供者的免责条件,"避风港"规则对此既有普遍适用性规定,也有区别性规定。其中"通知—删除"规则就属于

---

[1] Senate Report 105~190, 105th Congress, 2nd Session, p.19.

[2] Senate Report 105~190, 105th Congress, 2nd Session, p.19.

[3] Thus, to the extent that claims for indirect liability pose a threat to p2p innovations, the safe harbors for online service providers added to copyright law by the DMCA do little to ameliorate that threat. 参见Lemley, Mark A.; Reese, R. Anthony. "Reducing Digital Copyright Infringement without Restricting Innovation", Stanford Law Review vol.56, no.6(May 2004): p.1372.

仅适用于信息存储空间和信息定位工具两类网络服务提供者的区别性规定，不具有普适性。对于短暂传输和系统缓存两类网络服务提供者，第512条未对其规定"通知—删除"规则，这是因为"他们并不具备与网站经营者相同功能，这些网络服务提供者均无法识别和根据通知去处理具体的侵权信息"[1]。因此，绝不能将"通知—删除"规则等同于"避风港"规则。最后，由于实践中涉及用户版权侵权的主要是信息存储空间和信息定位工具，由DMCA首创的"通知—删除"规则因其简便易行的特点和合理平衡各方利益的立法技术，在网络版权保护中获得了广泛的应用，甚至成为世界通行的规则。"通知—删除"规则在美国乃至世界范围内产生重要影响，是美国模式的主要代表性元素，也是"避风港"规则的中心。

（2）"通知—删除"规则的法律逻辑。"通知—删除"规则从形式上看是一种技术性安排，即权利人向网络服务提供者发送侵权通知，网络服务提供者收到通知后删除通知中所指的涉嫌侵权内容或断开其链接，但本质上是网络服务提供者收到通知并进行删除后的法律后果。第512条第（c）款和第（d）款对信息存储空间、信息定位工具免责的主观要件是对侵权行为没有"实际认知（actual knowledge）"。这种"实际认知"既可能是网络服务提供者"明确知晓"侵权行为，也可能是侵权行为"明显（apparent）"而网络服务提供者没有意识到（not aware），也即"红旗规则"。而实践中，由于不负主动审查和监控义务，网络服务提供者"明确知晓"侵权行为的情形较为少见，而版权人的"通知"则成为网络服务提供者对侵权行为"实际认知"的主要途径。网络服务提供者只要收到了版权人发送的合格、有效通知，就推定其已经知晓侵权内容存在于其提供的网络服务中，此时，网络服务提供者如果及时、迅速地删除侵权内容或断开链接，则获得了进入"避风港"的资格（当然最终是否能够免责还要看其是否满足其他条件）。如果网络服务提供者收到通知后未对通知内容进行初步核实，或者认定通知有效而未对侵权内容采取措施，则无异于网络服务提供者放任和支持直接侵权行为，为直接侵权行为提供了"实质性帮助、引诱或因果联系（Material Contribution, Induce-

---

[1] 吴汉东："论网络服务提供者的著作权侵权责任"，载《中国法学》2011年第2期。

ment, or Causation)"[1],从而从法理上符合版权间接侵权理论。

需要指出的是,为了平衡版权人和网络用户利益,第512条同时为网络用户提供了"反通知"规则保护,即如果版权人通知中的侵权行为不存在或不成立,网络服务提供者为了进入"避风港"而错误对通知中指控的内容采取了删除措施或断开其链接,则网络用户有权通过"反通知"要求网络服务提供者对相关内容予以恢复。因此,广义的"通知—删除"规则应包含"反通知"规则。本书在狭义层面使用"通知—删除"规则概念,未经特别说明,不包含"反通知"规则。

2. "通知—删除"规则的程序要件。所谓程序要件,实际上是DMCA对于"通知—删除"规则中合格、有效"通知"成立的法定要求,以及如果"通知"不符合要求所产生的法律效果。"通知—删除"规则中的"通知"的主要作用就是使网络服务提供者"知道"其提供的网络服务中存在侵权内容或其网络服务可以定位到侵权内容,进而网络服务提供者才有可能采取"删除"等手段进入"避风港"免责。为了实现这一目的,"通知"本身的内容和形式就必须符合法律规定的基本标准。

第512条对于合格、有效"通知"的具体要求集中体现在第(c)款第(3)项第(A)目中,归纳起来主要有以下几个要求:①通知应以书面方式。②通知应由投诉方提供给网络服务提供者依据本款第(2)项向美国版权局报备的指定代理人。③投诉方(或其授权代表)应当提供一个权利人证明,表明其是声称遭受侵权的专有权利人,包括其授权代表应当提供物理或电子签名,表明其有权作为专有权利人的代理人。④明确提出其主张权利(即声称被侵权)的作品,如果作品不止一件,可将所有的作品以目录方式列明。⑤明确指出网络服务提供者提供的服务中涉嫌侵权、希望被删除的内容,并且足以使网络服务提供者能够定位到这些侵权内容,这是有效通知的关键要件。⑥投诉方须向网络服务提供者提供自己准确、充分的联系方式,包括电话、地址、电子邮箱等,使网络服务提供者能够联系上投诉方。⑦投诉方应当在通知中声明,被投诉行为未获得合法授权。⑧投诉方还应在通知中声

---

[1] Perfect 10, Inc. v. Visa International Service Association, 494 F. 3d 788, (9th Cir. 2007).

明，承诺通知内容准确，且授权代表有权代表专有权利人采取行动，否则应受伪证规则处罚。[1]

从上述规定不难看出，合格、有效"通知"的要求主要体现为对版权人（及其代理人）设定一系列义务，从而合理地、高效地降低网络服务提供者在处理通知时的负担，同时有助于网络服务提供者在收到相关通知时，对通知内容的真实性作出初步和基本的判断，从程序上建立第一级门槛，筛除掉明显虚假或恶意的通知。通常情况下，版权人（及其代理人）在通知中列明主张权利的作品，指出涉嫌侵权内容的准确位置（包括网络链接），足以使网络服务提供者能够找到涉嫌侵权内容的准确位置，网络服务提供者就可以对其基本的合法性进行初步审查。而要求版权人提供其联系方式则是为了便于网络服务提供者对涉嫌侵权内容进行初步核实。[2]

相应的，如果投诉方未履行上述规定对其设定的义务（即"瑕疵通知"），则应产生相应的法律后果。从上述规定的性质来看，投诉方违反规定的行为和后果应当根据其违反的程度存在层次性，也即"实质性违反"和"非实质性违反"。关于投诉方提供瑕疵通知所产生的法律效果，第（3）项第（B）目进行了规定，归纳起来主要是：(ⅰ) 如果投诉方的通知实质上不符合上述规定，法院不得将该通知视为网络服务提供者已经收到通知、知晓相关侵权事实的证据。(ⅱ) 但是，法院应对以下情形下网络服务提供者对相关事实的了解和认知进行评估：如果投诉方的通知不满足上述规定的全部要求，但实质上满足提供了主张权利的作品、指出涉嫌侵权内容并足以使网络服务提供者定位到该内容、提供了联系方式使网络服务提供者能够联系到投诉方三个条件，而网络服务提供者未及时尝试联系投诉方或采取其他合理步骤协助接收合格通知，则不能适用上述（ⅰ）的规定。[3]

《DMCA 报告》在对第（B）目的解释中指出，立法者拟将实质性合规标准在第（c）款第（2）和第（3）项中适用，以使某些技术错误（如名字拼写错误，或者电话号码附有准确地址但提供了过时的区号，或者提供了过时

---

[1] 17 USC 512 (c) (3) (A).
[2] 王迁：《网络环境中的著作权保护研究》，法制出版社 2011 年版，第 254 页。
[3] Senate Report 105~190, 105th Congress, 2nd Session, p. 46~47.

的名字但电子邮件地址对继任者仍然有效）不取消网络服务提供者和版权人根据第（c）款享受的保护。立法者希望各方遵守通知条款的功能要求——例如支持提供足够的信息，以便投诉方提交可以有效联系的通知，从而确保"通知—删除"规则的顺利运行。[1]

第（3）项第（B）目关于投诉方提供瑕疵通知的法律规定，实际上确立了三个重要规则：一是第（A）目中，提供主张权利的作品、指出涉嫌侵权内容并足以使网络服务提供者定位到该内容、提供联系方式使网络服务提供者能够联系到投诉方三个条件[2]属于合格、有效"通知"的实质性要件，其中尤以能使网络服务提供者定位到侵权内容为关键，此后美国法院曾在YouTube案一审中据此驳回了原告的诉讼请求[3]；二是投诉方通知如果不符合实质性要件，则不认为网络服务提供者已经知晓侵权事实；三是投诉方通知如果含有实质性要件，但存在其他瑕疵，则网络服务提供者负有及时联系投诉方或采取其他步骤协助接收合格通知的义务，如果网络服务提供者未尽该义务，则不能免责。

3. "通知—删除"规则的效力——兼论第512条的规范属性。第512条第（c）款和第（d）款规定提供信息存储空间服务和信息定位工具服务的网络服务提供者在收到版权人发出的合格、有效通知后，及时删除、屏蔽访问或断开链接的，可以进入"避风港"，享受免责。[4]问题是，网络服务提供者及时删除、屏蔽访问或断开链接仅仅是一项"免责条件"，还是其"法定义务"？也即，网络服务提供者在收到通知后，如果没有及时删除、屏蔽、断开链接，是否应当因此承担侵权责任？从第512条的整体结构和规范内容来看，答案是否定的。这就是说，在网络服务提供者事先不知道侵权事实或者并无明显侵权事实的情况下，如果版权人向网络服务提供者发送了合格、有效通知，网络服务提供者又及时进行了删除、屏蔽访问或断开链接，则法律认为网络服务提供者对于侵权行为不存在主观过错，无需承担帮助侵权责任。但

---

[1] Senate Report 105~190, 105th Congress, 2nd Session, p.47.
[2] 即第（A）目第（ⅱ）（ⅲ）（ⅳ）三个要件。
[3] Viacom v. YouTube, 2010 U.S. Dist. LEXIS 62829, at 44-45 (SDNY, 2010).
[4] 17 USC 512（c），(d).

如果网络服务提供者未采取上述行动，则并不必然认定其存在主观过错、应当承担帮助侵权责任。"通知—删除"规则只具有免责效力，而不具有归责效力。

从第512条在《美国版权法》中的地位来看，DMCA明确将第二章"网络版权侵权责任限制法案"纳入《美国版权法》第5章"侵犯版权和救济"，增设为第512条[1]。考察第5章的立法逻辑，关于侵犯版权的各类行为的归责条款集中规定在本章第一条，也即第501条中。该条第（a）款是对版权侵权行为的总体规定：任何人侵犯了任何专有权利，包括版权人的权利（第106条至第122条规定），或作者［第106A条第（a）款规定］权利，或违反第602条的规定，向美国进口复制品或录音制品，视情况而定，就是版权或者作者权利的侵权人。[2]一般认为，第501条是判断"是否构成侵权"的归责要件，而第512条则是判断网络服务提供者能否免除责任的免责事由。[3]

从第512条整体结构来看，第（1）款明确规定，网络服务提供者如果没有符合第512条中任何的免责条款，并不当然意味着它必须承担版权侵权责任。版权人仍应明确指控网络服务提供者侵犯了版权，且网络服务提供者仍然可以利用任何被告通常可以使用的抗辩（如合理使用等）维护自身利益。[4]《DMCA报告》也认为，新的第512条并没有定义在网络环境下什么是可起诉的版权侵权，也没有为版权法下的专有权利创设任何新的例外。版权法的其他部分对这些问题进行了规定。同样的，第512条也不会给网络服务提供者带来任何新的责任，也不会影响网络服务提供者在版权法上的其他任何抗辩权利。当网络服务提供者的行为属于第512条范围时，第512条的颁布并不决定该网络服务提供者是否属于侵权人。即使网络服务提供者的行为不属于免责条款的规定，网络服务提供者也不一定是侵权人。在这些情况下，网络服务提供者的责任仍将由法院依据版权法以及判例法所规定的直接侵权责任、替代侵权责任或共同侵权责任的原则来认定和裁决，这些原则在

---

〔1〕 DMCA, p. 8.
〔2〕 17 USC 501（a）.
〔3〕 谢雪凯："网络服务提供者第三方责任理论与立法之再审视——以版权法与侵权法互动为视角"，载《东方法学》2013年第2期。
〔4〕 17 USC 512（1）；DMCA, p. 9.

第二章 网络直播平台著作权侵权制度的现行规范渊源——美国模式

第512条中并未改变。如果网络服务提供者不符合第512条的免责条件，它仍然可以依据现行法律提供的所有抗辩理由进行抗辩。[1]换言之，第512条只是简单定义了网络服务提供者可以对版权侵权责任享有的免责条件，而并不涉及归责条款。这就从制度规范的底层逻辑上明确了其规范效力。相应的，"通知—删除"规则也不具有归责效力。

从"通知—删除"规则自身逻辑来看，网络服务提供者收到版权人通知后有两种选择：一是在初步核实通知有效性后，立即按照通知要求对涉嫌侵权内容进行删除、屏蔽或断开链接，这种直截了当的做法成本最低、风险也最小，实践中大量网络服务提供者正是采用这种"不假思索"的方式处理通知。二是不仅对通知有效性进行核实，还对通知内容的真实性、是否成立进行初步核查（当然也仅仅是依据通知做形式上的核查），一旦认为通知属实，则采取删除、屏蔽、断开链接的行动，而一旦认为通知不属实，则可拒绝采取上述行动。如果把"通知—删除"规则视为法定义务或归责条款，那么：第一种情形下网络服务提供者自然可以根据第512条不承担法律责任。而在第二种情形下，如果网络服务提供者拒绝及时进行删除、屏蔽、断开链接，将来如果版权人在诉讼中证明其通知属实，网络服务提供者就应当因为其判断错误的过错承担帮助侵权责任；问题是如果事后证明版权人的通知不属实，网络服务提供者也会因为其未履行法定义务（及时删除、屏蔽、断开链接）而在直接侵权不成立的前提下承担帮助侵权责任，这就十分荒唐了。因此，DMCA的立法者没有将"通知—删除"规则规定为归责条款，"绝非立法者的疏漏，而恰恰是其慎重考虑的结果"。[2]这是因为，投诉通知发生错误的可能性现实存在，既可能因为恶意、虚假投诉产生，达到干扰竞争对手正常经营的目的，也可能确实出于善意，但由于网络环境纷繁复杂版权人能力有限、判断失误，将合法作品误认为侵权加以投诉。这就需要法律赋予网络服务提供者一定的审查空间，允许其经过审查后作出自己的判断，并为此承担风险（一旦事后证实通知属实，应承担帮助侵权责任），而并不将删除、屏蔽或断开链接作为一项法定的义务。

---

[1] Senate Report 105~190, 105th Congress, 2nd Session, p.47.
[2] 王迁：《网络环境中的著作权保护研究》，法律出版社2011年版，第266页。

此外，从"通知—删除"规则的配套措施来看，第 512 条第（g）款同时规定了"反通知"规则。该款第（1）项规定在已删除相关内容的情况下，网络服务提供者不应对用户承担任何责任。为了防范可能发生的错误通知或欺诈性通知，第（2）项详细规定了"反通知"预防措施：为了使自身有资格免于承担删除内容的责任，网络服务提供者应当及时转告用户，它已经删除相关内容或使用户无法访问。如果用户在遵守法律的情况下，面对作伪证的惩罚，回复一份相反的通知，声明相关内容并未侵权，而是因网络服务提供者误认侵权从而进行了错误删除或屏蔽，那么网络服务提供者应当在收到反通知后 10~14 个工作日内恢复相关内容，除非版权人通过法庭命令制止这一行为。[1]"反通知"规则从反面规定了网络服务提供者不对与其存在商业合作或合同关系的签约用户（subscriber）承担责任的条件，这就进一步说明了，DMCA 的立法者对于版权人发出通知的真实性是持怀疑，至少是不确信态度的。因此不仅不能仅仅依据"通知"就科以网络服务提供者"及时删除、屏蔽、断开链接"的法定义务，而且应为签约用户恢复其认为的合法内容提供救济措施。需要指出的是，对于签约用户提交的"反通知"，同样存在真实性不确定的问题，对于反通知后的恢复行为，也非网络服务提供者的法定义务。因此网络服务提供者在收到反通知后，同样有权进行审核判断，对于其认为属实的反通知，可以恢复相关内容从而避免对签约用户承担违约责任；而对其认为反通知不属实、不予恢复的行为，也不必然承担违约责任，只有当事后诉讼中证明反通知确实属实，而网络服务提供者又无其他抗辩理由时，才可能承担违约责任。

（三）网络服务提供者的免责排除规则（过错认定规则）[2]

如前文所述，第 512 条采用英美法系实用主义的立法思想，在规定网络服务提供者免责条件时，并未从正面明确其应对发生在其网络服务中的版权侵权行为承担直接侵权责任抑或间接侵权责任，其立法意图主要是通过成文

---

[1] 17 USC 512（g）.

[2] 严格来讲，美国模式是以免责条件面目出现的，故对其免责条件的违反导致的结果是不能免责（即排除免责适用），并非必然（从归责角度）具有过错。因此，本书将其定义为"免责排除规则"，但考虑表述习惯及其与过错认定的内在联系，亦不妨称其为"过错认定规则"。

法的形式免除网络服务提供者可能因直接侵权、替代侵权或共同侵权（帮助侵权）而承担的损害赔偿责任。当然，从实际效果来看，第512条所建立的"避风港"规则实际上基本排除了直接侵权责任在网络服务提供者版权侵权领域的适用[1]，而这又与间接侵权责任所采用的过错责任原则相契合。可以说，第512条只是从归责原则角度免除了网络服务提供者的严格责任，相应的，网络服务提供者的版权侵权责任应以过错责任为原则。质言之，在第512条构筑的"避风港"规则下，网络服务提供者只有不存在"过错"，才可以进入"避风港"，享受免责。当然，由于第512条是免责条款而非法定义务或归责条款，即使网络服务提供者存在过错，也只是不能进入"避风港"免责，并不一定因此必然承担侵权责任。

关于网络服务提供者"过错"的构成，第512条并未明文采用传统侵权法上"故意""过失"的抽象分类标准，而是选择了一种直接描述行为方式的立法技术，从四类网络服务提供者"获得免责"的条件角度进行规范。由于"免责条件"杂糅了主观因素与非主观因素（如身份因素），因此从反面理解，网络服务提供者如果未符合"免责"条件中的主观因素条件，则可认为存在"主观过错"。

1. 短暂传输和系统缓存服务提供者的过错认定规则。就短暂传输服务提供者而言，第512条第（a）款为其免除版权侵权责任规定了5项条件[2]，短暂传输服务提供者只有同时满足这5项要求才能获得免责。其中，只有第（1）项"内容传输的发起方或接受方是除服务提供商之外的人"属于非主观的主体身份因素，而第（2）至（5）项均涉及短暂传输服务者的主观因素。也即，如果在短暂传输过程中，网络服务提供者对内容进行了选择，或者挑选了接受方，或者违反合理必要时间对传输内容进行了复制，或者对内容进行了修改，都将被视为存在主观过错，而无法获得免责。

就系统缓存服务提供者而言，第512条第（b）款规定的免责条件中，第（1）项是从总体上对系统缓存服务提供者免责的资格进行规定，主要体现为对身份因素等非主观因素进行的规定，第（2）项则详细列举了5种主

---

[1] 朱冬："网络服务提供者间接侵权责任的移植与变异"，载《中外法学》2019年第5期。

[2] 17 USC 512（a）。

观因素免责条件。[1]也即,在系统缓存服务中,如果(A)网络服务提供者对缓存内容进行了修改,或者(B)未遵守"更新"法则用原始位置内容替代备份内容,或者(C)对信息返回至内容提供者的技术实施了干预,或者(D)未根据内容提供者设置的访问条件限制用户访问内容,或者(E)当网络服务提供者被告知原网站上未经版权人授权发布的资料已经被删除或屏蔽,网络服务提供者未及时删除或屏蔽,则可以认为系统缓存服务提供者存在主观过错,不能进入"避风港"免责。

需要指出的是,在这两类网络服务提供者的过错认定规则中,除了系统缓存服务提供者第(D)和(E)目外,其他过错构成均体现为网络服务提供者的积极作为或主观追求,从传统过错分类来看应属"故意",而系统缓存服务提供者第(D)目则既可能属于"故意",也可能属于"过失"(网络服务提供者过失未对访问内容进行限制)。至于系统缓存服务提供者第(E)目规则,实际上是与信息存储空间服务者"通知—删除"规则做了制度衔接。

2. 信息存储空间和信息定位工具服务提供者的过错认定规则。第512条中,关于信息存储空间和信息定位工具服务提供者过错认定的规则被讨论最多,争议也最大,这不仅因为这两类网络服务提供者涉及的面最广、实践情形更为丰富,更是由于第512条为这两类网络服务提供者创设了"通知—删除"规则,使过错认定规则变得复杂。首先应当明确的是,虽然遵循"通知—删除"规则,但版权人的"通知"并非这两类网络服务提供者过错认定的唯一根据。

第512条第(c)款第(1)项对信息存储空间服务提供者规定了免责条件。其中,第(A)目规定了三项免责条件:(ⅰ)网络服务提供者对用户上传的内容侵犯版权没有实际认知(actual knowledge);(ⅱ)在缺乏实际认知的情况下,没有意识到(not aware)那些事实或情形是明显的(apparent)侵权;(ⅲ)在获得这样的认知(obtaining such knowledge)或意识到(awareness)侵权事实后,尽快删除或屏蔽对侵权内容的访问。第(B)目规定网络服务提供者在有权利和能力控制侵权活动的前提下没有从侵权行为中直接获

---

[1] 17 USC 512 (b).

利。第（C）目规定网络服务提供者在收到本款第（3）项规定的"通知"后，尽快删除或屏蔽访问侵权内容。[1]第512条第（d）款关于信息定位工具服务提供者的免责条件与第（c）款相同，其中用户上传内容解释为被链接的内容，网络服务提供者采取的手段增加为断开链接。[2]

从上述规范条文的理解来看，第（C）目是关于"通知—删除"规则的规定，而第（A）目的三个免责条件都包含了对网络服务提供者主观因素的规定，且须同时满足。根据第（A）目的规定，即使版权人未向网络服务提供者发送投诉通知，只要网络服务提供者：（ⅰ）已经实际知晓侵权事实；或者（ⅱ）侵权事实明显；或者（ⅲ）（不论什么原因）认识到或者意识到侵权事实后没有尽快删除、屏蔽、断开链接，则可以认定网络服务提供者存在主观过错，不能进入"避风港"免责。

值得一提的是，上述第（B）目的规定实际是对替代侵权的免责条件，从反面理解，即网络服务提供者如果对侵权行为具有实际控制的权利和能力，同时又从侵权行为中直接获得经济利益，则构成替代侵权责任，应对直接侵权人的侵权行为承担替代责任。[3]对于"实际控制的权利和能力"和"直接获利"两个条件，前者显然是一项客观因素，由网络服务提供者提供服务的商业模式、技术背景所决定，而"直接获利"不仅是客观事实状态，也包含了网络服务提供者的主观追求，因此，从侵权行为中"直接获利"应属信息存储空间和信息定位工具服务提供者构成替代侵权的主观过错。

3. "红旗规则"。上述第（c）款第（1）项第（A）目（ⅱ）对于网络服务提供者在没有意识到（not aware）那些事实或情形是明显（apparent）侵权的情况下提供了免责。相应的，如果侵权事实像一面鲜艳的红旗一样公然飘扬，而网络服务提供者仍然没有意识到，或者像一头鸵鸟一样将头埋在沙子里假装看不到，仍然保留这些侵权内容而不及时采取删除、屏蔽、断开链接等手段，则法律推定其"应当"意识到侵权行为存在，故不应免责。《DM-

---

[1] 17 USC 512（c）.

[2] 17 USC 512（d）.

[3] 当然，按照第512条是免责条款而非归责条款的原理，网络服务提供者不具备免责条件，还应考虑直接侵权是否成立、有无其他抗辩事由等因素，才能最终确定其是否承担替代侵权责任。

CA报告》将之称为"红旗规则（'red flag'test）"。[1]

关于"红旗规则"下网络服务提供者的过错认定规则，《DMCA报告》认为应当同时采取主观标准和客观标准，即在确定网络服务提供者是否意识到"危险信号"（"红旗"）时，应当确定网络服务提供者对于相关事实的主观意识；但是在判定这些事实是否构成"危险信号"时，应当采用客观标准，也就是侵权行为在相同或类似情况下对于从事活动的"理性人（reasonable person）"来说是否明显。[2]换句话说，版权人在主张网络服务提供者违反"红旗规则"而不能免责时，应当至少证明两点：一是网络用户的侵权行为，对于一个正常的理性人来讲，是明显如"红旗"的；二是网络服务提供者对于这一红旗般的侵权事实主观上知晓。

在英美法系一般侵权法上，过错的认定以"拟制的合理人（reasonable man）作为判断模式"。[3]从《DMCA报告》的解释来看，"红旗规则"在认定网络服务提供者过错的客观标准方面遵循了一般侵权法的"理性人"标准。同时，也与美国侵权法上帮助侵权过错认定规则中"有理由知道（have reason to know）"的规定是一致的。在美国侵权法上，帮助侵权人除了"实际知道（actual knowledge）"外，还可能因为"有理由知道"而承担帮助侵权责任。"有理由知道"是一种推定的知道（constructive knowledge），虽然帮助者并非实际知道，但根据客观事实，以一个正常的理性人标准来评判，应当完全可以认识到直接侵权人侵权行为的存在。[4]即在主观过错评价标准中引入了所谓"客观标准"。然而仔细推敲不难发现，"红旗规则"所确立的过错认定标准，虽然与一般侵权法的表述和基本构造有一定的契合性，但也存在明显的差异：一是侵权事实要像鲜艳的"红旗"一样迎风招展，才能确定网络服务提供者的过错，这实际上已经低于了一个正常的理性人的认识标准，正常理性人对于版权侵权事实的认识和评价，绝不可能是以"红旗"为原则的，第512条在这里显然是关照到了网络服务提供者面对海量信息的客观现实以及"不负

---

[1] Senate Report 105~190, 105th Congress, 2nd Session, p.44.
[2] Senate Report 105~190, 105th Congress, 2nd Session, p.44.
[3] 王泽鉴：《侵权行为》，北京大学出版社2009年版，第13页。
[4] Restatement (Second) of Torts, 12 (1965).

主动审查义务"的基础前提。二是"红旗规则"在采取客观标准时，仅仅强调了网络用户侵权事实是否明显这一唯一因素，而排除了其他可能导致推定网络服务提供者应当知道网络用户侵权行为的事实要素，实际上压缩了"有理由知道"的解释空间[1]，从而实现了减轻网络服务提供者版权侵权责任的目的[2]。

4. 不负主动审查义务规则。"红旗规则"与网络服务提供者不对网络中的版权侵权行为负主动审查义务的规则密切相关。第 512 条第（m）款"对隐私的保护"中规定，网络服务提供者不需要监视其服务或确定不疑地在标准技术措施监测程度之外寻找侵权事实。[3]但是，如果侵权行为明显如"红旗"，而网络服务提供者还不采取行动，则失去免责机会。DMCA 的基本立法目的是"限制"网络服务提供者的版权侵权责任，通过过错认定规则的设计对网络服务提供者的注意义务进行压缩是 DMCA 的重要特征。如果说"红旗规则"将网络服务提供者的注意义务从一般侵权法的"拟制的合理人""理性人"标准降低到了"红旗"标准，那么不负主动审查义务则从根本上为网络服务提供者提供了"避风港"。"这导致网络服务商在履行完有限的法定义务后，不再有积极性发现和预防第三方的版权侵权行为。"[4]这一规则也成为 DMCA 适用的基本前提。

值得一提的是，此后美国法院又在判例中结合"红旗规则"发展进一步解释了网络服务提供者不负主动审查义务的具体适用标准，即：即使网络服务提供者对用户的直接侵权行为有大致的了解，但如果对具体侵权行为没有认知，则也没有义务主动审查或采取措施降低侵权风险。在 YouTube 案[5]中，美国第二巡回上诉法院在二审中认可一审法院的观点：法定术语"对侵权内容的实际认知"和"侵权活动明显源自的事实"指的是"具体的可识别侵权的认知"。二审法院同时认为，"实际认知"与"红旗规则"下的认知的区别不是具体认知和概括认知的区别，而是主观标准和客观标准的区别。换

---

[1] R. Anthony Reese, supra note [37], p. 436.
[2] 崔国斌："网络服务商共同侵权制度之重塑"，载《法学研究》2013 年第 4 期。
[3] 17 USC 512（m）.
[4] 崔国斌："网络服务商共同侵权制度之重塑"，载《法学研究》2013 年第 4 期。
[5] Viacom Intern., Inc. v. YouTube, Inc., 676 F. 3d 19, (2d Cir. 2012).

言之，实际认知条款针对的是网络服务提供者是否实际上或"主观地"知道具体侵权行为；而"红旗规则"下的认知针对的是具体侵权行为是否"客观地"对一个理性人来说显而易见。二审法院还引用美国第九巡回上诉法院在UMG案[1]中的观点：拒绝采用认知要求的广义概念，而是认为"避风港"规则要求对特定侵权活动的具体认知。

美国法院的这一观点是符合第512条的立法初衷和规则体系的。第512条的基本逻辑是：①网络服务提供者不对用户的版权侵权行为负有主动审查义务，这种审查义务豁免不仅针对泛泛的复制、上传、公开发行、展示等行为（即豁免一般理性人，如出版商，应负的审查义务），而且针对可能存在侵权的一般性、不特定的侵权行为；除非，②其中的具体侵权行为已经如"红旗"般昭然若揭，这时网络服务提供者才有义务进行干预，否则可能承担间接侵权责任。如果要求网络服务提供者认知到不特定的侵权行为后就有义务进行审查识别和采取措施干预，则不仅会模糊其与一般行为审查豁免的区别标准，很难判断二者边界，而且会造成实际上架空"红旗规则"，最终与第512条内在逻辑体系产生抵触。因此，美国模式中的"不负主动审查义务规则"是绝对的、彻底的。

（四）特别义务条款

第512条规则体系中，除了与网络服务提供者版权直接、间接侵权有关的责任免除条款外，还存在一些基于其行为特性而设立的特别义务条款。这些条款本质上属于法律直接为网络服务提供者设定的特殊义务，违反这些条款并不必然与侵权行为有关或必然承担侵权责任，而有可能承担违反法定义务的某些法律责任。

1. 公开网络服务提供者的名称和联系方式。第512条第（c）款第（2）项"指定代理"要求网络服务提供者必须事先指定一名代理人接受侵权通知，并将该代理人的名字、地址、联系方式等在美国版权局备案，版权局应为公众提供可以查阅代理人的目录。这一规定适用于信息存储空间和信息定位工具服务两类网络服务提供者。《DMCA报告》对此指出，网络服务提供者公布

---

[1] UMG Recordings, Inc., v. Shelter Capital Partners LLC, 667 F. 3d 1022 (9th Cir. 2011).

第二章 网络直播平台著作权侵权制度的现行规范渊源——美国模式

的这些信息，是与网络服务提供者就涉嫌侵权的内容或活动进行沟通所需的。而版权登记册的目的是在国会图书馆的网站上保存一份指定代理人的目录以供公众查阅。网络服务提供者公布的信息应包含代理人的姓名、地址、电话号码和电子邮件地址等基本要素。[1]显然，这一法定义务的目的在于让权利人能够方便地与网络服务提供者进行联络，提交侵权通知，是"通知—删除"规则的客观前提。第512条并未对违反这一义务应当承担的责任进行明确规定。从法理上看，网络服务提供者如果没有公布上述信息，或公布的信息不真实、不准确，导致权利人无法发送通知，①明显不能以此认定网络服务提供者构成直接侵权；②也与直接侵权行为的成立无关；③但由此导致的"通知—删除"规则无法运行是客观存在的。因此，本书认为，网络服务提供者违反这一简单义务看似与侵权人实施侵权行为不存在因果关系，但对于侵权损害后果的扩大难辞其咎，网络服务提供者可以被推定为主观上放任侵权行为的实施，为直接侵权提供了实质性帮助，从而应当承担间接（帮助）侵权责任。

2. 披露网络用户的身份信息。第512条第（h）款规定了法庭"传票（Subpoena）"的程序和网络服务提供者的披露义务。通过这一程序，版权人可以向联邦法庭申请传票，要求网络服务提供者披露侵权用户的真实身份。根据《DMCA报告》的解释，版权人利用这一程序申请法院传票命令的前提是已经提交或将要提交符合第（c）款规定的通知。版权人在这一程序中可以向美国联邦地区法院提出申请，附上通知副本并宣誓获得的涉嫌侵权人（用户）的身份信息只会被用于保护版权人通知中的权利。法院的传票应授权并命令网络服务提供者迅速向版权人披露用户信息，但网络服务提供者披露的范围限于其实际掌握的资料范围，而并不要求网络服务提供者广泛地通过网络或其他系统进行搜集。为了使这项程序达到预期效果，法庭发布的应是能够迅速履行的具有行政执行性功能（a ministerial function）的命令。网络服务提供者收到传票命令后，应迅速向版权人提供而不论其是否已经对通知作出回应。[2]由于第512条并未对短暂传输和系统缓存服务提供者规定"通知—

---

[1] Senate Report 105~190, 105th Congress, 2nd Session, p.45.
[2] Senate Report 105~190, 105th Congress, 2nd Session, p.51.

删除"规则,而版权人申请法院披露令的前提是"已经提交或将要提交符合第(c)款规定的通知",因此从体系解释及美国法院判例来看,披露用户身份信息的义务并不适用于短暂传输和系统缓存服务两类网络服务提供者。也即,即使版权人发现这两类服务中存在侵权内容,也无权申请法院颁发披露令。此外,网络服务提供者违反这一义务显然与违反法院传票命令产生的法律责任有关,而非版权侵权引起的直接侵权责任或间接侵权责任。

3. 停止向反复侵权者提供服务和不得妨碍技术措施。与前两项法定特别义务条款不同,停止向反复侵权者提供服务的义务和不得妨碍技术措施的义务是所有网络服务提供者都必须遵守,且获得免责的前提要求、门槛资格和通用条件,只有符合这两个条件,网络服务提供者才有可能进入"避风港"。第512条第(i)款直接使用"资格条件(Conditions for Eligibility)"这一标题术语并在该款中对这两项义务一并规定。该款要求网络服务提供者:①应当采取并合理执行相应政策以冻结多次侵权用户的账号,防止重复侵权;②必须适应并不得妨碍版权人的"标准技术措施(standard technical measures)",其中"标准技术措施"是指版权人用以识别和保护作品的技术措施。

关于停止向反复侵权者提供服务,立法者认识到,网络版权侵权从无意到有意,从非商业性到商业性程度有所不同,因此立法者不希望停止向反复侵权者提供服务的义务条款使网络服务提供者必须进行主动调查、监控,从而破坏第(m)款不负审查义务的规定和第(c)款对于过错标准的界定。但对于那些惯于不尊重他人知识产权,反复、公然滥用网络访问权的侵权者,应该让他们知道丧失访问权的风险是现实存在的。

关于不得妨碍技术措施义务,立法者要求网络服务提供者必须适应(而非干扰)版权人用于识别或保护作品的标准技术措施。在网络时代,技术可能是版权人和网络服务提供者面临的许多问题的解决方案。为此,立法者呼吁并强烈敦促受影响的各方迅速开始行业间自愿的技术标准协调商讨,形成最佳技术解决方案。[1]此外,第(i)款第(2)项还对"标准技术措施"进行了定义:指版权人使用的以确认和保护作品的技术措施,这些措施是

---

[1] Senate Report 105~190, 105th Congress, 2nd Session, p.52.

第二章　网络直播平台著作权侵权制度的现行规范渊源——美国模式

根据版权人和网络服务提供者在公开、公平、自愿、跨行业协商基础上达成广泛共识而制定的。所有人都可以以合理、非歧视性的条件获得和使用，同时网络服务提供者无需负担潜在的费用且不会对其系统或网络造成巨大负担。[1]

需要指出的是，DMCA只保护"有效"的技术措施[2]。此外，第512条是对网络服务提供者版权侵权责任的限制条款，关于保护技术措施的具体要求是由DMCA通过第一部分"WCT和WPPT实施法案"进行规定的，并将其作为《美国法典》第17编新增的第12章"版权保护和管理系统"进行系统规范。

三、美国模式下网络直播平台版权侵权的司法实践

以DMCA确立的"避风港"规则为代表的网络服务提供者版权侵权制度美国模式诞生于1998年，彼时互联网产业刚刚开始蓬勃发展，DMCA关注的重点在于大容量的文件存储空间、承载大量音视频内容的媒体平台以及搜索链接网站等，以视频为主要形式的网络直播大多不涉及版权问题，如记录生活场景等，故网络直播及网络直播平台并未进入DMCA的视野。然而随着近年来网络直播产业的迅猛发展，用户通过网络直播平台进行的直播活动越来越多地涉及版权保护的内容，包括但不限于音乐、体育赛事节目、电影等，版权人、法律人士和相关产业界均对此提出疑问，即在版权法下，网络直播平台对于用户直播中产生的版权侵权行为应当如何处理？概括起来主要有以下三个具体问题：一是网络直播是否适用DMCA的"避风港"规则？二是网络直播平台的法律性质是什么，也即是否属于"避风港"规则中的四类网络服务提供者及属于哪一类？三是如果将网络直播平台认定为信息存储空间，是否适用及如何适用"通知—删除"规则？近年来涉及网络直播平台版权侵权的案例逐渐浮出水面，美国法院在"Square Ring"案中对此作出了初步回应。

---

[1] DMCA, pp. 9~10.
[2] 王迁：《版权法对技术措施的保护与规制研究》，中国人民大学出版社2018年版，第75页。

（一）Square Ring 案[1]

Square Ring 案被认为可能是美国最早的网络直播平台版权侵权案件，由美国特拉华州联邦地区法院就该案即决判决动议于 2015 年作出判决。原告 Square Ring 于 2009 年 7 月 30 日向法院起诉被告，称被告经营的网站 UStream 在 2009 年 3 月 21 日传播了一段由 Square Ring 享有版权的拳击和综合格斗节目，且在 Square Ring 发出通知后，UStream 没有立即删除或禁止对该直播的访问。Square Ring 同时对被告提出了版权直接侵权、版权帮助侵权、版权替代侵权、版权引诱侵权、商标直接侵权、商标帮助侵权、商标替代侵权、商标引诱侵权等八项指控。2013 年 7 月 13 日，UStream 向法院提出了一项不侵权的即决判决动议，寻求援引 DMCA 确立的"避风港"规则为自己免责。法院对该动议作出了判决。

1. 当事人背景。Square Ring 是一家总部位于佛罗里达州和特拉华州的拳击推广公司，由拳击手 Roy Jones Jr. 控股。Square Ring 从拳击手那里获得拳击比赛的相关传播权利，以推广拳击运动，包括向公众出售门票，授权电视台以按次付费的方式向家庭购买者发行，以及以封闭的方式向酒吧和饭店发行，以便在公共场所进行商业性展示。Square Ring 是 2009 年 3 月 21 日拳击和综合格斗比赛节目的完整版权人，播放了 Roy Jones Jr. 与 Omar Sheika 的比赛，包括所有场下比赛等（"涉案节目"）。

UStream 是特拉华州一家声称为 UGC（用户生产内容）性质的直播网站，全世界数百万人通过其网站和服务自由浏览和分享新闻、政治、音乐、娱乐、教育和个人活动等内容。UStream 用户每月直播量约为 1 488 554 次，录制 429 157 次。网站用户须进行注册才可以进行直播和分享，并通过电子邮件地址、用户名和密码登录网站。UStream 的服务条款中明确禁止用户传输、路由、提供链接或存储任何侵犯版权或其他任何知识产权的内容。UStream 进一步告知用户，其有权采取相应政策，在适当的情况下终止用户反复侵权行为或被认为是侵犯版权的行为。同时，UStream 会在用户直播之前提醒用户其"零容忍政策"，违反该政策可能会遭到暂停服务或永久禁用的处罚。UStream 的上述

---

[1] Square Ring, Inc. v. Doe, No. CV 09-563 (GMS), 2015 WL 307840 (D. Del. Jan. 23, 2015).

第二章 网络直播平台著作权侵权制度的现行规范渊源——美国模式

政策在涉案节目播出前就已颁布。

UStream 的版权政策在其网站上可以公开访问。版权政策告知版权人可以根据 DMCA，通过电子邮件向 UStream 指定的代理人发送侵权通知。版权人的侵权通知应包含受版权保护的作品清单并指明涉嫌侵权内容的网址。UStream 自 2008 年以来设立了内容监控团队，积极监测和回复侵权通知。监控团队会依据 DMCA 要求审查侵权通知有效性并要求投诉人进行补正。同时，监控团队还将跟踪和记录每一起投诉，包括侵权频道的名称和链接、用户 ID、UStream 删除时间、直播的时长、观众数量及删除原因。

2. Square Ring 的侵权通知与 UStream 的回应。由于担心涉案节目可能会遭到网络盗播，Square Ring 于 2009 年 3 月 17 日向 UStream 发送了第一份侵权通知，该通知要求 3 月 21 日涉案节目播出之前，UStream 应采取措施禁止所有用户访问该节目的直播，或者为 Square Ring 提供删除工具或适当人员，以便 Square Ring "立即通知"后，UStream 能够立刻删除对涉案节目未经许可的直播。UStream 的监控团队当天对此回复要求 Square Ring 提供特定频道信息或频道 URL[1]，以便监控团队准确识别视频流的位置。

2009 年 3 月 18 日，Square Ring 第二次发送通知，重申了上述请求并进一步要求 UStream 向其提供一个工具，供其同步管理 UStream 网站上的侵权内容，或者能在 3 月 21 日立即联系到 UStream 的联系人，以确保所有侵权内容能迅速被删除。随后，Square Ring 第三次通过电子邮件发送侵权通知，再次重申，UStream 如果不采取行动将导致其丧失"避风港"规则的保护。UStream 监控团队收到邮件后对其网站进行了全面、有针对性地关键字搜索，并回复 Square Ring 他们已经"迅速删除或禁用了相关内容"。

2009 年 3 月 20 日，Square Ring 发送了主题为"第四次侵权通知"的邮件，该邮件同样未提供具体 URL 或频道标识。该邮件警告，UStream 没有对 Square Ring 的要求做出任何回应，即要么向 Square Ring 提供一个"删除工具"，要么提供能够同步删除侵权内容的适当联系人。

2009 年 3 月 21 日，Square Ring 的第三方代理机构向 UStream 发送了通

---

[1] URL：Uniform Resource Locator，统一资源定位系统，因特网的万维网服务程序上用于指定信息位置的表示方法。

知,提供了当天盗播涉案节目的三个流媒体地址。UStream 承认这些通知符合 DMCA 规定,于 2009 年 3 月 23 日关闭了 3 月 21 日盗播的三个频道并告知 Square Ring 网站上仍然可以看到的三个侵权频道的相关内容也已被删除。

3. 法院观点。关于即决判决动议,UStream 认为其符合 DMCA "避风港"规则的门槛资格和具体要求,没有真正的实质性事实问题。而 Square Ring 则认为 UStream 没有按照 DMCA 要求迅速采取行动删除侵权内容,Square Ring 的侵权通知已提供了符合"红旗规则"对侵权内容的认知,而 UStream 却故意视而不见。对此,法院进行了讨论:

(1) 法院首先对 DMCA 确立的"避风港"规则进行了分析解读。

(2) 针对"避风港"规则是否适用于网络直播法院发表了观点。Square Ring 主张,"避风港"规则对网络服务提供者的责任豁免不应延伸至体育节目直播,即不适用于网络直播,因为国会从来没有打算让 UStream 这样的流媒体直播网站被"避风港"规则保护覆盖。国会在 1998 年制定 DMCA 的时候,网络直播体育赛事节目的流媒体甚至尚无可能。而法院认为,Square Ring 没有举证证明这一主张,同时 UStream 则提供了许多发生在 1998 年以前的网络直播事例,故法院不相信国会有意将网络直播排除在"避风港"规则保护之外。

(3) 法院分析了进入 DMCA"避风港"规则的门槛资格,即应符合上文提到的第 512 条第(k)款"定义"第(1)项第(B)目关于"网络服务提供者"的定义,以及符合第(i)款"资格条件"中停止向反复侵权者提供服务和不得妨碍技术措施两项条件。关于第一方面,法院认为,出于"避风港"规则的立法目的,网络服务提供者被定义为"在线服务或网络访问的提供者,或为在线服务、网络访问提供设施的运营商",这一定义涵盖了各种各样的互联网活动。与各类 ISP 类似,UStream 提供了一个网站,允许用户对其生成的视频内容进行流媒体直播、分享和评论,故其作为"网络服务提供者"的资格不存在实质性事实问题。关于第二方面,法院指出,如果网络服务提供者制定了相关政策,能够在适当情形下终止向反复侵权者提供服务,就满足了第(i)款第(1)项第(A)目的要求,而 UStream 拥有强大的知识产权保护政策,为版权人提供侵权投诉指引,能积极采取措施处理其网站中的侵权内容,并尽力阻止未经许可的作品进入其网站,故符合该项资格要求。同时,

第二章 网络直播平台著作权侵权制度的现行规范渊源——美国模式

Square Ring 没有提供任何证据证明 UStream 试图隐藏、删除或抑制其识别涉案节目的能力。相反，事实证明 Square Ring 的监控人员能够很容易地在直播当天识别出三个涉嫌侵权的频道名称和 URL，且 Square Ring 在诉状中自认其标识出现在屏幕上，因此 UStream 也符合第（i）款第（2）项不得妨碍技术措施的资格条件。综上，法院认为 UStream 满足进入"避风港"规则的门槛资格。

（4）确认 UStream 的门槛资格后，法院进一步分析了"避风港"规则的具体要求。UStream 主张其有权根据第 512 条第（c）款获得"避风港"规则保护，即适用关于信息存储空间的免责规则。法院对该款的适用条件进行了逐一分析。首先，法院援引 UMG 案[1]认为，根据 DMCA，网络服务提供者不负主动审查和监控义务，如果网络服务提供者对并不特定的侵权内容没有认知，且未采取删除措施，则不应丧失"避风港"规则的保护。其次，法院指出，根据第（c）款第（1）项第（A）目（i）和（ii），确定 UStream 对明显的侵权事实或情形是否具有"实际认知"，要考虑与具体作品有关的侵权通知，而通知还须符合 DMCA 的要求。如果网络服务提供者意识到侵权事实发生的可能性很高，却未有意识地避免其发生，则该网络服务提供者属于对侵权行为故意视而不见，可能丧失"避风港"规则保护。本案中涉及"事前通知"的效力判断，以及在此前提下 UStream 是否违反"红旗规则"的认定，属于实质性事实问题，应当留给实体审判。再次，UStream 主张 Square Ring 此前的四次侵权通知均存在缺陷，不符合 DMCA 要求。而法院认为，很明显，在 3 月 21 日涉案节目播出之前，Square Ring 没有能力提供符合 DMCA 的通知。对此，Square Ring 援引了《美国版权法》第 4 章"版权标记、样品交存和注册"第 411 条"注册和民事侵权诉讼"第（c）款——"若一个作品包含声音或图像，或由二者共同构成，且在播送的同时被首次录制，则版权人可在录制以前或以后……提出侵权诉讼，只要版权人在此种录制前不少于 48 小时向侵权人发出通知，指明作品及第一次播送的具体时间和来源，并宣布有意取得该作品的版权以及在作品第一次播送后三个月内进行注册"。[2]

---

[1] UMG Recordings, Inc., v. Shelter Capital Partners LLC, 667 F. 3d 1022 (9th Cir. 2011).
[2] 17 USC 411 (c).

最后，Square Ring 主张，关于 UStream 是否"迅速"采取了行动，存在实质性事实争议。对此，法院认为上述情况完全没有法律先例，不准备就 UStream 是否按照"避风港"规则"迅速"采取了行动作出事实判断。

（5）鉴于以上分析，法院认为本案存在重大事实问题，需要进行实体审判，故否决了 UStream 的即决判决动议。

（二）Square Ring 案法院回答和遗留的问题

Square Ring 案中，法院针对 DMCA "避风港"规则对于网络直播的适用性问题，通过裁判说理初步做了回应。同时，由于本判决属于对即决判决动议的裁判，并未进行实体审理（且截至本书终稿尚未查询到实体判决），所以对某些重要问题的司法认定有所遗留：

1. 网络直播是否适用 DMCA 的"避风港"规则。法院明确拒绝了 Square Ring 关于"避风港"规则不应延伸至网络直播的主张，一方面是因为 Square Ring 未能提供证据证明国会立法时未将网络直播纳入"避风港"规则，从而排除网络直播平台获得责任豁免；另一方面，UStream 举证证明在 1998 年国会立法前，实践中已出现网络直播活动，而这种传播方式和商业模式立法者不可能不知晓，既然国会未明确将网络直播排除出"避风港"规则，则应推定"避风港"规则适用于网络直播，网络直播平台有权获得"避风港"规则保护。法院在这一问题上实际是采用了历史解释和扩大解释的方法，考察 DMCA 制定时的历史事实和技术环境，确定"避风港"规则的适用范围。然而，对这一问题的争论恰恰也反映出美国模式的历史局限性和立法滞后性，即不仅只适用于网络版权侵权领域，而且即使在网络版权领域，由于传播技术和商业模式的日新月异，美国模式的适用范围和解释空间也受限（试想，如果网络直播出现在 DMCA 之后，此时法院将如何认定其是否适用"避风港"规则）。关于美国模式的这一局限性，后文将进一步分析。

2. 关于网络直播平台的法律性质。就这一问题，Square Ring 案法院通过分析第 512 条关于"网络服务提供者"的定义，认定网络直播平台属于网络服务提供者，符合进入"避风港"的资格门槛。然而，法院却未进一步分析网络直播平台具体属于"避风港"规则中四类网络服务提供者的哪一类。从法院分析"避风港"规则具体要求的部分看，由于 UStream 主张其有权适用第 512 条

第二章　网络直播平台著作权侵权制度的现行规范渊源——美国模式

第（c）款关于信息存储空间的免责规则获得"避风港"规则保护，法院亦照此思路按照第（c）款的条文进行讨论，似乎法院认为UStream这样的网络直播平台属于信息存储空间。但从具体说理来看，法院主要着眼点在于"红旗规则"和通知的有效性，并未对UStream的法律性质、法律地位进行明确分析，且由于法院发现在"红旗规则"和通知有效性的问题上存在实质性事实问题需要实体审理，最终并未作出结论。综合来看，Square Ring案中关于网络直播平台法律性质的认定十分粗浅和形式主义，并未实质性回应这一问题。对此，美国业内人士有观点认为，网络直播平台可能属于第一类网络服务提供者，即"临时数字网络传输"服务提供者，适用第512条第（a）款，可能被认定为第三类信息存储空间，适用第512条第（c）款。"如果网络直播平台事后不存储视频（缓存除外），那么第（a）款更可能适用，因为它涉及临时数字网络传输。但是如果网络直播平台存储用户流媒体的视频，那么第（c）款可能适用，该部分覆盖了网络服务提供者的网络或系统中基于用户指示产生的信息。"[1]

3. 关于"通知—删除"规则对于网络直播平台的适用性。很遗憾，由于未进入实体审理，Square Ring案法院并未对此作出分析和结论。然而，本案中这一问题实际上已经初步显现出来，具体体现在对Square Ring四次"事前通知"的有效性，以及UStream对于3月21日直播当天Square Ring发出的侵权通知的处理是否"迅速"问题的争论上。事实上，这两个问题的争论本质反映的正是"通知—删除"规则能否适用于网络直播平台。应该说，由于网络直播的即时性特点（不考虑事后存储和点播），"通知—删除"规则与网络直播的矛盾性是固有和必然的。"避风港"规则要求，网络服务提供者收到权利人侵权通知后应"迅速"采取行动（删除或断开链接），在美国判例中，关于"迅速"的司法认定从当天到几周内不等。[2]而网络直播只有直播当时

---

〔1〕 Simon J. Frankel, Ethan Forrest and Virginia Scholtes: How Does Livestreaming Video Fit into the DMCA's Safe Harbor? Bloomberg Law, September 19, 2015, https://news.bloomberglaw.com/tech-and-telecom-law/how-does-livestreaming-video-fit-into-the-dmcas-safe-harbor, 访问时间：2021年9月15日。

〔2〕 Capitol Records, LLC v. Vimeo, LLC, 972 F. Supp. 2d 500, 536 (S. D. N. Y. 2013) (18 ECLR 2621, 9/25/13); Wolk v. Kodak Imaging Network, Inc, 840 F. Supp. 2d 724, 733, 747 (S. D. N. Y. 2012) (17 ECLR 74, 1/11/12), aff'd sub nom. Wolk v. Photobucket.com, Inc., 569 F. App'x 51 (2d Cir. 2014) (19 ECLR 804, 6/25/14).

能够呈现，直播信号是流动的（正所谓"流媒体"），一经而过之后就不存在了。这意味着网络直播平台只能在直播同时采取行动，否则就失去了意义。此外，某些用户可以随时切换内容，对此网络直播平台能够采取的行动要么是寻求使用实时技术来阻断直播流，要么就是禁止用户直播任何内容甚至关闭账号。前者从技术上可能很难实现，后者则过于严厉。[1]为了应对这一局面，权利人往往只能通过类似 Square Ring 案中"事前通知""预警函"等方式向网络直播平台发出（形式上的）"通知"，而这种通知往往欠缺涉嫌侵权的内容且指向不明，存在有效性争议。

小　结

传统著作权侵权行为采用直接侵权、间接侵权二分法。著作权法为权利人划定了比较清晰的权利范围，除权利人以外的一切不特定的人，只要未经著作权人许可，且不具有合理使用、法定许可等抗辩事由，实施了受专有权利控制的行为，即构成对著作权人的直接侵权。著作权直接侵权的归责原则为无过错原则（严格责任），行为人存在过错的应承担损害赔偿责任。著作权间接侵权是指行为人虽然并未直接实施落入权利人专有权利控制范围的行为，但因其为直接侵权行为提供帮助或诱因，或基于行为人与直接侵权行为之间存在某种特定关系，且行为人具有主观过错，也可被法律评价为侵权行为。著作权间接侵权采用过错责任原则。在美国法上，间接侵权传统上由"帮助侵权"和"引诱侵权"两种类型构成，而判例法将原先只规制雇主责任的替代责任改造到版权法上，并逐渐确立了版权法上的替代责任（替代侵权）规则。在美国版权法上，间接侵权的成立通常需要三个要件：一是须以直接侵权成立为前提；二是存在主观过错；三是行为人对直接侵权行为提供了实质性帮助或诱因。上述理论为美国模式的形成提供了理论渊源和制度底色。进入网络时代后，网络著作权侵权较之传统著作权侵权发生了重大变化，网络

---

〔1〕 Simon J. Frankel, Ethan Forrest and Virginia Scholtes：How Does Livestreaming Video Fit into the DMCA's Safe Harbor? Bloomberg Law, September 19, 2015, https：//news.bloomberglaw.com/tech-and-telecom-law/how-does-livestreaming-video-fit-into-the-dmcas-safe-harbor, 访问时间：2021年9月15日。

第二章 网络直播平台著作权侵权制度的现行规范渊源——美国模式

服务提供者作为关键变量，在著作权侵权活动中处于中心环节，围绕其建立网络环境下的著作权间接侵权制度具有来自实践呼唤的坚实理论支撑。美国模式正是基于上述理论基础构建起来的。

美国模式的形成有其国际国内背景。国际方面，世界知识产权组织于1996年制定了WCT和WPPT，作为《伯尔尼公约》和《罗马公约》在数字时代的延续和发展。WCT创立了"向公众传播权"，将网络传播纳入著作权保护范围，但对于网络服务提供者著作权侵权制度却选择了模糊处理和留白，将相关制度的确立留给了各缔约国国内法。世界知识产权组织对WCT的官方解释则对此提出了四项原则性建议，试图在著作权人和网络服务提供者之间艰难地寻找某种利益平衡模式，这包括：其一，明确"仅仅为促成或进行传播提供实物设施"不构成传播，也即单纯提供技术服务的网络服务提供者不可能构成著作权直接侵权。其二，将网络服务提供者免责条款的制定权留给各缔约方国内法，由其根据自身实际予以确定。其三，对各缔约方国内法可能涉及的网络服务提供者著作权侵权免责条款的制定原则进行宏观和指导性要求，特别是要求促进著作权人与网络服务提供者合作，建立迅速移除侵权资料及锁定侵权人的规则。国内方面，20世纪90年代美国是全球信息技术和互联网产业的发源地和中心，随着"信息高速公路"计划的实施，美国在世界互联网发展领域处于领军位置。在网络版权保护方面，美国政府于1995年公布《白皮书》，将网络服务提供者视为电子出版者，认为其应对网络版权侵权承担严格责任。判例法方面，当时美国各地法院对于网络服务提供者版权侵权责任的认定规则和裁判观点呈现两极分化。其中，Frena案、Webbworld案、Sega案等司法判例未区分直接侵权与间接侵权，既不考虑落入版权人专有权利控制范围的行为究竟由谁实施，也不考虑网络服务提供者对侵权行为是否存在过错，而概以严格责任论之，认定为直接侵权。而Netcom案、Hardenburgh案等判例则对此作出相反的认定，正确区分直接侵权和间接侵权，认为网络服务提供者对于其服务中用户的侵权行为，只可能构成间接侵权，排除了直接侵权。错误的政策导向和判例冲突呼唤从立法层面确立和统一网络服务提供者版权侵权制度。

作为美国模式制度载体的DMCA由美国国会于1998年制定。DMCA共分五个部分，其中第二部分"网络版权侵权责任限制法案"作为新增的第512条纳入《美国版权法》。第512条是DMCA最重要且影响最为深远的条款，明确了四类网络服务提供者（短暂传输、系统缓存、信息存储空间、信息定位工具）在版权侵权行为中的责任限制。第512条由（a）到（n）共14个条款组成，不仅有针对四类网络服务提供者责任免除的具体、区别性规则，也包括门槛资格、限制范围、定义等共通性规则，上述规则共同构成了被称为"避风港"规则的网络服务提供者版权侵权制度美国模式。

美国模式的制度机理是由"避风港"规则中若干具体规则及其相互关系构成的，其中具有代表性并发挥关键作用的是"通知—删除"规则、免责排除（过错认定）规则和特别义务条款。

"通知—删除"规则开创性地通过技术性安排，引导版权人发现侵权内容并通知网络服务提供者，如果网络服务提供者在收到合格、有效通知后，未进行删除、屏蔽访问或断开链接，则推定其知晓且放任侵权行为，无异于为直接侵权行为提供了实质性帮助，从而与传统版权间接侵权理论相契合。"通知—删除"规则有其程序要件，即合格、有效"通知"成立的法定要求是版权人在通知中列明主张权利的作品，指出涉嫌侵权内容的准确位置（包括网络链接），足以使网络服务提供者能够找到涉嫌侵权内容的准确位置，此外版权人还应提供其联系方式。如果违反法定要求，将产生"实质性违反"和"非实质性违反"不同的法律后果。从效力上看，"通知—删除"规则乃至第512条都只具有免责效力，而不具有归责效力。在网络服务提供者事先不知道侵权事实、侵权事实不明显的情况下，如果版权人向网络服务提供者发送了合格、有效通知，网络服务提供者又及时进行了删除、屏蔽访问或断开链接，则法律认为网络服务提供者对于侵权行为不存在主观过错，无需承担帮助侵权责任。但如果网络服务提供者未采取上述行动，则并不必然认定其存在主观过错、应当承担帮助侵权责任。

第512条只是从归责原则角度免除了网络服务提供者的严格责任，相应的，网络服务提供者的版权侵权责任应以过错责任为原则。在第512条构筑的"避风港"规则下，网络服务提供者只有不存在"过错"，才可以进入"避风港"，享受免责。第512条并未明文采用传统侵权法上"故意""过失"

第二章　网络直播平台著作权侵权制度的现行规范渊源——美国模式

的抽象分类标准，而是选择了一种直接描述行为方式的立法技术，从四类网络服务提供者"获得免责"的条件角度进行规范。由于"免责条件"杂糅了主观因素与非主观因素（如身份因素），因此从反面理解，网络服务提供者如果未符合"免责"条件中的主观因素条件，则可认为存在"主观过错"。在推定网络服务提供者主观过错方面，第512条创立了"红旗规则"，即如果侵权事实像一面鲜艳的红旗一样公然飘扬，而网络服务提供者仍然没有意识到，或者视而不见，仍然未采取相应行动，则法律推定其"应当"意识到侵权行为存在，故不应免责。"红旗规则"在过错认定标准上低于传统侵权法"理性人"标准，显著减轻了网络服务提供者的责任负担。第512条同时规定了网络服务提供者对版权侵权行为不负主动审查、监控义务，判例进一步发展和解释为：即使网络服务提供者对用户的直接侵权行为有大致的了解，但如果对具体侵权行为没有认知，则也没有义务主动审查或采取措施降低侵权风险。可见，美国模式中的"不负主动审查义务规则"是绝对的、彻底的。

第512条规则体系中，除免责条款外，还存在一些基于其行为特性而设立的特别义务条款，包括公开网络服务提供者的名称和联系方式、披露网络用户的身份信息、停止向反复侵权者提供服务和不得妨碍技术措施。其中，停止向反复侵权者提供服务和不得妨碍技术措施是所有网络服务提供者都必须遵守，且获得免责的前提要求、门槛资格和通用条件。上述条款本质上属于法律直接为网络服务提供者设定的特殊义务，违反这些条款并不必然与侵权行为有关或必然承担侵权责任，而有可能承担违反法定义务的某些法律责任。

Square Ring案是美国模式下网络直播平台版权侵权的司法实践典型案例，被认为可能是美国最早的网络直播平台版权侵权案件。该案中，法院认为网络直播适用DMCA"避风港"规则，认定网络直播平台属于网络服务提供者，符合进入"避风港"的资格门槛。然而由于该案属于对即决判决动议的裁决，法院并未进一步分析网络直播平台具体属于四类网络服务提供者的哪一类。同时，对于"事前通知"是否属于合格、有效通知，网络直播平台在直播进行过程中收到通知后处理是否"迅速"和及时，乃至"通知—删除"规则是否适用于网络直播平台均未给出明确结论。

第三章 网络直播平台著作权侵权制度的本土规范基础——中国模式

以 DMCA 为制度载体的网络服务提供者版权侵权制度美国模式对世界各国立法产生了深远影响。DMCA 的核心是通过一系列制度设计，为符合条件的单纯提供技术服务的网络服务提供者免除赔偿责任，从而减轻和限制网络服务提供者的版权侵权责任，被称为网络服务提供者的"避风港"。中国对于网络服务提供者侵权责任的规制起步较晚，同样深受美国模式影响。同时，在适应中国法治传统、传播技术和互联网产业发展、司法实践等基础上，逐渐形成和发展出具有中国特色的制度模式。

本书探讨的网络直播平台是一类特殊的网络服务提供者，其从外观上看，与传统信息网络传播权保护中的"信息存储空间"服务提供者十分类似，但行为模式又具有特殊性；此外，网络直播平台作为一类网络平台，其主要涉及的网络直播行为与信息网络传播行为在著作权法意义上也有着本质区别。在中国现行法律规范体系下，网络直播平台著作权侵权制度缺乏独立性，依附于网络服务提供者侵权制度一般规则。因此，研究网络直播平台著作权侵权制度，须对其本土规范基础——中国模式的形成和发展、理论建构和规则体系以及司法实践影响进行重点分析，把握中国模式的发展脉络、制度机理和适用规则。这是准确考察和评价网络直播平台著作权侵权制度在中国运行现状的理论基础。

第二章　网络直播平台著作权侵权制度的本土规范基础——中国模式

第一节　立法上的移植和发展

一、早期立法

（一）产业背景与法治实践背景

中国的《著作权法》制定于1990年，彼时，"互联网""网络"等词汇在中国还不为大多数国人所知。"当时在我国还没有出现计算机网络，因此法律中不可能规定作者的网络传播权，整部法律中也没有出现'网络'二字。"[1]20世纪90年代中期开始，互联网产业在中国发展起来。1995年，当时的邮电部与美国商务部签署了中美关于国际互联网的协议，中国开始了公用互联网（CHINANET）的建设。随之而来的是嗅觉敏锐的商业资本对互联网产业的青睐，以新浪、搜狐、网易等三大门户网站为代表的各类网站如雨后春笋般建立起来。1997年7月，中华网作为第一家在美国纳斯达克上市的中国互联网企业受到广泛关注。到2000年，三大门户网站也相继在纳斯达克上市。此外，以易趣为代表的C2C、以卓越、当当、贝塔斯曼为代表的B2C和以阿里巴巴、美商网为代表的B2B等三大电子商务模式也逐渐发展起来。[2]

世纪之交的2000年前后，由于《著作权法》对网络传播行为的立法空白，伴随着中国互联网产业快速发展的是网络盗版的盛行和网络著作权保护的无序。1999年，中国出现了第一例网络环境下的著作权侵权纠纷案。王蒙、张洁、毕淑敏、张抗抗、刘震云和张承志等六位著名作家，因其分别创作的《坚硬的稀粥》等六部作品被一家网站开设的"小说一族"栏目私自刊载和传播，分别将网站经营者世纪互联通讯技术有限公司告上法庭。北京市海淀区人民法院一审认为，王蒙等六位作家系涉案作品的著作权人，任何人无法定事由未经其许可而使用，就构成侵权。当时的《著作权法》第10条第5项明定的作品使用方式中并未排除其他使用方式。通过网络传播作品与法律明

---

[1] 宋木文："我与中国版权立法、修法二十年"，载刘春田主编：《中华人民共和国著作权法三十年》，知识产权出版社2021年版，第43页。

[2] 宋红梅等："中国互联网产业20年发展轨迹研究"，载《中国广播电视学刊》2014年第9期。

确规定的使用方式虽有区别，但实质上都是向公众传播。这种传播方式上的差异不妨碍权利人的专有权利。被告作为网络内容服务提供者通过网络传播权利人作品属于侵权行为。[1]北京市第一中级人民法院二审认为，通过网络传播作品亦应受著作权法规制，如果权利人对在网络环境下传播作品无权限制，则架空了著作权法。被告委托他人对涉案小说进行了编辑整理，而被告作为网络内容服务提供者，对是否上传这一作品拥有决定权，而其并未尽到注意义务，具有主观过错。而被告网站上的免责告示并不能作为其免责的依据。遂判决驳回上诉，维持原判。[2]该案的意义不仅在于两级法院在著作权法立法缺位的情况下变通地为作者提供了司法保护，还在于对网络环境下的著作权保护的顶层制度设计提出了强烈的呼唤。

（二）立法情况

2000年11月，为了弥补立法空白，最高人民法院颁布了《网络著作权司法解释》[3]，首次从司法解释层面对网络环境下著作权保护一系列问题进行了明确。该解释2000年版本虽然只有10条，但亮点颇多：一是明确了各类作品的数字化形式属于著作权法保护的作品，同时对网络环境下的作品类型进行了开放式规定，即网络环境下无法归于著作权法第三条列举的作品范围但符合著作权法对于作品定义的，法院都予以保护。[4]二是明确了著作权法对于作品使用方式的规定（具体权项）都适用于数字化作品，且采用了WCT的术语，规定作品通过网络"向公众传播"，属于著作权法规定的作品使用方式，受法律保护。[5]三是明确使用了"网络服务提供者"这一概念术语，并对网络服务提供者著作权侵权行为的形态做了规定，即网络服务提供者通过网络"参与"或者"教唆""帮助"他人实施著作权侵权行为的，应追究其与"其他行为人"或者"直接实施侵权行为人"的"共同侵权责任"。[6]这

---

[1] 北京市海淀区人民法院（1999）海知初字第57号民事判决书。
[2] 北京市第一中级人民法院（1999）一中知终字第185号民事判决书。
[3] 该解释于2003年和2006年进行过两次修改，考虑研究逻辑，本书以该解释2000年最初文本为讨论对象。
[4] 《网络著作权司法解释》第2条第1款。
[5] 《网络著作权司法解释》第2条第2款，该款于2003年修改时被删去。
[6] 《网络著作权司法解释》第4条。

第三章　网络直播平台著作权侵权制度的本土规范基础——中国模式

相当于明确了网络服务提供者参与侵权行为的，属于共同侵权中的直接侵权；网络服务提供者"教唆""帮助"直接侵权人的，属于共同侵权中的间接侵权。该解释首次将网络服务提供者著作权侵权责任纳入了传统民法侵权法的责任体系，并事实上区分了直接侵权和间接侵权。四是从司法解释层面首次引入了"警告—移除"规则，这包括：①提供内容服务的网络服务提供者，明知网络用户实施著作权侵权行为，或者经著作权人提出"确有证据"的警告仍不采取移除侵权内容等措施"以消除侵权后果"的，应与该用户承担共同侵权责任。[1]著作权人的警告应包含身份证明、权属证明及侵权情况证明。[2]②规定了网络服务提供者有向著作权人提供侵权行为人在其网络的注册资料的义务，如网络服务提供者无正当理由拒绝提供，应负"相应的"侵权责任[3]，该解释在此处援引的是《民法通则》第106条一般侵权责任，而非上述共同侵权责任（《民法通则》第130条），意在明确此时网络服务提供者只是根据其过错承担相应责任而非与网络用户承担连带责任。③网络服务提供者因著作权人警告而对侵权内容采取移除等措施的，不对网络用户承担违约责任，著作权人指控不实造成网络用户损失的，由著作权人承担赔偿责任。[4]五是确立了网络著作权领域的诉中行为保全（禁令）制度。[5]六是确立了网络著作权侵权赔偿计算方法和标准，并明确了500元至50万元的法定赔偿额度区间。[6]

该解释虽然在后来的实践中被反复检讨和批评，但在当时的历史条件下仍然称得上是重大进步，其中最大亮点无疑是对美国模式的初步引入，即"警告—移除"规则的初步建立，这也成为日后系统化的"通知—删除"规则的前身，并为多年后中国模式的形成提供了有益探索。仔细考察该解释中"警告—移除"规则不难发现以下特点：一是其规定的主体为"提供内容服务的网络服务提供者"，需要指出的是，这并不是指网络内容服务提供者（ICP），

---

[1]《网络著作权司法解释》第5条。
[2]《网络著作权司法解释》第7条第1款。
[3]《网络著作权司法解释》第6条。
[4]《网络著作权司法解释》第8条。
[5]《网络著作权司法解释》第7条第2款，该款于2003年修改时增加了诉前行为保全、财产保全和证据保全的规定。
[6]《网络著作权司法解释》第10条，该条于2003年修改时被删去。

而应是指类似于信息存储空间的网络服务提供者,本质仍然是网络技术服务提供者,否则就不存在间接侵权问题了。二是该解释中要求著作权人提供的是"确有证据"的警告,这就对著作权人提出了较高的要求,体现了当时立法者对于"警告—移除"规则的慎重态度。三是对网络服务提供者采取措施的手段仅列举了"移除"一种,但对其他措施的效果则明确为"消除侵权后果",这为日后立法中"删除、屏蔽、断开链接等必要措施"的解释提供了立法渊源。四是对网络服务提供者共同侵权责任的范围未予明确,这与日后立法中共同侵权责任范围限定在"损失扩大部分"形成鲜明对比。五是明确了网络服务提供者因警告而免除对网络用户的违约责任及错误警告的责任由著作权人承担,前后立法一脉相承。六是关于网络服务提供者披露网络用户注册资料的义务规定,与DMCA规定的权利人通过法院申请披露不同,与网络服务提供者保护用户隐私的义务相冲突,备受批评并在日后立法中予以废除。

1990年《著作权法》实施后的第一个十年,是我国确立社会主义市场经济体制改革方向的头十年,改革开放深入进行,经济、科技、文化发展变化迅猛。1998年11月,国务院就向全国人大常委会提交了《著作权法修正案(草案)》,由于当时国际国内对于网络著作权保护的立法和实践均不成熟,该草案未涉及网络著作权问题。1999年6月,由于争议较大,该草案予以撤回。2000年12月,随着我国加入WTO进入最后阶段,加快弥补著作权法与TRIPS协议之间的立法差距成了当务之急。同时,计算机网络技术已在我国迅猛发展,国务院向全国人大常委会提交的《著作权法修正案(草案)》增加了"传播权"这一具体权利[1],赋予著作权人享有"通过互联网络向公众提供作品,使公众可在其个人选定的时间和地点获得作品的权利",同时赋予表演者对其表演、录音录像制作者对其录音录像制品相同类型的权利,与WPPT保持一致。时隔近一年,经过反复讨论,在2001年10月召开的九届全国人大常委会第二十四次会议上审议通过的新《著作权法》中将"传播权"改为"信息网络传播权"。对此,有学者指出,当时有人提出权利名称与WCT保持一致,使用"向公众传播权",但考虑到我国著作权法与WCT等国际条约对

---

〔1〕 国务院《关于〈中华人民共和国著作权法修正案(草案)〉的说明——2000年12月22日在九届全国人民代表大会常务委员会第十九次会议上》。

权利的划分方式不同,故采用"信息网络传播权"术语,同时比国务院"传播权"版本的限定范围"通过互联网"宽泛,有利于产业界理解。[1]此外,由于2001年《著作权法》未对包括网络服务提供者信息网络传播权侵权在内的具体规则进行明确[2],在审议中有委员提出对该权利的保护还应规定具体办法[3],故2001年《著作权法》授权国务院就信息网络传播权的保护办法另行规定[4]。

值得一提的是,2001年《著作权法》虽然在对网络环境下著作权保护进行了立法回应,确立了"信息网络传播权"对交互式网络传播行为的控制,但这仅仅是对WCT第8条"向公众传播权"[5]的后半句"包括将其作品向公众提供,使公众中的成员在其个人选定的地点和时间可获得这些作品"进行了国内法引入,而对前半句"文学和艺术作品的作者应享有专有权,以授权将其作品以有线或无线方式向公众传播"则未对应设置专有权利进行规制。这一立法缺憾,结合我国著作权法上"广播权"不控制网络传播行为的立法传统,导致我国著作权法对网络直播、网络定时播放等"非交互式"网络传播行为长期缺乏明确权利规范,只能变通采用"兜底权利"进行保护。

二、《信网权条例》对美国模式的借鉴

根据2001年《著作权法》的授权,国务院于2006年5月颁布了《信网权条例》,一般认为,该条例是对以DMCA为代表的美国模式的移植和借鉴,甚至可以被理解为直接照搬,从而建立起中国版"避风港"规则。《信网权条例》共27条,其中前12条主要规定了对技术措施、权利管理电子信息的保护,以及信息网络传播行为涉及的合理使用、法定许可、准法定许可相关制度规范等内容,第14~17条及第24条比较完整地确立了"通知—删除"规

---

[1] 宋木文:"我与中国版权立法、修法二十年",载刘春田主编:《中华人民共和国著作权法三十年》,知识产权出版社2021年版,第45页。

[2] 时至今日,《著作权法》也未对网络服务提供者著作权侵权制度进行规定,不能不说是重大立法缺失。

[3] 全国人大法律委员会《关于〈中华人民共和国著作权法修正案(草案)〉审议结果的报告——2001年10月22日在第九届全国人民代表大会常务委员会第二十四次会议上》。

[4] 2001年《著作权法》第58条。

[5] WCT第8条。

则（含反通知规则、错误通知责任规则等），第18、19条是对侵害信息网络传播权（包括破坏技术措施）法律责任的规定，第20~23条规定了四类网络服务提供者的免责条件，第13条和第25条是对网络服务提供者应著作权行政管理部门要求提供服务对象资料信息义务的规定。《信网权条例》中对于美国模式的借鉴集中体现在中国版"通知—删除"规则及四类网络服务提供者免责条件两方面。

（一）中国版"通知—删除"规则

1. 立法方式。《信网权条例》对于"通知—删除"规则采取了与DMCA不同的立法方式。DMCA在第（c）款"面向用户的系统或网络信息的储存"责任限制条款第（3）项规定了对"通知"的具体要求，其中第（A）目是对有效通知的规定，包括投诉方签名、对主张权利作品的确认、对被控侵权内容的确认、提供投诉方联系方式、投诉方对通知真实性的声明等；第（B）目规定了瑕疵通知的法律后果。[1]同时，在第（d）款"信息定位工具"的责任限制条款中援引了上述条文予以适用。[2]此外，关于网络服务提供者"转通知"和网络用户"反通知"规则，DMCA规定在第（g）款中，关于不实"通知"和不实"反通知"的法律责任规定在第（f）款。而《信网权条例》采用了大陆法系通常的"提取公因式"立法技术[3]，将适用于信息存储空间和搜索、链接两类网络服务提供者的"通知—删除"规则（含反通知规则）集中规定在第14~17条，而将错误"通知"法律责任（未规定错误"反通知"法律责任）规定在比较靠后的第24条。

2. 关于有效通知的法定要求。《信网权条例》第14条对有效通知的形式和内容提出了四点法定要求：一是通知应当包含权利人的姓名（名称）、联系方式和地址；二是通知应当载明被控侵权内容的名称和网络地址；三是通知中应当提供构成侵权的初步证明材料；四是权利人应当对通知的真实性负责。这实际上与DMCA第（c）款第（3）项第（A）目对有效通知的六项要求是

---

[1] 17 USC 512（c）（3）.
[2] 17 USC 512（d）（3）.
[3] 李建华、何松威、麻锐："论民法典'提取公因式'的立法技术"，载《河南社会科学》2015年第9期。

基本一致的，或者说包括了 DMCA 规定的有效通知成立的三个实质性要件，即提供主张权利的作品、指出涉嫌侵权内容并足以使网络服务提供者定位到该内容、提供联系方式使网络服务提供者能够联系到投诉方三个条件[1]。因为权利人提供构成侵权的初步证明材料中一般必然包括主张权利的作品、涉嫌侵权内容及侵权行为描述。然而，《信网权条例》并未移植 DMCA 第（c）款第（3）项第（B）目对不符合法定要求的瑕疵通知的效力作出明确规定，为此后的司法实践带来疑问，不能不说是《信网权条例》的一项缺憾。

此外，与 DMCA 相同，《信网权条例》在对有效通知法定要求方面正面规定了权利人应对通知有效性负责，同时又专门用第 24 条［DMCA 为第（f）款］从反面规定了错误通知的法律后果。与 DMCA 不同的是，《信网权条例》未对网络服务提供者因收到服务对象反通知而错误恢复内容给权利人造成损失的法律后果作明文规定。

3. 关于转通知及反通知规则。按照《信网权条例》第 15 条的规定，网络服务提供者在收到权利人通知后，除了应立即删除涉嫌侵权内容或断开链接，还应"同时"将权利人通知转送服务对象（即网络用户），服务对象无法转送的，还应通过公告方式送达权利人通知。紧接着，《信网权条例》第 16～17 条规定，服务对象在接到网络服务提供者转送的通知后，认为通知错误的，可以向网络服务提供者提交书面说明（即反通知），要求恢复被删除的内容或被断开的链接，有效反通知在形式和内容方面的法定要求与有效通知的法定要求完全一致。网络服务提供者收到服务对象反通知后，应当立即采取恢复措施，"同时"将反通知转送权利人。权利人不得再向网络服务提供者发出通知。

《信网权条例》对于转通知及反通知规则的规定方式、主要内涵与 DMCA 第（g）款第（2）项基本一致，不同的是该款第（1）项还明确规定了网络服务提供者不因通知的真实性与否而承担赔偿责任[2]。此外，《信网权条例》对于有效反通知的法定要求与 DMCA 第（g）款第（3）项也基本一致。

值得探讨的是，"转通知"作为网络服务提供者的一项法定义务，其一旦

---

[1] 17 USC 512（c）（3）（A）（ⅱ）（ⅲ）（ⅳ）.

[2] 17 USC 512（g）（1）.

违反,究竟是应对权利人承担责任还是对服务对象承担责任呢?换句话说,转通知是不是网络服务提供者应当对权利人承担的一项法定义务呢?从DMCA的立法目的和《信网权条例》的规则逻辑来看,答案是否定的。首先,《DMCA报告》指出,网络服务提供者为保留对上述第(g)款第(1)项关于内容被删除的签约用户的责任豁免,就必须采取以下三个步骤(即反通知规则),第一个步骤就是网络服务提供者应采取合理措施,在用户资料被删除或无法访问时"及时通知用户"。"合理措施"包括例如向电子邮件地址发送通知。同时立法者不希望强制网络服务提供者在用户提供的地址之外搜寻用户的联系信息[1](《信网权条例》采用了公告方式)。《DMCA概要》也就此做了说明:为了使自身有资格免于承担撤下内容的责任,网络服务提供者必须及时告知用户它已经移除内容或相关内容已无法访问[2]。可见,"转通知"从责任豁免的角度来看,明显是豁免网络服务提供者对签约用户(服务对象)的(违约)责任,从反面解释,"转通知"系网络服务提供者对服务对象的义务,而非对权利人的义务。其次,《信网权条例》第15条要求网络服务提供者采取删除、断开链接措施后"同时"将通知转送服务对象;而DMCA和《信网权条例》均将"转通知"规定在反通知规则之前(DMCA甚至规定在同一项的不同目),从条文逻辑结构来看,显然是要求网络服务提供者在删除内容、断开链接后,通过转通知的方式让服务对象知晓这一事实,进而有机会提出反通知,印证了DMCA上述立法目的。可见,转通知的"制度价值在于'平衡',而平衡的方向不在于权利人,而恰恰在于服务对象,即有利于服务对象尽快了解其作品被删除、断开链接的事实,方便其采取应对措施"[3]。最后,《信网权条例》第17条还对应规定了网络服务提供者"转反通知"规则,进一步从反面印证"转通知"的义务方向。

(二)四类网络服务提供者免责条件

DMCA规定的四类享受免责条件的网络服务提供者分别为:临时数字网

---

[1] Senate Report 105~190, 105th Congress, 2nd Session, p.50.

[2] "In order to qualify for the protection against liability for taking down material, the service provider must promptly notify the subscriber that it has removed or disabled access to the material.", DMCA, p12.

[3] 姚震:"论'通知—删除'规则对云服务器提供商的豁免——兼议'转权利人通知'",载《南通大学学报(社会科学版)》2020年第5期。

络传播、系统缓存、面向用户的系统或网络信息的储存和信息定位工具。[1]《信网权条例》从服务行为特征规定了四类主体提供的网络服务分别为：第一类，根据服务对象的指令提供网络自动接入服务或者对服务对象提供的内容提供自动传输服务，[2]一般称之为"自动接入、自动传输服务提供者"；第二类，为提高网络传输效率，自动存储从其他网络服务提供者获得的内容，并根据技术安排自动向服务对象提供，[3]一般称之为"系统缓存服务提供者"；第三类，为服务对象提供信息存储空间，供服务对象通过信息网络向公众提供内容，[4]一般称之为"信息存储空间服务提供者"；第四类，为服务对象提供搜索或者链接服务，[5]一般称之为"搜索链接服务提供者"。通说认为，《信网权条例》规定的四类网络服务提供者与DMCA规定的类型是一致的，下文统一以中国法上的称谓指代。《信网权条例》对四类网络服务提供者信息网络传播权侵权责任的豁免范围与DMCA基本相同，均为对损害赔偿责任的免除，具体免责条件则体现出对DMCA的移植和借鉴。

1. 自动接入、自动传输服务提供者的免责条件。DMCA对这类网络服务提供者的定义为：一个为用户指定的点之间或用户选择的内容提供数字在线通信传输、路由或连接的实体，且对发送或接收的内容不作修改。[6]《DMCA概要》解释认为，这类服务提供者仅充当数据渠道角色，根据他人要求将数字信息从网络中的一点传输到另一点，该限制包括传输、路由、连接以及网络操作中自动产生的中间备份和临时备份。[7]《信网权条例》第20条规定了这类网络服务提供者的免责条件：一是未选择并且未改变所传输的内容；二是向指定的服务对象提供该内容，并防止指定的服务对象以外的其他人获得。结合本条第一款对这类服务的描述，免责条件实际上还包含一项前提条件，即指令由（网络服务提供者之外的）服务对象提供或对服务对象提供的内容

---

[1] 17 USC 512 (a) (b) (c) (d).
[2] 《信网权条例》第20条。
[3] 《信网权条例》第21条。
[4] 《信网权条例》第22条。
[5] 《信网权条例》第23条。
[6] 17 USC 512 (k) (1) (A).
[7] DMCA, p. 10.

进行自动传输。这一规定与 DMCA 中第一类网络服务提供者"避风港"免责条件基本一致。一般认为，由于这类服务由基础电信运营商提供，不但具有"实质性非侵权用途"，而且提供者无法对信息内容进行有效控制，法律地位类似电话公司,[1]因此对这种单纯接入服务的信息网络传播权侵权责任实际上是完全免责的。值得一提的是，这一认识恰好反映了前文提到的"网络服务提供者"概念的适用困境问题。

2. 系统缓存服务提供者的免责条件。《信网权条例》第 21 条规定了系统缓存服务提供者信息网络传播权侵权责任的三个免责条件：一是未改变自动存储的内容；二是不影响提供内容的原网络服务提供者掌握服务对象获取该内容的情况；三是在原网络服务提供者修改、删除或者屏蔽该内容时，根据技术安排自动予以修改、删除或屏蔽。系统缓存服务的技术原理是，网络服务提供者为了提高服务对象使用其服务获取其他网络服务提供者提供的信息的效率，通常会对服务对象浏览过的其他网络服务提供者提供的信息进行分析，把经常浏览的信息复制（缓存）到自己的网站上，当服务对象再次浏览时快速地提供给服务对象。[2]有学者认为，DMCA 规定这一类网络服务提供者免责条件的原因或现实意义在于，"根据 Frena 案和白皮书的核心观点——现行版权法的原则就是让网络服务提供者为他人实施的侵权行为承担严格责任",[3]而在自己的中转服务器中缓存他人作品的行为会给这类网络服务提供者带来法律风险。与第一类自动接入、自动传输服务相比，中转服务器缓存前一服务对象从原服务器中获得的信息，正是为了让后面的服务对象较快获得信息，且存储时间必然超过原服务对象获得信息所需的时间，故无法适用第一类"避风港"。而在中国，由于不存在严格责任的问题，且《信网权条例》关于第一类网络服务提供者免责条件中并无 DMCA 的保存时间要求，故系统缓存服务提供者实际上可以援引第一类"避风港"，作为其合理延续而予以免责。

3. 信息存储空间服务提供者的免责条件。关于"信息存储空间"的含

---

[1] 王迁：《网络环境中的著作权保护研究》，法律出版社 2011 年版，第 297 页。
[2] 张建华主编：《信息网络传播权保护条例释义》，中国法制出版社 2006 年版，第 80 页。
[3] 王迁：《网络环境中的著作权保护研究》，法律出版社 2011 年版，第 303 页。

第三章 网络直播平台著作权侵权制度的本土规范基础——中国模式

义,DMCA描述为为其自身发展而控制或运营的系统或网络中提供面向用户的相关内容可以被用户存储[1]。《信网权条例》未作明确定义,实践中引发不少争议。《信网权条例》的起草者对此解释为,可以永久存储信息的计算机外部存储器的容量,而"计算机"则扩大解释为可以与互联网连接的网络服务器。[2] 起草者还列举了"信息存储空间"的三种类型:一是向他人提供服务器空间,使不具备技术能力和物质条件的用户可以建设虚拟网站。这些虚拟网站由经营者自主经营,网络服务提供者不干预,类似租房。二是社交平台。三是用户将自己的作品数字化后上传到网络服务提供者提供的服务器空间中。

《信网权条例》第22条对此类网络服务提供者规定了五项免责条件:一是网络服务提供者明确标示该信息存储空间是为服务对象所提供,并公开自己的名称、联系人、网络地址;二是未改变服务对象所提供的内容;三是"不知道也没有合理理由应当知道"服务对象提供的内容侵权;四是未从服务对象提供的内容中直接获得经济利益;五是接到权利人通知后删除涉嫌侵权的内容。对比DMCA第(c)款第(1)项对这类网络服务提供者规定的免责条件可以发现,《信网权条例》规定的第3～5项免责条件是对DMCA的移植,而在移植借鉴的基础上也对免责条件做了增加和调整,这主要体现在:规定了第一项所谓"标示"条款,以及第二项"未改变内容"条款。"标示"条款的后半句可以理解为对DMCA第(c)款第(2)项"指定代理人"的借鉴吸收,也即网络服务提供者应当建立和公开投诉渠道和投诉方式,便于权利人发送通知;但前半句作为免责条件则显得多余,因为网络服务提供者是否明确"标示"该信息存储空间是为服务对象所提供,与该信息存储空间实际是否由服务对象使用并无直接关系,为谁提供、由谁使用是个事实判断问题,并不因"标示"而改变。"未改变内容"条款与第一类、第二类网络服务提供者免责条件含义相同,但从反面理解,如果信息存储空间服务提供者对内容进行了改变,此时网络服务提供者就不再是仅仅提供网络技术服务的被动角色了,而是参与了内容的提供,从侵权行为的性质来讲,无疑属于直接侵

---

[1] 17 USC 512(c)(1) & DMCA p.11.
[2] 张建华主编:《信息网络传播权保护条例释义》,中国法制出版社2006年版,第83页。

权的共同侵权人了,这实际与本条其他免责条件所免除的"间接责任"是不同的。

此外,关于第三项"不知道也没有合理理由应当知道"侵权行为的免责条件,实际是综合了 DMCA 第(c)款第(1)项第(A)目(i)(ii)(iii)三个条款的内容,应当理解为包含了 DMCA 所确立的"红旗规则",即侵权行为明显时,推定网络服务提供者"没有合理理由不应当知道"。

4. 搜索链接服务提供者的免责条件。与 DMCA 类似,《信网权条例》第 23 条关于搜索链接服务提供者免责条件的规定也比较简单:一是网络服务提供者应符合"通知—删除"规则,在收到权利人通知后断开侵权内容的链接;二是网络服务提供者"明知或应知"所链接内容侵权的,应当承担"共同侵权责任"。值得注意的是,本条中关于网络服务提供者主观过错的表述为"明知或应知",与第 22 条信息存储空间服务提供者免责条件中的"不知道也没有合理的理由应当知道"不同,同时又与此后立法中关于网络服务提供者过错的表述都不相同,下文将对其中反映的过错认定规则问题进行详述。此外,本条规定搜索链接服务提供者因过错承担侵权责任的形式为"共同侵权责任",与前三类网络服务提供者免除的"赔偿责任"存在差异。

《信网权条例》对于 DMCA 的借鉴集中体现在上述对"通知—删除"规则的引入及对四类网络服务提供者免责条件的移植。同时,《信网权条例》对于合理使用及公益事业法定许可的规定较 DMCA 全面、详细,对于保护技术措施和权利管理电子信息的规定较 DMCA 更为具体、明确。但是,《信网权条例》也存在立法局限性:一是对于网络服务提供者信息网络传播权侵权责任性质(直接侵权、间接侵权、共同侵权)未予以明确,而是照搬了 DMCA 实用主义的立法模式;二是未对 DMCA 确立的网络服务提供者不负主动审查义务这一重要原则作出明确规定,引发实践和理论争议;三是《信网权条例》对于网络服务提供者过错的认定规则(包括制止重复侵权问题)规定得较为宏观,对于"红旗规则"也规定得比较隐晦,缺乏可操作性。

三、中国模式的形成

《信网权条例》在立法上体现出明显的继受性,对中国实际的关注和回应

第三章　网络直播平台著作权侵权制度的本土规范基础——中国模式

不足。随着21世纪第一个十年中国网络技术和互联网产业的飞速发展，大量涉及网络的侵权问题不断出现，被侵害权利客体也从最初的信息网络传播权扩大到名誉权、商标权等领域，且《信网权条例》引入的"通知—删除"规则、免责条款等与中国立法传统之间的冲突矛盾日益显现，实践呼唤具有中国特色的网络侵权责任模式。

（一）《侵权责任法》——中国模式的初步确立

《信网权条例》仅仅初步解决了网络环境下著作权领域信息网络传播权保护的问题，随着计算机广泛应用，以及通信技术和网络技术在中国的迅猛发展，网络逐渐渗透和辐射进社会生活的方方面面。互联网深刻改变了人们的生产生活方式已属社会共识。与此同时，通过网络实施侵害他人民事权益的现象也层出不穷，特别是此时的网络侵权行为侵害的对象已不限于信息网络传播权，不仅在著作权领域已涉及信息网络传播权控制范围以外的网络直播、定时播放等行为，而且出现了利用网络公开他人隐私、侮辱诽谤，网络购物中的销售假货等问题。从立法规制角度看，一方面，由于网络平台的兴起，以及网络的分散性、匿名性等特点，权利人不仅难以找到实际侵权人，而且维权成本高昂，很多权利人自然而然要求网络平台（网络服务提供者）承担侵权责任；另一方面，面对海量信息，网络服务提供者似乎不可能对信息逐一进行审查，要求其对网络用户的侵权行为承担直接侵权责任也违背公平原则。为了在上述两方面因素、四方主体（权利人、网络服务提供者、网络用户、社会公众）之间保持平衡，既坚定保护权利人合法权益又能促进互联网产业健康发展，立法者在制定《侵权责任法》的过程中，考虑将网络侵权作为一类特殊侵权行为予以规定，并在借鉴DMCA、欧盟《电子商务指令》、吸收《网络著作权司法解释》《信网权条例》立法经验及司法实践经验的基础上，创设了中国特色的网络侵权责任条款。

《侵权责任法》在第四章"关于责任主体的特殊规定"中设立第36条作为对网络侵权责任的规制。第36条条文内容较为简单，共3款，其中第1款规定"网络用户、网络服务提供者利用网络侵害他人民事权益的，应当承担侵权责任"。一般认为，第1款是原则性、宣示性条款，因为根据民法原理和

《侵权责任法》一般侵权条款[1]，任何人无法定免责事由侵害他人民事权益都应承担侵权责任。第 36 条对此重复规定，无疑是在宣示网络侵权责任的特殊性[2]。根据体系解释方法，该款中的"民事权益"理论上应当包括《侵权责任法》第 2 条第 2 款规定的所有民事权益[3]，但立法者在对此作解释说明时指出，该款应区分网络用户利用网络侵害他人民事权益和网络服务提供者利用网络侵害他人民事权益，其中：网络用户网络侵权行为的对象主要分为侵害人格权、侵害财产利益（如网络游戏装备、虚拟货币等虚拟财产）、侵害知识产权；网络服务提供者则应进一步区分网络内容服务提供者和网络技术服务提供者，网络内容服务提供者法律地位一般与出版者相同，应对其发布的内容负责，而网络技术服务提供者的网络侵权责任主要是对其网络用户侵权行为承担的责任，应根据第 36 条第 2 款和第 3 款规定确定。

第 36 条第 2 款规定："网络用户利用网络服务实施侵权行为的，被侵权人有权通知网络服务提供者采取删除、屏蔽、断开链接等必要措施。网络服务提供者接到通知后未及时采取必要措施的，对损害的扩大部分与该网络用户承担连带责任。"显然，该款是对"通知—删除"规则的引入和改造。一方面，该款保留了"通知—删除"规则的基本精神和基本构造，即网络服务提供者作为单纯的技术服务提供者时，面对网络用户利用网络实施侵权行为，只要收到权利人通知，就应采取删除、屏蔽、断开链接等措施。另一方面，该款从宽泛定义角度扩大了网络服务提供者采取措施的范围，即所谓"必要措施"，也即除删除、屏蔽、断开链接之外，网络服务提供者还应采取相应措施制止侵权行为，这相当于吸收了《网络著作权司法解释》中关于其他措施的效果为"消除侵权后果"的立法精神。此外，该款清晰划定了网络服务提供者因接到通知后未采取必要措施而承担侵权责任的范围，即"损害的扩大

---

[1] 《侵权责任法》第 2 条第 1 款。

[2] 立法者认为，网络侵权责任在主体、客体、损害后果和管辖方面具有特殊性。见全国人大常委会法制工作委员会民法室编：《〈中华人民共和国侵权责任法〉条文说明、立法理由及相关规定》，北京大学出版社 2010 年版，第 142 页。

[3] 《侵权责任法》第 2 条第 2 款规定："本法所称民事权益，包括生命权、健康权、姓名权、名誉权、荣誉权、肖像权、隐私权、婚姻自主权、监护权、所有权、用益物权、担保物权、著作权、专利权、商标专用权、发现权、股权、继承权等人身、财产权益。"

第三章 网络直播平台著作权侵权制度的本土规范基础——中国模式

部分",也即接到通知前已经产生的损害后果由网络用户单独承担责任,而网络服务提供者仅对因其过错而造成的损害扩大部分与网络用户承担连带责任。

第36条第3款规定:"网络服务提供者知道网络用户利用其网络服务侵害他人民事权益,未采取必要措施的,与该网络用户承担连带责任。"该款确立了单纯提供技术服务的网络服务提供者因其网络用户侵权行为承担侵权责任的归责原则为过错责任原则,即"知道"且"未采取必要措施",同时确立了责任承担方式为连带责任。但由于本款规定过于原则性,未明确何为"知道",以及何时承担何种连带责任。按照立法者的解释说明,如果网络服务提供者明知网络用户利用其网络服务实施侵权行为而未采取必要措施的,应成立共同侵权中的帮助侵权,就权利人的全部损失与网络用户承担连带责任;如果网络服务提供者实际并不知道网络用户利用其网络服务实施侵权行为,只是由于疏于管理未能意识到侵权行为,则应对应知而不知之时起产生的损害与网络用户承担连带责任。[1]

《侵权责任法》第36条通过三款条文,对此前立法(主要是《信网权条例》)借鉴美国模式确立的以"通知—删除"规则和四类网络服务提供者免责条件为代表的制度体系做了重大改造,初步形成了网络服务提供者侵权制度的中国模式,这一时期中国模式的主要特点在于:①将网络服务提供者侵权责任的保护范围从信息网络传播权扩大到了全部民事权益。②将"通知—删除"规则改造为"通知—必要措施"规则,这是对于DMCA为代表的美国模式(包括受其影响的《信网权条例》)的重大调整,也是中国模式的代表性特征。③将"通知—删除"规则的制度属性从单纯的免责条款改造为侵权责任法上的归责条款,这是中国立法者对于美国模式中实用主义性质的免责条款与大陆法系民法立法体系融合与衔接的制度尝试,具有重要意义。

然而,由于《侵权责任法》第36条过于抽象和原则,以及对原有规则的改造缺乏具有系统性、可操作性的解释,在实际运行中并不轻松,这体现在:一方面,对于"通知"的法定要求、程序、是否适用反通知规则等,司法实践中需要参照适用《信网权条例》;另一方面,对于该条在传统侵权法中的体

---

[1] 全国人大常委会法制工作委员会民法室编:《〈中华人民共和国侵权责任法〉条文说明、立法理由及相关规定》,北京大学出版社2010年版,第154页。

系化解释、免责条件与归责条件的关系、网络服务提供者主观过错的认定规则，以及必要措施的含义和范围等，均有待进一步明确和厘清。从当时的实践需要、立法技术及立法必要性来看，很难很快地通过系统化的司法解释对第 36 条涉及的上述具体问题进行规范，这是因为第 36 条本身就是突破传统民法体系的立法探索，能对实践中出现的形形色色的网络侵权问题作出这样的抽象规定已非易事，从顶层设计上迅速再作细化规定难以形成共识。此外从立法规划上看，《侵权责任法》主要是作为民法典分编立法的其中一步，对其具体适用作出尚不成熟的解释可能妨碍民法典的编纂。在此背景下，《侵权责任法》第 36 条及其初步形成的网络服务提供者侵权制度中国模式再次从信息网络传播权保护领域获得了完善。

（二）《信网权司法解释》——中国模式的成型

2012 年 12 月，最高人民法院颁布了《信网权司法解释》，该解释出台的背景主要有两方面：一是由于互联网产业的快速发展和商业模式的不断创新，审判实践中面临涉及网络环境下著作权保护的案件数量和难点问题越来越多，[1]需要从司法解释层面统一对相关问题的法律认识和裁判标准；二是《侵权责任法》施行后，《网络著作权司法解释》《信网权条例》与《侵权责任法》具体规则的衔接与适用需要进一步明确。

《信网权司法解释》共 16 条，虽然几乎涵盖了信息网络传播权保护领域各方面重要问题（如审理原则、行为构成、网络服务提供者侵权行为类型及判定标准、管辖等），但正如主要参与立法者所言，"网络服务提供者的法律责任的确定是一个重要的课题，也是本司法解释要解决的核心问题"。[2]《信网权司法解释》在网络服务提供者侵权制度方面最重要的创新和发展主要有：

1. 明确区分提供行为类型及对应的侵权责任类型。针对学术界和实践中

---

[1] 根据最高人民法院统计，2002~2012 年期间，人民法院受理的涉及网络的著作权案件数量一直位居各类知识产权案件数量之首，以 2011 年为例，全国地方法院共新收知识产权民事一审案件 59 882 件，其中著作权案件 35 185 件，近 60%，而其中涉及网络著作权纠纷的案件又占 60% 左右。见王艳芳："《关于审理侵害信息网络传播权民事纠纷案件适用法律若干问题的规定》的理解与适用"，载《人民司法》2013 年第 9 期。

[2] 王艳芳："《关于审理侵害信息网络传播权民事纠纷案件适用法律若干问题的规定》的理解与适用"，载《人民司法》2013 年第 9 期。

第三章 网络直播平台著作权侵权制度的本土规范基础——中国模式

对于信息网络传播行为的界定长期存在的所谓"服务器标准""用户感知标准""实质替代标准"等争议，《信网权司法解释》采取了一种新的思路，即将是否直接提供权利人作品（含表演、录音录像制品，下同）作为法律标准，用以界定相关行为是否属于信息网络传播行为。其中，直接提供作品[1]或通过上传到服务器、设置共享文件或者利用文件分享软件等方式将作品置于信息网络中，使公众能够在个人选定的时间和地点下载、浏览或其他方式获得的，[2]属于作品提供行为，对应的侵权责任类型为直接侵权责任；而以技术、设施等提供中介服务的行为，并非直接提供作品，属于网络服务提供行为，对应的侵权责任类型为间接侵权责任。这一划分原则对于识别和认定侵权行为的性质和责任类型具有基础性作用。就网络服务提供者而言，既可能以直接上传作品或参与用户提供作品的行为等方式，实施作品提供行为（即成为网络内容服务提供者），承担直接侵权责任；也可能因为仅仅提供了网络技术服务，实施了网络服务提供行为（即成为网络技术服务提供者），在具有过错时承担间接侵权责任。

由于实践中由权利人通过行为外观准确判断网络服务提供者具体实施了上述何种行为是非常困难的，所以《信网权司法解释》规定，权利人承担证明网络服务提供者实施了作品提供行为的初步证明责任，如网络服务提供者以其仅仅实施了网络服务提供行为为由抗辩的，由其承担举证责任。[3]

2. 明确间接侵权形态。《信网权司法解释》以《侵权责任法》第9条为法律依据，把间接侵权纳入侵权法共同侵权规则，将网络服务提供者因实施网络服务提供行为而承担的间接侵权责任划分为教唆和帮助两种类型。其中，网络服务提供者以言语、推介技术支持、奖励积分等方式诱导、鼓励网络用户实施侵害信息网络传播权行为的，属于教唆侵权行为；网络服务提供者明知或者应知网络用户利用网络服务侵害信息网络传播权，未采取删除、屏蔽、断开链接等必要措施，或者提供技术支持等帮助行为的，属于帮助侵权行为。[4]这是在

---

[1]《信网权司法解释》第3条第1款。
[2]《信网权司法解释》第3条第2款。
[3]《信网权司法解释》第4条、第6条。
[4]《信网权司法解释》第7条。

《网络著作权司法解释》基础上更为明确、具体地将网络服务提供者间接侵权责任进行类型划分,不仅与美国模式存在一定的立法契合性,而且尝试将间接侵权理论融入传统民法理论中去。

3. 明确过错认定规则。《信网权司法解释》对网络服务提供者间接侵权责任的过错认定规则进行了详细规定,成为该解释最主要的立法成果,这包括:一是将网络服务提供者教唆、帮助侵权责任的主观过错"知道"解释为"明知+应知"[1],同时明确网络服务提供者明知或应知网络用户侵权行为而未采取必要措施或提供技术支持的,属于帮助侵权。[2]二是进一步分别明确了"明知"和"应知"的认定标准,其中:①网络服务提供者接到权利人通知后未及时采取必要措施的,属于"明知",[3]而判断必要措施是否及时,应综合考虑通知形式和准确程度、采取措施的难易程度、网络服务本身的性质、所涉作品的类型、知名度、数量等因素。[4]②判断网络服务提供者是否"应知"应根据侵权事实是否明显,主要考虑因素包括网络服务提供者基于其服务的性质、方式及引发侵权的可能性而应具备的管理信息能力,作品类型、知名度及侵权明显程度,网络服务提供者是否主动进行了选择、编辑、修改、推荐,网络服务提供者是否积极采取预防措施,网络服务提供者是否设置便捷的通知机制并及时对通知做出"合理反应",网络服务提供者是否针对重复侵权采取合理预防措施等。[5]三是直接规定了属于"应知"的情形,包括:①网络服务提供者对热播影视作品等以设置榜单、内容简介等方式进行推荐,且公众可以直接在其网站上获得的。[6]②确立了中国版"红旗规则",即对于信息存储空间服务提供者,如果将热播影视作品等置于首页或其他能明显感知位置,或者对其主题、内容进行选择、编辑、整理、推荐、设立排行榜,或者其他可以明显感知侵权行为但未采取合理措施的,属于"应知"。[7]四是将 DMCA

---

[1]《信网权司法解释》第8条第1款。
[2]《信网权司法解释》第7条第3款。
[3]《信网权司法解释》第13条。
[4]《信网权司法解释》第14条。
[5]《信网权司法解释》第9条。
[6]《信网权司法解释》第10条。
[7]《信网权司法解释》第12条。

第三章 网络直播平台著作权侵权制度的本土规范基础——中国模式

中对应替代责任的"直接获利"改造为网络服务提供者"负有较高注意义务",即对于从用户提供的作品中直接获得经济利益的网络服务提供者,其过错认定标准应更为严格。[1]五是适当减轻网络服务提供者的责任,一方面明确网络服务提供者不负主动审查义务,另一方面如果网络服务提供者已经采取合理、有效技术措施仍难以发现侵权行为的不认定其具有过错,也即从正反两方面鼓励网络服务提供者积极提高技术过滤能力。[2]

四、中国模式的发展

随着互联网产业的快速发展,利用网络侵害民事权益的形式和类型也日渐增多起来。针对重点领域和特殊场景,立法者在业已形成和确立的中国模式基础上不断拓展和丰富网络服务提供者侵权制度的广度和深度。同时,《民法典》的加快编纂也为中国模式探索了新的制度载体。值得一提的是,经过三次修改的《著作权法》始终未将网络服务提供者著作权侵权制度纳入其中(第三次修改仅在早期征求意见稿中体现),殊为遗憾。因此,严格来讲《著作权法》并不属于网络服务提供者侵权制度中国模式的制度载体。

(一)中国模式在网络人身权领域中的制度实践

2014年6月,最高人民法院通过了《网络人身权司法解释》,成为《侵权责任法》等上位法在网络人身权益领域的具体化规范。《网络人身权司法解释》共19条,整体涉及网络用户和网络服务提供者对利用网络侵害人身权益侵权责任的规定。其中,第3条从民事诉讼共同被告的角度规定了网络服务提供者可能因违反《侵权责任法》第36条第2款、第3款而承担侵权责任。第4条明确规定了在侵害网络人身权诉讼中,网络服务提供者主张相关侵权内容系网络用户发布的,应当根据法院要求披露网络用户的姓名(名称)、联系方式、网络地址等具体信息。网络服务提供者拒不提供的法律后果,为承担妨害民事诉讼的相关处罚。第5条至第8条是对《侵权责任法》第36条第2款在侵害网络人身权案件中的具体适用规定,主要特色是细化了"通知—必要措施"规则,包括:①规定了权利人"通知"的具体形式为书面或网络

---

[1]《信网权司法解释》第11条第1款。
[2]《信网权司法解释》第8条第2款、第3款。

服务提供者公示的方式。②明确了有效通知的构成要件及无效通知的法律后果，即权利人基本信息、足以确定侵权内容位置的信息及相关投诉理由，对于无效通知，网络服务提供者可以免责。③确立了网络服务提供者采取必要措施是否"及时"的原则性规定，即根据服务性质、通知的形式和准确程度、被侵害权益的类型和程度等综合判断。④明确网络服务提供者因收到权利人通知而采取必要措施免于对网络用户承担侵权或违约责任，解除了网络服务提供者的后顾之忧。⑤未规定"转通知"义务，而是规定网络用户请求网络服务提供者提供通知内容的，网络服务提供者有义务提供，这也进一步证明了"转通知"主要目的为平衡和保护网络用户利益。⑥明确了错误通知造成网络用户损失的，由投诉人承担责任，而网络服务提供者则有义务采取恢复措施。第9条通过列举的方式规定了认定网络服务提供者是否"知道"（即《侵权责任法》第36条第3款）的考量因素，具体内容与《信网权司法解释》第9条关于"应知"的认定标准基本相同。从文义推断，《网络人身权司法解释》对于《侵权责任法》第36条第3款"知道"的解释似乎仅限于"应知"，而与《信网权司法解释》明确解释为"明知＋应知"存在矛盾。

应该说，《网络人身权司法解释》是对《信网权司法解释》的吸收、继承和延续，既是对《侵权责任法》立法者解读的利用网络侵害民事权益主要类型的立法涵盖，也是填补了中国模式在网络人身权益保护领域的立法空白。

（二）中国模式在电子商务应用场景中的制度延伸

与此前规定在一般侵权法和针对信息网络传播权、网络人身权益等特定权利类型不同，针对蓬勃发展的电子商务活动这一特殊应用场景，中国模式通过《电子商务法》进行了制度延伸和拓展。

2018年颁布的《电子商务法》并非就保护某一权利类型制定的专门性法律，而是以电子商务活动为着眼点，调整和规范电子商务活动中各类主体和各种行为，既保护电子商务活动涉及的各类民事权益，也包含对电子商务活动行政管理秩序的规定（如工商登记、纳税、网络安全等），兼具私法和公法性质。《电子商务法》第二章第二节专门针对电子商务平台经营者（即从事电子商务经营活动的网络服务提供者）[1]进行了规制。其中，第41条至第45条是对电子商务平台经营者保护知识产权的规定，而第42条至第45条则是对《侵权责任法》第36条在电子商务领域适用的具体。第41条原则性、宣示性规定了电子商务平台经营者应制定知识产权保护规则，与权利人合作保护知识产权。第42条确立了电子商务领域的"通知—必要措施"规则，权利人认为其知识产权遭受侵害的，有权向电子商务平台经营者发送通知，通知应包含初步证据。针对电子商务活动的特点，电子商务平台经营者收到通知后应采取的必要措施除了《侵权责任法》规定的删除、屏蔽、断开链接外还包括"终止交易和服务"，这是对《侵权责任法》第36条关于"等"必要措施在特定场景下的明确和丰富。同时，电子商务平台经营者还应转通知。此外，对于错误通知造成平台内经营者损失的，通知人应承担责任。针对电子商务领域滥用权利，甚至虚假、恶意投诉多发的现状，该条规定应加倍赔偿。第43条确立了"反通知"规则，具有电子商务领域特色的是关于反通知法律效果的规定。电子商务平台经营者在收到反通知后，除了应转反通知给权利人外，还应告知其向有关部门投诉或向法院起诉。而转反通知后15日内，如果电子商务平台经营者未收到权利人已投诉或起诉的通知的，应及时终止相关措施。这与《信网权条例》第17条要求网络服务提供者收到反通知后"立即恢复"作品，"同时"转反通知的规定形成鲜明对比，体现出《电子商务法》更加注重保护权利人的特色。第44条要求电子商务平台经营者应当及时公示上述通知及处理结果，增强"通知—必要措施"规则的透明度，接受监督。第45条是对《侵权责任法》第36条第3款的具体规定，值得注意的是，该条使用了"知道或者应当知道"的表述，丰富了《侵权责任法》"知道"的表述。

（三）《民法典》成为中国模式新的制度载体

《民法典》对中国模式的发展主要体现在第1194条至第1197条对于《侵权责任法》第36条的承继和完善方面。《民法典》将《侵权责任法》第36

---

[1]《电子商务法》第9条第2款：本法所称电子商务平台经营者，是指在电子商务中为交易双方或者多方提供网络经营场所、交易撮合、信息发布等服务，供交易双方或者多方独立开展交易活动的法人或者非法人组织。

条的三款扩展为四条。主要的规则变动有：一是规定了有效通知应包括构成侵权的初步证据及权利人真实身份信息。二是要求网络服务提供者收到通知后应"及时"转通知。三是明确必要措施的形式应与初步证据、服务类型相适应。四是规定错误通知导致的网络用户及网络服务提供者损失，权利人均应承担责任。五是通过第1196条确立"反通知"规则，借鉴《电子商务法》模式，规定网络服务提供者转反通知后，应告知权利人可向有关部门投诉或向法院起诉。但与《电子商务法》不同的是，《民法典》作为仅次于宪法的高位阶基本法律，未限定终止必要措施等待期的具体时限，而是采用了"合理期限"的模糊、灵活处理，由裁判者根据个案具体判断是否"合理"，避免法律僵化。六是沿用《电子商务法》表述，将《侵权责任法》第36条第3款的"知道"修改为"知道或者应当知道"。

由于《民法典》的特殊地位，其对于网络服务提供者侵权制度中国模式的丰富和发展具有高度概括性和制度总结性，表现为对中国模式形成、确立和发展各阶段立法成果"最大公约数"的提取和对相关理论的制度化凝练，成为中国模式最新的制度载体。

鉴于中国模式的形成过程，在中国，网络服务提供者侵权制度呈现通用化特点，网络侵权责任条款与其他规范（如信息网络传播权保护的具体规则、网络人身权保护规则、电子商务知识产权保护规则等）之间具有较强的协同性和互补性。换言之，由于网络服务提供者侵权制度首先产生于信息网络传播权领域，此后扩展到全部民事权益，而具体运行规则又再次在信息网络传播权等领域得到建立，因此在个案的法律适用上往往呈现出特别法与一般法互相影响、互相补充的紧密互动现象。在网络著作权保护实践中，大量属于传统信息网络传播权领域的案件通过《信网权条例》《信网权司法解释》调整，但随着网络上形形色色侵权行为的产生以及非传统信息网络传播权侵权案件的出现，法院在适用法律时往往首先适用网络侵权责任条款（一般法），但在侵权责任类型、过错认定规则、必要措施理论上又不可避免地类推适用信息网络传播权保护规则甚至网络人身权保护规则（特别法）。以本书探讨的网络直播平台著作权侵权为例，由于其涉及的著作权法意义上的传播行为并非传统信息网络传播行为，而属于非交互式的网络直播行为，故从法律适用上显然无法直接适用信息网络传播权保护规则,而应从网络侵权责任条款出发,同时参照信息网络传播权保护规则等特别法进行判断。从这个意义上讲,网络服务提供者侵权制度的中国模式,也是网络服务提供者著作权侵权制度的中国模式。

第二节　中国模式的理论建构和规则体系

经过实践探索与理论创新建立起来的网络服务提供者侵权制度中国模式相较于以 DMCA 为代表的主要调整网络著作权领域的美国模式具有以下主要特征:一是网络服务提供者主体范围的扩大,不限于美国模式中四类网络服务提供者。二是保护的权利范围的扩大,从单纯调整信息网络传播权扩展到涉及网络的其他民事权益。三是在吸收美国模式直接侵权与间接侵权二分法,以及间接侵权分类方式的基础上,将网络服务提供者间接侵权明确为教唆和帮助两种类型,从而从形式上融入传统民法体系。四是将美国模式的代表"通知—删除"规则改造为"通知—必要措施"规则,并将免责条件改造为归责条件。五是明确网络服务提供者间接侵权责任采用过错责任原则,并建立以"明知+应知"为基础的网络服务提供者过错认定规则。六是扩大对"必要措施"范围的解释,明显加重网络服务提供者的责任。回归中国模式,从体现上述特征的理论基础、制度设计看,其又具有独特的理论建构和规则体系。

一、主体范围和权利客体的扩大

(一)主体范围的扩大

以 DMCA 为代表的美国模式最初只针对自动接入和自动传输、系统缓存、信息存储空间及搜索链接四类网络服务提供者。《信网权条例》移植了这一模式,对四类网络服务提供者的免责条件作了规定。《侵权责任法》第 36 条在规定网络服务提供者侵权责任时并未如《信网权条例》一般列举具体类型,而是借鉴欧盟和日本经验,对主体范围进行了抽象扩大。从文义解释来看似乎应当包括任何提供网络服务的主体,考察立法者对网络服务提供者概念的解释：一方面，立法者将本条中的"网络服务提供者"区分为内容服务提供者和技术服务提供者，即包含两类主体；另一方面，立法者在列举技术服务提供者类型时又指出，"所谓技术服务提供者，主要指提供接入、缓存、信息存储空间、搜索以及链接等服务类型的网络主体"。[1]可见，此时立法者对网络技术服务提供者的认识尚停留在《信网权条例》规定的四类主体上。但不可否认的是，《侵权责任法》对网络服务提供者主体范围的规定，已经突破了美国模式，因为 DMCA 明确定义第一类主体（自然是技术服务提供者）以外的网络服务提供者是指"在线服务或网络访问的提供者，或为在线服务或网络访问提供设施的运营商"，[2]显然仅指网络技术服务提供者。

随着网络平台服务形式和商业模式的日新月异，网络技术服务类型也日趋多样化。《信网权司法解释》未从网络服务提供者的角度，而是直接从服务形式角度对网络技术服务类型做了扩充，即在传统类型基础上增加了"文件分享技术"这一类型，同时采用开放式定义，为将来出现的其他网络技术服务适用该解释留出了解释空间。

而《民法典》网络侵权责任条款对《侵权责任法》第 36 条的承继和延续，无疑因其法律位阶进一步强化了"网络服务提供者"主体范围的普适性。

值得注意的是，中国模式对于网络服务提供者范围和类型开放式的立法态度对于增强制度张力，及时将商业实践中出现的新型主体纳入既有法律规制范围具有重要意义。事实上，在司法实践中，涉及新型网络服务提供者侵权责任的案件近年来不断出现，法院在"不得拒绝裁判"的原则下，也在尝试对网络服务提供者的范围作扩大解释，对此下文将通过典型案例详述。

（二）权利客体的扩大

《侵权责任法》第 36 条第 1 款借鉴日本模式，规定网络侵权行为的被侵害权利客体不局限于信息网络传播权，通常理解为扩大到全部民事权益，即《侵权责任法》第 2 条第 2 款规定的所有民事权益都可能成为网络侵权的被侵害对象，《侵权责任法》起草者对此认为，网络用户利用信息网络侵害他人民

---

[1] 全国人大常委会法制工作委员会民法室编：《〈中华人民共和国侵权责任法〉条文说明、立法理由及相关规定》，北京大学出版社 2010 年版，第 149 页。

[2] 17 USC 512（k）(1)（B）.

第三章 网络直播平台著作权侵权制度的本土规范基础——中国模式

事权益,大体可以分为:第一类,侵害人格权,包括盗用或假冒他人姓名侵害姓名权、未经许可使用他人肖像侵犯肖像权、诽谤攻击他人侵犯名誉权、非法披露他人信息侵犯隐私权;第二类,侵害财产利益,如通过网络盗刷他人银行账户,而尤以盗取他人网络游戏装备、虚拟货币等侵害网络虚拟财产为典型;第三类,侵害知识产权,主要是侵犯信息网络传播权、破坏技术措施、侵犯数据库等著作权侵权行为,以及出售假冒商品、未经许可在网站上使用他人注册商标造成混淆、恶意将他人商标抢注为域名等侵害商标权行为。然而,由于第36条第1款仅具有原则性、宣示性功能,实践意义不大,分析中国模式下网络服务提供者侵权行为的被侵害权利客体范围,还应根据该条的核心条款"通知—必要措施"规则及其背后的立法渊源"通知—删除"规则的制度价值、运行逻辑来判断。

有学者认为,"通知—删除"规则其之所以由著作权法创设,原因在于:"它针对的是未经许可在网络中传播信息的行为,相关的网络服务提供者容易对通知所指称的侵权行为进行初步核实。"[1]而将"通知—删除"规则的适用范围限定在信息存储空间和搜索链接两类服务提供者,隐含的意义是:无论信息存储空间服务提供者(如新浪、凤凰等综合性网站;或淘宝、京东等电商平台;或QQ音乐、优酷等媒体平台;或微信、微博等社交平台),还是搜索链接服务提供者(如百度、网址大全等),均对存储于其平台或链接目标网页上的信息(作品)具有很强的控制能力,在收到权利人的合格通知后,平台都能:①快速根据通知定位被控作品且接触到作品;②以一个普通人的认知水平,较为便捷地对被控作品与权利人主张的作品进行初步比对,作出初步判断,并立即采取删除等措施对被控作品予以处理,防止侵权损害后果扩大,除非被控作品明显不侵权。这也正是同样属于"避风港"规则下的自动接入、自动传输和系统缓存服务提供者不涉及"通知—删除"规则的原因,"他们并不具备与网站经营者相同功能,这些网络服务提供者均无法识别和根据通知去处理具体的侵权信息。"[2]

---

[1] 王迁:"论'通知与移除'规则对专利领域的适用性——兼评《专利法修订草案(送审稿)》第63条第2款",载《知识产权》2016年第3期。

[2] 吴汉东:"论网络服务提供者的著作权侵权责任",载《中国法学》2011年第2期。

可见，由于网络环境和网络技术服务的特殊性，网络服务提供者只能对其：①能够准确定位；②能够接触到被控侵权内容；③能够进行初步核实并作出初步判断的内容采取所谓"必要措施"。这就从客观上限定了网络服务提供者侵权行为的被侵害权利客体实际上只能是可以被识别并采取措施的信息，即"这些权利的内容都能通过数字化格式存储于网络中，本身有价值，并能在网络中被侵害"。[1]具言之，在《侵权责任法》第2条第2款规定的民事权利和民事权益中，大体只有人格权中的姓名权（包括法人名称权）、名誉权、荣誉权、肖像权、隐私权，知识产权（主要是著作权和商标权），以及数字化的财产权（如虚拟货币），才可能成为网络服务提供者侵权责任乃至网络侵权责任的被侵害权利客体（保护范围）。这不仅与《侵权责任法》起草者的理解不谋而合的，也与《网络人身权司法解释》所设定的保护范围是一致的。[2]而生命权、健康权、婚姻自主权、监护权、继承权，物权中对有形物享有的所有权、用益物权、担保物权，以及具有社员权属性的股权等权利，要么依附于自然人肉体，要么依附于有体物，要么客观上只能通过物理手段予以侵害，都具有无法信息化、数字化的"固有实体"属性，不能成为网络侵害的对象，也就不属于网络服务提供者侵权行为的被侵害权利客体。至于知识产权中的专利权，本书认为，虽然专利本质上属于"信息"已成共识，但专利侵权判断绝非直观判断那么简单，需要专业知识和较高的法律技能，网络服务提供者实际上很难对其进行有效的"初步判断"，故从美国模式"通知—删除"规则的原理出发，也应排除在网络服务提供者侵权制度保护的权利客体范围之外。当然，由于中国模式已将"通知—删除"规则改造为"通知—必要措施"规则，网络服务提供者"及时对侵权通知作出合理的反应"[3]似乎也已纳入"必要措施"范围，专利权受网络侵权责任条款保护在中国语境下成为可能。

---

〔1〕谢雪凯："网络服务提供者第三方责任理论与立法之再审视——以版权法与侵权法互动为视角"，载《东方法学》2013年第2期。

〔2〕《网络人身权司法解释》第1条：本规定所称的利用信息网络侵害人身权益民事纠纷案件，是指利用信息网络侵害他人姓名权、名称权、名誉权、荣誉权、肖像权、隐私权等人身权益引起的纠纷案件。

〔3〕《信网权司法解释》第9条第5项。

第三章 网络直播平台著作权侵权制度的本土规范基础——中国模式

总之，网络服务提供者侵权制度中国模式将被侵害权利客体范围进行了扩张，不限于信息网络传播权，但实际也并没有且不可能扩展到全部民事权益，而仅是对可以"信息化"并可能在网络环境中被侵害的权利进行保护。

二、形式上与传统民法理论相兼容

美国模式是基于英美法系传统版权理论，在国际条约、国内产业和政策背景及司法实践争论综合影响下，为了平衡版权人和互联网产业利益而确立的新型制度模式。从立法技术和制度特色看，美国模式充分体现了英美法系实用主义的传统和风格。美国模式与版权法、侵权法等成文法之间的制度融合和冲突解决主要依赖判例法的发展。中国模式脱胎于美国模式，移植和借鉴了其制度基因和主要规则。由于中国一贯采用大陆法系注重体系化的立法传统，中国模式在形成、确立和发展的过程中必然伴随着与传统民法理论的碰撞与兼容。从形式上看，中国模式完成了这种兼容，主要体现在侵权行为形态的融合和免责条件的改造两个方面。

（一）侵权行为形态的融合

1. 大陆法系民法侵权行为形态。大陆法系民法传统上将侵权行为的形态大致划分为"一般侵权行为"与"特殊侵权行为"两类。《法国民法典》采用高度概括式的立法方式，将适用过错责任原则的一般侵权行为进行了抽象规定。其中，第1382条规定："任何行为给他人造成损害时，因其过错而致损害发生的人应负损害赔偿责任。"第1383条规定："任何人不仅对于因其行为导致的损害负赔偿责任，还对因其懈怠或者疏忽造成的损害负赔偿责任。"同时，《法国民法典》又针对适用无过错责任原则的行为，规定了特殊侵权责任（如替代责任）。《德国民法典》为了避免法国模式过于抽象和概括导致实践中含混不清的弊端，采用相对类型化的立法模式规定一般侵权行为。第823条通过三款条文分别规定了权利侵害型、利益侵害型和违反保护法律型三类一般侵权行为。[1]同时通过第831条至第839a条规定了九种特殊侵权行为，如事务辅助人责任（第831条）、动物饲养人责任（第833条）、建筑物维护义务

---

[1] 程啸：《侵权责任法》，法律出版社2015年版，第200~201页。

人责任（第838条）等。[1]

  同时，由于著作权侵权理论以"是否实施了受专有权利控制的行为"为划分标准，因此在著作权侵权领域，两大法系不约而同地接纳了直接侵权与间接侵权二分法。前文提到，素来注重逻辑结构和立法体系的大陆法系国家对"间接侵权"的明文规定很少，主要是通过侵权法的共同侵权制度进行调整。大陆法系侵权法上的共同侵权主要分为三种类型：共同加害行为、共同危险行为和帮助教唆行为。[2]大陆法系国家通常将著作权间接侵权纳入"帮助、教唆型侵权行为"进行规制，从而实现著作权法与侵权法的衔接与融合。

  2. 中国传统民法侵权行为形态。我国自《民法通则》开始，采用大陆法系传统模式规定侵权行为形态。《民法通则》第106条第2款规定："公民、法人由于过错侵害国家的、集体的财产，侵害他人财产、人身的应当承担民事责任。"这是关于一般侵权行为的概括规定，同时又规定了数种特殊侵权行为。同时，第130条规定了共同侵权。《侵权责任法》采用了相同的立法方式。第6条第1款对一般侵权行为进行了抽象规定："行为人因过错侵害他人民事权益，应当承担侵权责任。"第五章至第十一章规定了特殊侵权行为。《侵权责任法》第8条至第10条对共同侵权行为分别进行了规定。其中，第9条确立了对教唆、帮助两类共同侵权行为的规制。

  著作权侵权领域，从1990年《著作权法》开始，均通过列举式的方式规定了侵害著作权的各种类型，并未明文引入"直接侵权""间接侵权"的概念。传统著作权侵权通常按照《民法通则》和《侵权责任法》规定的责任构成、责任承担方式等进行判断。

  3. 中国模式与传统民法的融合。中国模式在形成伊始就面临与传统民法的融合。《网络著作权司法解释》规定网络服务提供者通过网络"参与"或者"教唆""帮助"他人实施著作权侵权行为的，应追究其与"其他行为人"或者"直接实施侵权行为人"的"共同侵权责任"。首次将网络服务提供者著作权侵权责任纳入了传统民法侵权法的责任体系，并事实上区分了直接侵权和间接侵权。《信网权条例》在移植和照搬美国模式的立法技术上，体现出

---

[1] 陈卫佐译：《德国民法典》，法律出版社2010年版，第306~308页。
[2] 《德国民法典》第830条；《日本民法典》第719条。

第三章 网络直播平台著作权侵权制度的本土规范基础——中国模式

与传统民法迥异的特点，但依然试图考虑体系融合性，在第23条关于搜索链接服务提供者的规定中明确其可能承担"共同侵权责任"，尝试将其纳入《民法通则》体系中。

《侵权责任法》在中国模式与传统民法的融合中扮演了关键性角色。一是将中国模式明文纳入侵权法。二是将网络侵权责任条款规定在第四章"关于责任主体的特殊规定"中，意在与第五章之后的特殊侵权行为相区分，表明网络侵权行为（包括网络服务提供者侵权行为）的形态仍属于一般侵权行为，受一般规定（如过错责任、共同侵权、连带责任等）所规制，其特殊性只不过在于其侵权主体的特殊。但《侵权责任法》同样并未引入"间接侵权"概念，也未明确网络服务提供者承担共同侵权责任的具体类型。

《信网权司法解释》则彻底解决了中国模式与传统民法形式上的融合问题。一是通过区分提供作品行为和提供服务行为，事实上确立了直接侵权和间接侵权二分法。就网络服务提供者而言，既可能以直接上传作品或参与用户提供作品的行为等方式，实施作品提供行为（即成为网络内容服务提供者），承担直接侵权责任；也可能因为仅仅提供了网络技术服务，实施了网络服务提供行为（即成为网络技术服务提供者），在具有过错时承担间接侵权责任。主要参与立法者对《信网权司法解释》的背景介绍也认可了这一点。[1] 二是以《侵权责任法》第9条为法律依据，把间接侵权纳入侵权法共同侵权规则，将网络服务提供者因实施网络服务提供行为而承担的间接侵权责任划分为教唆和帮助两种类型。其中，网络服务提供者以言语、推介技术支持、奖励积分等方式诱导、鼓励网络用户实施侵害信息网络传播权行为的，属于教唆侵权行为；网络服务提供者明知或者应知网络用户利用网络服务侵害信息网络传播权，未采取删除、屏蔽、断开链接等必要措施，或者提供技术支持等帮助行为的，属于帮助侵权行为。

《侵权责任法》和《信网权司法解释》不仅确立了网络服务提供者侵权制度的中国模式，而且还将其从形式上内嵌入传统民法体系，此后中国模式的丰富和发展无疑均建立在此基础上，未出现重大理论突破和制度调整。

---

[1] 王艳芳："《关于审理侵害信息网络传播权民事纠纷案件适用法律若干问题的规定》的理解与适用"，载《人民司法》2013年第9期。

（二）免责条件的改造

1. 美国模式免责条件的含义。美国模式是以免责条件的面目出现的，从《DMCA 报告》的解释来看，"新的第 512 条包含限制网络服务提供者的责任……第 512 条不是有意暗示网络服务提供者在符合免责条件或不符合免责条件是否应当被认定为侵权人承担责任。相反，如果根据现有法律原则认定网络服务提供者应承担责任时，才适用免责条件（判断其是否可以免责）"。[1]可见，美国模式明确排除了将其作为归责条件的意图，而是以"根据现有法律原则"认定侵权时，如果网络服务提供者满足了免责条件，可以免除责任。从《美国版权法》《白皮书》及 Frena 案等判例来看，上述"根据现有法律原则"认定侵权，应指的是根据版权法，认定网络服务提供者因其用户的侵权行为而适用严格责任原则承担直接侵权责任的情形。美国模式免责条件免除的正是这种情形。

虽然《DMCA 报告》中同时指出，"第（a）至第（d）款中的限制保护符合条件的网络服务提供者免受直接、替代和共同侵权的所有金钱赔偿责任"。[2]似乎网络服务提供者仍有承担直接侵权责任的可能，但从实际效果来看，由于免除了严格责任，DMCA 所建立的"避风港"规则实际上基本排除了直接侵权责任在网络服务提供者版权侵权领域的适用。[3] DMCA 之所以作出上述看似矛盾的规定，恰恰由于其"只重视'免责'的最终结果，不问被'免'的'责任'从何而来的实用主义思维"。[4]

2. 中国模式对免责条件的改造。《信网权条例》在引入"避风港"规则的时候也是将其单纯作为免责条件规定的，并未结合大陆法系立法传统对其进行体系化考量。传统侵权法中的免责事由主要包括受害人故意、受害人同意、第三人行为、不可抗力、紧急避险和正当防卫等，其原理在于行为人按照侵权构成要件已经构成侵权的前提下，由于存在免责事由而免除其责任。《信网权条例》中这一"从天而降"的免责条件，很容易让人按照上述传统

---

[1] Senate Report 105~190, 105th Congress, 2nd Session, p. 40.
[2] Senate Report 105~190, 105th Congress, 2nd Session, p. 20.
[3] 朱冬："网络服务提供者间接侵权责任的移植与变异"，载《中外法学》2019 年第 5 期。
[4] 王迁："《信息网络传播权保护条例》中'避风港'规则的效力"，载《法学》2010 年第 6 期。

侵权法思维进行解读。事实上，早期不少学者即持此观点。[1]然而，这一观点并未考虑美国模式建立的背景与中国法律制度的差异。在中国，无论制定法还是司法判例，并未要求单纯提供技术服务的网络服务提供者（网络技术服务提供者）对其用户的侵权行为承担直接侵权责任（严格责任）。相反，早在2000年的《网络著作权司法解释》就将网络服务提供者著作权侵权形态区分为"参与"或者"教唆""帮助"，规定追究其与"其他行为人"或者"直接实施侵权行为人"的"共同侵权责任"[2]，实际上区分了直接侵权与间接侵权。因此，从法理上分析，《信网权条例》规定的免责条件，实际上就是归责条件的反面表述，属于同一硬币的两面。

为了澄清和解释这一问题，《侵权责任法》第36条从归责条件角度对"避风港"规则进行了规定。一般认为，《信网权条例》是免责条件，《侵权责任法》将其改造为归责条件，从而适应民法体系。北京市高级人民法院2016年颁布的《关于涉及网络知识产权案件的审理指南》即规定："侵权责任法第三十六条属于侵权责任构成要件条款。信息网络传播权保护条例第二十条、第二十一条、第二十二条、第二十三条属于网络服务提供者侵权损害赔偿责任免责条款。不符合前述免责条件的，应根据侵权责任法第三十六条判断网络服务提供者是否应当承担损害赔偿责任。"[3]

需要指出的是，北京高院的上述规定实际上又涉及了免责条件与归责条件的适用关系问题。早在2011年，最高人民法院就对此明确指出："凡网络服务提供行为符合法定免责条件的，网络服务提供者不承担侵权赔偿责任；虽然不完全符合法定的免责条件，但网络服务提供者不具有过错的，也不承担侵权赔偿责任。"[4]也即，判断网络服务提供者是否承担间接侵权责任，首先应考察其是否符合免责条件：如果符合，则予以免责；如果不符合，则应

---

[1] 谢冠斌、史学清："网络搜索服务商过错责任的合理界定——再评'雅虎案'与'百度案'一审判决"，载《知识产权》2008年第1期；史学清、汪涌："避风港还是风暴角——解读《信息网络传播权保护条例》第23条"，载《知识产权》2009年第2期。

[2] 《网络著作权司法解释》第4条。

[3] 《北京市高级人民法院关于涉及网络知识产权案件的审理指南》第11条。

[4] 《最高人民法院关于充分发挥知识产权审判职能作用推动社会主义文化大发展大繁荣和促进经济自主协调发展若干问题的意见》第6条。

继续根据《侵权责任法》一般构成要件考察其是否应承担责任,而考察的关键在于是否存在"过错"。这一判断逻辑看似在免责条件与归责条件之间留出了"过错"审查的空间,实现了免责条件与归责条件的功能区分,然而根据《信网权司法解释》,"网络服务提供者的过错包括对于网络用户侵害信息网络传播权行为的明知或者应知",[1]结合该解释对"过错"认定的整体规定可以看出,网络服务提供者"过错"认定实际上在免责条件认定环节已经完成了。换言之,网络服务提供者免责条件中"不存在过错"与归责条件中"存在过错"是同一回事,免责条件与归责条件之间的"空间"实际上是不存在的。这也从适用关系上证明中国模式已将美国模式的免责条件彻底改造成大陆法系的归责条件,从而进一步实现了"避风港"规则这一传统民法体系之外的"孤儿"和"怪胎"从形式上融入民法体系。

三、过错认定规则的发展

将美国模式的具体规则通过制度改造融入中国民法体系后,判断网络服务提供者侵权行为是否成立理论上仍应按照侵权法上加害行为、过错、因果联系和损害结果四要件进行分析。事实上,由于直接侵权采用无过错原则,对于直接侵权损害赔偿的过错标准也极低,网络服务提供者直接侵权行为的判定主要依赖对行为性质的认定。以信息网络传播权侵权为例,直接侵权的认定主要看被控行为是否落入到信息网络传播权的控制范围。对于网络服务提供者而言,除了直接提供作品(网络内容服务提供者)外,其他事实上将作品置于网络中使公众可以在个人选定的时间和地点获得的行为,也属于对信息网络传播权的直接侵权。而对于网络服务提供者间接侵权而言,由于"避风港"规则的引入,以及网络侵权行为固有的复杂性、多样性,其判断标准主要依赖对网络服务提供者"过错"的认定。因此,过错认定规则是网络服务提供者间接侵权认定的关键要素,也是网络服务提供者侵权制度的重要基石。

(一)美国模式中过错的构成和认定标准

前文分析过,在美国模式中,DMCA对于网络服务提供者过错的规定体现

---

[1]《信网权司法解释》第8条第1款。

在三个方面：一是不负主动审查义务；二是一般过错构成；三是"红旗规则"。

美国模式对于网络服务提供者不负主动审查义务的规定是绝对的、彻底的：即使网络服务提供者对用户的直接侵权行为有大致的了解，但如果对具体侵权行为没有认知，则也没有义务主动审查或采取措施降低侵权风险。此时不应认定网络服务提供者存在主观过错。

美国模式中网络服务提供者的一般过错主要分为两类：第512条第（a）款和第（b）款关于短暂传输和系统缓存服务提供者的过错规定和第（c）款和第（d）款关于信息存储空间和信息定位工具服务提供者的过错规定。由于"免责条件"杂糅了主观因素与非主观因素（如身份因素），因此从反面理解，网络服务提供者如果未符合"免责"条件中的主观因素条件，则可认为存在"主观过错"。对于短暂传输服务提供者而言，如果在短暂传输过程中，网络服务提供者对内容进行了选择，或者挑选了接受方，或者违反合理必要时间对传输内容进行了复制，或者对内容进行了修改，都将被视为存在主观过错。对于系统缓存服务提供者而言，如果违反了第（b）款第（2）项规定的5种情形，则可认为其存在主观过错，不能进入"避风港"免责。对于信息存储空间和信息定位工具两类服务提供者而言，DMCA规定了共同侵权（帮助侵权、引诱侵权）和替代侵权两方面免责条件，针对共同侵权，要求网络服务提供者"没有实际认知（actual knowledge）"，这种实际认知既可能由于网络服务提供者本身对侵权行为的知晓，可能来源于版权人的通知，网络服务提供者一旦具备了这样的"实际认知"，又未及时采取删除等措施，则认为其存在主观过错；针对替代侵权，DMCA规定了"实际控制的权利和能力"和"直接获利"两个条件，显然"直接获利"不仅是客观事实状态，也包含了网络服务提供者的主观追求，因此，从侵权行为中"直接获利"应属信息存储空间和信息定位工具服务提供者构成替代侵权的主观过错。

"红旗规则"则在一般过错构成基础上对网络服务提供者提出了新的要求。如果侵权事实像一面鲜艳的红旗一样公然飘扬，而网络服务提供者仍然没有意识到，或者像一头鸵鸟一样将头埋在沙子里假装看不到，仍然保留这些侵权内容而不及时采取删除、屏蔽、断开链接等手段，则法律推定其"应当"意识到侵权行为存在，故而存在主观过错。前文分析过，"红旗规则"对于过错的认定标准实际上是低于一般侵权法上对于"理性人""有理由知道（have reason to know）"标准的。

（二）中国模式中过错的构成和认定标准

与美国模式类似，中国模式对于网络服务提供者过错的规定也未采用传统侵权法"故意""过失"的抽象标准，而是采取了"概括+列举"的方式。其中，早期《网络著作权司法解释》采用了"明知+警告而未移除"的概括式方式[1]。

1.《信网权条例》。《信网权条例》效仿 DMCA，通过明确四类网络服务提供者的免责条件，从反面可以解读其过错构成及认定标准。

对于自动接入、自动传输服务提供者，如果其"未选择且未改变"所传输的内容，"向指定"对象提供作品，并防止指定对象以外的人活动的，则可免责。相应的，这类网络服务提供者的过错则是对传输内容进行了选择或改变，或未向指定对象提供，或使指定对象以外的人获得了作品。事实上，在《信网权条例》下，这种单纯接入服务提供者实际上是不大可能存在主观过错的。对于系统缓存服务提供者而言，《信网权条例》规定了三个免责条件：一是未改变自动存储的内容；二是不影响提供内容的原网络服务提供者掌握服务对象获取该内容的情况；三是在原网络服务提供者修改、删除或者屏蔽该内容时，根据技术安排自动予以修改、删除或屏蔽。从反面理解，如果系统缓存服务提供者违反了上述规定，则存在主观过错自不待言。由于这两类网络服务提供者因主观过错无法获得免责的情形实践中极少，理论探讨价值不大。

真正具有研究价值的是《信网权条例》对于信息存储空间和搜索链接服务提供者过错的规定。《信网权条例》第 22 条对此类网络服务提供者规定了五项免责条件：一是网络服务提供者明确标示该信息存储空间是为服务对象所提供，并公开自己的名称、联系人、网络地址；二是未改变服务对象所提供的内容；三是"不知道也没有合理理由应当知道"服务对象提供的内容侵权；四是未从服务对象提供的内容中直接获得经济利益；五是接到权利人通知后删除涉嫌侵权的内容。其中，第一项免责条件似乎并无侵权法上的意义。

---

[1]《网络著作权司法解释》第 5 条。

第二项条件的违反实际上相当于干预了内容的传播，可能构成直接侵权。第三项条件是对信息存储空间服务提供者间接侵权主观过错的规定，实际是综合了美国模式第 512 条第（c）款第（1）项第（A）目（ⅰ）（ⅱ）（ⅲ）三个条款的内容，应当理解为包含了 DMCA 所确立的"红旗规则"，即侵权行为明显时，推定网络服务提供者"没有合理理由不应当知道"。第四项条件外观上与美国模式中替代侵权的免责条件类似。第五项条件是"通知—删除"规则的法律效果，若网络服务提供者收到了权利人发出的有效通知，则推定其知晓了侵权行为，如不采取删除措施，则认定其存在主观过错。

《信网权条例》第 23 条关于搜索链接服务提供者免责条件的规定比较简单：一是网络服务提供者应符合"通知—删除"规则，在收到权利人通知后断开侵权内容的链接；二是网络服务提供者"明知或应知"所链接内容侵权的，应当承担"共同侵权责任"。

值得注意的是，第 23 条中关于搜索链接服务提供者主观过错的表述为"明知或应知"，与第 22 条信息存储空间服务提供者免责条件中的"不知道也没有合理的理由应当知道"不同。在同一规范性文件中采用不同的表述引发了广泛地争论和批评。"明知"是否等于"知道"，"应知"是否等于"有合理理由应当知道"？从立法者的解释来看，对于信息存储空间服务提供者的免责条件借鉴了美国模式第 512 条第（c）款的规定，强调网络服务提供者"一定是出于善意，主观上没有过错"；[1]而对于搜索链接服务提供者的免责规定则明确参考了第（d）款的规定，要求网络服务提供者"并不知情，既不明知也不应知"[2]。而第 512 条对于这两类网络服务提供者免责条件的规定其实是一致的，可见，《信网权条例》第 22 条和第 23 条不同表述的内涵是同一的（也均包含"红旗规则"），差别仅仅在于立法技术问题。此外，立法者还将上述主观过错归于传统侵权法中的"故意"[3]，而非过失。

2.《侵权责任法》。《侵权责任法》对于网络服务提供者过错构成和认定标准的规定引发的争论较大。该法采用概括式方式对网络服务提供者的过错

---

[1] 张建华主编：《信息网络传播权保护条例释义》，中国法制出版社 2006 年版，第 85 页。
[2] 张建华主编：《信息网络传播权保护条例释义》，中国法制出版社 2006 年版，第 89 页。
[3] 张建华主编：《信息网络传播权保护条例释义》，中国法制出版社 2006 年版，第 87 页。

进行规定。第 36 条第 2 款确立了"通知—必要措施"规则,其中第二句要求:"网络服务提供者接到通知后未及时采取必要措施的,对损害的扩大部分与该网络用户承担连带责任。"也即网络服务提供者收到通知后未及时采取必要措施的,认定其对损害扩大部分存在过错,这与美国模式及《信网权条例》的立法思想并无不同,只不过将主体范围和保护的权利客体范围进行了扩大。第 36 条第 3 款则规定:"网络服务提供者知道网络用户利用其网络服务侵害他人民事权益,未采取必要措施的,与该网络用户承担连带责任。"针对第 3 款的争论最多,主要集中在两个方面:一是第 3 款与第 2 款的适用关系问题;二是"知道"的含义。

针对第一个方面,全国人大常委会法工委在对《侵权责任法》的立法说明中指出:"第 2 款和第 3 款是并列关系,并非递进关系,更非包含关系。"[1]这一理解包含了三层意思:其一,网络服务提供者不负普遍审查义务;其二,由于网络服务提供者不负普遍审查义务,因此实践中网络服务提供者"知道"侵权行为大多来源于权利人的"通知";其三,但不能认为"通知"是网络服务提供者"知道"的唯一来源和条件,不能简单认为只有"通知"能构成"知道",如果权利人能够举证证明网络服务提供者原本或实际"知道"侵权行为而未采取必要措施的,权利人可以直接要求网络服务提供者因其过错承担责任。

针对第二个方面,争论的焦点在于"知道"究竟仅指"明知",还是既包括"明知"也包括"应知"(《信网权条例》对于信息存储空间的"有合理理由应当知道")。在立法过程中,专家学者、法官和相关部门、产业界对此就进行了激烈的争论。[2]然而从立法者的解释来看,"'知道'可以包括'明知'和'应知'两种主观状态"。[3]而且时至今日,无论从此后中国模式制度载体的立法意图来讲,还是司法实践和学界主流意见来看,网络服务提供者

---

[1] 全国人大常委会法制工作委员会民法室编:《〈中华人民共和国侵权责任法〉条文说明、立法理由及相关规定》,北京大学出版社 2010 年版,第 154 页。

[2] 参见全国人大常委会法制工作委员会民法室编:《侵权责任法立法背景与观点全集》,法律出版社 2010 年版,第 610~622 页。

[3] 全国人大常委会法制工作委员会民法室编:《〈中华人民共和国侵权责任法〉条文说明、立法理由及相关规定》,北京大学出版社 2010 年版,第 152 页。

过错的主观要件包括明知和应知两种状态是确定无疑的，只不过具体表述存在差异。

《侵权责任法》将《信网权条例》关于信息存储空间和搜索链接两类服务提供者主观过错的构成和认定标准改造成为普遍适用于网络服务提供者的规定：一是将"通知"明确作为网络服务提供者"明知"的重要条件，进行单独规定。二是隐含了网络服务提供者不负普遍审查义务的规则。三是将网络服务提供者过错的主观要件规定为"知道"，实际上包括"明知"和"应知"两种主观状态。四是"应知"标准中隐含了"红旗规则"，本身又高于"红旗规则"，但《侵权责任法》并未对此作区分，也未明确规定"红旗规则"。

3.《信网权司法解释》和《网络人身权司法解释》。这两部司法解释是对《侵权责任法》第36条在具体权利保护领域的适用进行的梳理、明确和细化。特别是《信网权司法解释》，一个重要功能就是解决《网络著作权司法解释》的不适应性[1]，同时调和《信网权条例》"免责条件"与《侵权责任法》第36条"归责条件"的具体衔接问题，关于过错认定规则的明确是这两部司法解释重点解决的问题。

《信网权司法解释》在网络服务提供者过错构成方面，借鉴了美国模式，并将《信网权条例》和《侵权责任法》未具体明确，但司法实践中成熟的、没有争议的问题进行了规定：其一，明确规定了不负主动审查义务规则[2]，网络服务提供者对用户侵权行为未进行主动审查的，不应因此认定为存在过错。其二，结合对侵权行为形态的重塑和融入民法体系，规定了一般过错构成：①由于区分了直接侵权和间接侵权，进一步明确间接侵权采用过错责任原则[3]。②由于将间接侵权解释为一般侵权法中共同侵权，进而区分为教唆侵权和帮助侵权，该解释明确了这两类侵权行为的过错主观形态为"明知"和"应知"[4]。③对于《信网权条例》中关于信息存储空间"直接获得经济

---

[1] 王艳芳："《关于审理侵害信息网络传播权民事纠纷案件适用法律若干问题的规定》的理解与适用"，载《人民司法》2013年第9期。
[2]《信网权司法解释》第8条第2款。
[3]《信网权司法解释》第6条。
[4]《信网权司法解释》第8条第1款。

利益"[1]对应美国模式中"替代侵权",而中国法上无对应规定的问题,该解释将其过错构成表述为"负有较高的注意义务",[2]从而从构成上看仍然属于教唆、帮助侵权范畴。其三,明确规定了信息存储空间服务提供者的"红旗规则"[3]。第四,规定了鼓励过滤筛查规则,[4]对已采取合理有效技术措施仍难以发现侵权行为的,不认定其具有过错。这里的"技术措施"实际上包括了人工筛查等各种行之有效的过滤方式:一方面这一规则属于鼓励、激励性质,符合技术发展实际,未给网络服务提供者造成过重负担;另一方面也是对美国模式中绝对的不负主动审查义务的调整平衡,具有中国特色。

在过错的认定标准方面,《信网权司法解释》通过列举式的方式明确了"明知""应知""红旗规则"等的具体考量因素。①对于"明知",该解释延续了将收到"通知"且未及时采取必要措施作为认定网络服务提供者"明知"主要来源的立法思想[5]。同时并未将其作为唯一条件,不排除权利人能够证明网络服务提供者"明知"的其他可能性。②对于"应知",由于其缺乏"明知"的客观化判断标准,实践中较为主观,该解释列举了认定"应知"的六种考量因素及兜底条款,[6]引导和辅助裁判者综合判断是否构成"应知"。从该解释列举的考量因素看,实际上对网络服务提供者提出了一定的预防侵权的要求,进一步压缩了"不负主动审查义务"的空间,包括对美国模式中门槛条件"停止向反复侵权者提供服务"的引入,体现了中国模式对网络服务提供者利益不过分偏重的立法思想,将其拉回"一般理性人"的注意义务标准。此外,该解释还将网络服务提供者对热播影视作品的推荐直接认定为"应知",[7]进一步提高网络服务提供者的过错认定标准。③对于中国版"红旗规则",该解释将信息存储空间服务提供者对明显(apparent)可以感知的侵权行为(如热播影视剧通常不可能由用户同步上传至网站)未采

---

[1]《信网权条例》第22条第4项。
[2]《信网权司法解释》第11条第1款。
[3]《信网权司法解释》第12条。
[4]《信网权司法解释》第8条第3款。
[5]《信网权司法解释》第13条。
[6]《信网权司法解释》第9条。
[7]《信网权司法解释》第10条。

取合理措施,甚至将其置于首页、选择推荐、设立排行榜的,可以直接认定为"应知"。[1]这一规定是对美国模式"红旗规则"的引入和具体化,其过错认定标准低于一般"应知",但具有现实针对性。同时,"等"字和兜底条款相结合,实践中可以将其他符合条件的作品类型涵盖进来。

《网络人身权司法解释》对于网络服务提供者过错认定规则较《信网权司法解释》简略,未将《侵权责任法》第36条第3款"知道"的形态进行具体划分,而是通过类似《信网权司法解释》对于"应知"的列举方式进行了列举。[2]从形式上看似乎与《侵权责任法》《信网权司法解释》存在冲突(将"知道"理解为"应知"),但从实际运行来看并无太大区别。同时,该解释还结合调整的领域,专门规定了网络转载行为的过错认定规则[3]。

4.《电子商务法》和《民法典》。《电子商务法》和《民法典》对于网络服务提供者过错认定规则采用了《侵权责任法》的模式,即通知导致的过错与一般过错规定相结合的概括式方式。其中,《电子商务法》对于一般过错的主观要件使用了"知道或者应当知道"的表述。《民法典》从条文结构上延续了《侵权责任法》的基本结构,过错的主观要件则采用了《电子商务法》"知道或者应当知道"的表述,实际上与"明知""应知"相对应,并无实际区别。

5. 中国模式过错认定规则的特点。考察网络服务提供者侵权制度中国模式中过错认定规则的发展历程,可以总结出以下六个特点:一是中国模式中过错认定规则具有很深的美国模式烙印,包括通知导致的过错、不负主动审查义务、直接获利、制止重复侵权、"红旗规则"等制度基因。二是在融入传统民法体系的过程中,同步对过错认定规则进行了改造和调整,使其形式上适应传统侵权法的规则结构,包括对过错主观要件的区分,对直接获利法律效果的重塑等。三是体现平衡各方利益,特别是不过度倾向网络服务提供者的司法政策导向。与美国模式受互联网产业游说和影响导致过度保护网络服务提供者不同,中国模式坚持利益平衡的政策取向,适当提高了网络服务提

---

[1]《信网权司法解释》第12条。
[2]《网络人身权司法解释》第9条。
[3]《网络人身权司法解释》第10条。

供者的注意义务，主要体现在过错主观要件中纳入"应知"并具体列举其考量因素，将其拉回到"一般理性人"的认知标准等方面。四是反映实践要求，包括确立鼓励过滤筛查规则，"红旗规则"的具体化等。五是既有概括式规定也有列举式规定，基本法律和一般性法律采用概括式规定，再通过行政法规、司法解释针对具体领域采用列举式规定。六是上述法律、法规、司法解释的具体规则可以相互参照适用，整体上体现中国特色。这也一定程度上解决了侵权主体和权利客体范围扩大后，复杂多变的网络侵权现实与一般性法律无法面面俱到之间的矛盾。

四、必要措施理论

美国模式规定，信息存储空间和信息定位工具服务提供者对于侵权内容应"在获得这样的认知后已经尽快删除或禁止访问这些内容"[1]以及"根据版权人的通知，尽快删除或禁止访问被认为是侵权或侵权行为主体的内容"，[2]在此情形下可以进入"避风港"免责。换言之，这两类网络服务提供者实际知道侵权行为后，应尽快删除涉嫌侵权的内容或禁止访问该内容，否则就不能获得免责。由于网络服务提供者实际知道侵权行为主要依赖于权利人"通知"，因此上述规定实际主要运用在"通知—删除"规则中。《信网权条例》将包括"通知—删除"规则在内的"避风港"规则主要条款作为免责条件引入中国，规则机理上没有重大变化。而自《侵权责任法》颁布至今，原先的免责条件开始以归责条件的面目出现，同时"通知—删除"规则也改造为"通知—必要措施"规则，逐渐形成具有中国模式特色的必要措施理论。必要措施理论主要有三个方面内涵：

（一）归责条件下过错构成的客观要件

美国模式下，由于"通知—删除"规则属于免责条件，网络服务提供者在实际知道侵权内容后，如果没有及时删除、禁止访问，并不必然承担侵权责任，只是不能进入"避风港"，最终是否承担责任还要根据版权侵权的一般规则（如《美国版权法》第501条）进行判断。而中国模式将免责条件改造

---

[1] 17 USC 512 (c) (1) (A) (iii) & 17 USC 512 (d) (1) (C).
[2] 17 USC 512 (c) (1) (C) & 17 USC 512 (d) (3).

为归责条件后，网络服务提供者如果明知（主要来源于权利人通知）侵权行为，而不及时采取必要措施，则认定其存在过错，应承担共同侵权责任。换言之，在中国模式下，过错认定除了考察前文提到的主观要件（明知、应知）外，还应判断是否具备客观要件，即是否及时采取必要措施。必要措施在中国模式中已成为网络服务提供者的一项法定义务。

（二）及时性

中国模式对网络服务提供者采取"必要措施"有一项重要的限定条件——及时。对此，《侵权责任法》和《民法典》未做进一步解释。有学者认为，所谓"及时"，本质是"无不适当的迟延"。[1]《信网权司法解释》则对于"及时性"的考量因素作了规定："人民法院认定网络服务提供者采取的删除、屏蔽、断开链接等必要措施是否及时，应当根据权利人提交通知的形式，通知的准确程度，采取措施的难易程度，网络服务的性质，所涉作品、表演、录音录像制品的类型、知名度、数量等因素综合判断。"[2]鉴于中国模式的特点，这一规定同样可以在其他领域得到参照适用。该条明确了"及时性"考量的四个方面因素：一是权利人"通知"本身，包括通知的形式、准确程度等，与通知的有效性判断相关联；二是采取措施的难易程度，越复杂（无论是技术上还是管理上）的操作显然耗费的时间越长；三是网络服务本身的性质，事实上这义与网络服务提供者本身能否接触到被控侵权内容、多大程度上能够接触和干预侵权内容的继续传播有关；四是所涉作品的类型、知名度、数量等，作品类型越复杂（如软件作品）、知名度越低、数量越多，网络服务提供者进行初步判断的时间越长、难度越大，相应采取必要措施的时间也更长。《网络人身权司法解释》对此做了类似的规定。[3]关于及时性的时间区间，最高人民法院认为，"通常，它表现为一个有效的通知到达网络服务提供者之后，可以合理期待该网络服务提供者应处理该通知的时间段内"。[4]

---

[1] 李佳伦："影响网络服务提供者采取措施及时性的因素"，载《当代法学》2017年第3期。
[2]《信网权司法解释》第14条。
[3]《网络人身权司法解释》第6条。
[4] 最高人民法院侵权责任法研究小组编著：《〈中华人民共和国侵权责任法〉条文理解与适用》，人民法院出版社2016年，第267页。

(三) 必要措施的范围

美国模式只规定了"通知—删除"规则,并未规定更广泛意义上的"通知—必要措施"规则[1]。在"通知—删除"规则中,"删除"的意义较为明确,范围一般包括删除侵权内容、断开链接使公众无法访问侵权内容、禁止访问(屏蔽)侵权内容。《侵权责任法》将"通知—删除"规则改造为"通知—必要措施"规则有其法理基础:一是《侵权责任法》涵盖各类网络服务提供者,而不仅限于传统的四类,且保护的权利客体多种多样,不可能机械规定"删除、屏蔽、断开链接"三种传统措施;二是从立法技术上必须为今后可能出现的其他侵权行为类型及其对应的阻断措施留有余地;三是美国模式作为制度样本,实际上也并不否定开放式阻断措施。

对于《侵权责任法》(包括此后的《信网权司法解释》《网络人身权司法解释》)关于必要措施"等"的开放式规定所包括的范围,立法者指出:对于信息存储空间和搜索链接服务提供者,一般应采取删除、屏蔽、断开链接等必要措施;对于自动接入、自动传输和系统缓存服务提供者,"应当在技术可能做到的范围内采取必要措施,如果采取这些措施会使其违反普遍服务义务,在技术和经济上增加不合理的负担,该网络服务提供者可以将侵权通知转送相应网站"。[2]立法者对此解释认为,如果不对这两类网络服务提供者采取必要措施进行要求,可能会影响互联网行业的健康发展。最高人民法院认为:"必要措施,是指足以防止侵权行为的继续和侵害后果的扩大并且不会给网络服务提供者造成不成比例的损害的措施,包括删除、屏蔽、断开链接、暂时中止对该网络用户提供服务等。"[3]《电子商务法》则根据电子商务活动特性,将必要措施的范围扩大到"终止交易和服务"。从两种官方解释和《电子商务法》的规定来看:①必要措施义务已涵盖包括依据《信网权条

---

[1] 对此,有学者提出不同看法,认为将美国模式中相关规则理解为"通知—删除"规则是以偏概全,美国模式也是"通知—必要措施"规则,必要措施不仅限于删除、屏蔽、断开链接,还应包括建立受理机制、停止连接服务等各种措施。参见李扬、陈曦程:"信息网络传播权侵害中的通知与必要措施规则",载《政法论丛》2020年第2期。

[2] 全国人大常委会法制工作委员会民法室编:《〈中华人民共和国侵权责任法〉条文说明、立法理由及相关规定》,北京大学出版社2010年版,第151~152页。

[3] 最高人民法院侵权责任法研究小组编著:《〈中华人民共和国侵权责任法〉条文理解与适用》,人民法院出版社2016年版,第267页。

例》不受"通知—删除"规则规制的前两类网络服务提供者；②必要措施应与制止侵权的目的、网络服务提供者的成本负担成比例；③"等"字至少可以解释为"暂时中止服务""终止交易和服务"，甚至可以解释为"转通知"，从而突破对其他必要措施应与删除、屏蔽、断开链接"等·效"[1]的字面理解。

事实上，在最高人民法院公布的第83号指导案例中，法院认为：转通知属于天猫公司应当采取的必要措施之一。天猫公司未履行转通知义务结果导致被投诉人未收到权利人的警示，进而造成损害后果进一步扩大，应对损失扩大部分承担连带责任。[2]可见，司法实践明确认为"转通知"应作为必要措施的一种。

《民法典》在总结立法经验和裁判观点的基础上，对必要措施做了进一步规定。第1195条第2款规定网络服务提供者在收到通知后，应根据"构成侵权的初步证据和服务类型"采取必要措施。这一规定实际与上述"比例原则"是一致的。

第三节　新型案例对中国模式的影响

网络服务提供者侵权制度中国模式的形成和发展过程中，司法判例发挥了重要影响。司法实践不断探索和诠释了中国模式的各项具体规则，也促进了理论建构和理论创新，不少实践成果已通过法律法规、司法解释固化下来。在中国模式基本定型后，近年来，随着网络技术的飞速创新发展，新兴网络服务类型也不断涌现，相伴而来新兴的服务模式也对网络环境下相关权利的保护提出了新的课题。这些课题和挑战最终影响到新型网络服务提供者侵权责任的划定，某种意义上不断拷问着中国模式的解释空间和适应性。下文分析的三件典型案例分别涉及云服务提供商、域名解析商和微信平台等新型网

---

〔1〕 姚震："论'通知—删除'规则对云服务器提供商的豁免——兼议'转权利人通知'"，载《南通大学学报（社会科学版）》2020年第5期。

〔2〕 最高人民法院发布的第83号指导案例"威海嘉易烤生活家电有限公司诉永康市金仕德工贸有限公司、浙江天猫网络有限公司侵害发明专利权纠纷案"。

络服务提供者,从服务性质来看均与传统网络服务提供者存在区别,相关司法观点对主体的定性、具体规则的适用和侵权责任的界定展现了司法机关对中国模式的理解,具有重要意义。

一、"阿里云"案

(一) 基本案情

原告北京乐动卓越科技有限公司(以下简称"乐动卓越公司")改编的手机游戏软件《我叫 MT online》于 2013 年 1 月和 3 月起分别在安卓和 IOS 平台上线,销量巨大、知名度广泛。2015 年 8 月,原告发现 www.callmt.com 网站提供一款名为《我叫 MT 畅爽版》手机游戏,经比对,该款游戏系非法复制涉案游戏软件的数据包制成的盗版软件,通过 www.callmt.com 网站非法运营获利。原告经过调查发现,侵权游戏软件内容存储于阿里云服务器,并通过该服务器向客户端提供游戏服务。原告遂于 2015 年 10 月两次致函被告阿里云计算有限公司(以下简称"阿里云公司"),要求其清除侵权游戏软件并向原告提供用户的具体信息。被告一直未予回应,直至一审中才告知服务器承租人并关停了相关服务器主机。

一审中,原告主张被告作为网络服务提供者,在收到权利人两次通知后,仍未及时采取合理措施(包括删除侵权内容、提供租用人信息等),应对原告损失扩大部分承担连带责任。被告辩称:①原告不能证明其是涉案游戏软件的著作权人,亦不能证明该软件与阿里云服务器存储内容一致。②被告云服务器业务属于第一类增值电信业务中的互联网数据中心业务,属于技术底层业务,且不属于《信网权条例》中的信息储存空间服务,未实施直接侵权行为,不承担侵权责任。③被告尽到了事前提醒注意义务,对侵权内容不知情,未自侵权游戏软件直接获取利益,未收到原告的通知,且已经关停了涉诉 IP 主机服务,主观无过错不应承担侵权责任。

北京市石景山区人民法院一审[1]认为:原告的通知构成有效通知,被告虽非《信网权条例》规定的信息存储空间服务者,但属于网络服务提供者,

---

[1] 北京市石景山区人民法院 (2015) 石民 (知) 初字第 8279 号民事判决书。

仍应受《侵权责任法》第 36 条规制，在收到权利人有效通知后应采取恰当合理的措施积极配合权利人制止侵权行为，防止损失扩大。但被告一直持消极态度，8 个月内未采取任何措施，导致损害后果持续扩大，应承担法律责任。

阿里云公司不服一审判决提起上诉。二审中，阿里云公司认为：云服务器租赁服务属于基础、底层电信服务，不属于可以适用《侵权责任法》第 36 条"通知—删除"规则的网络服务提供者，本案应根据服务性质参照《信网权条例》关于自动接入、自动传输服务提供者的规定豁免"通知—删除"规则义务；乐动卓越公司两次通知均不符合法律要求，属于无效通知；即使通知合格，阿里云公司也不应采取"关停"措施，且不应承担一审法院强加的"转通知"义务。

(二) 裁判观点

北京知识产权法院二审[1]认为：①在法律适用方面，信息网络传播权纠纷应优先适用《信网权条例》，《信网权条例》未明确规定的，适用《侵权责任法》。对于传统四类网络服务提供者，以及涉及信息存储空间和搜索链接服务提供者的"通知—删除"规则，适用《信网权条例》；对于其他网络技术服务提供者，适用《侵权责任法》第 36 条第 2 和第 3 款。云服务提供商不属于《信网权条例》规定的具体服务类型，故本案适用《侵权责任法》。②在有效通知的判断标准方面，《侵权责任法》第 36 条第 2 款中的"通知"具体可以参照《信网权条例》及《信网权司法解释》中的规定，合格通知的判断关键在于能否使网络服务提供者准确识别权利人、快速定位并判断侵权行为。乐动卓越公司发出的通知不属于合格通知，不应对阿里云公司苛以进一步联系、核实、调查等责任。③在必要措施方面，其范围不限于"删除、屏蔽、断开链接"，还包括"转通知"等方式，必要措施是一套由轻到重的具体措施体系。必要措施的认定应结合场景及行业特点，坚持审慎合理原则，实现权利人、行业发展和用户利益的平衡，而云计算行业发展现状决定对阿里云公司注意义务不能过于苛责。二审法院撤销一审判决，改判驳回乐动卓越公司全部诉讼请求。

---

[1] 北京知识产权法院（2017）京 73 民终 1194 号。

二、"阿鲁克"案

（一）基本案情

阿鲁克股份公司是涉案商标的权利人，阿鲁克幕墙门窗系统（上海）有限公司为涉案商标的普通许可使用权人，与阿鲁克股份公司共同起诉。二原告认为，涉案三网站侵犯了二原告就涉案商标享有的注册商标专用权，但不在本案中向网站经营者主张权利。阿里巴巴公司为涉案三个域名提供域名注册、解析服务，并提供域名隐私保护服务，使得权利人无法获知实际侵权人的具体信息。在收到二原告的侵权告知函后，阿里巴巴公司答复已收到文件，并且将投诉文件转交被举报方，但未披露域名注册人的认证信息，亦未停止提供域名解析服务。在法院要求下，阿里巴巴公司提交了三网站域名注册人的实名认证信息，包括域名持有者的姓名、身份证号、地址、电子邮箱和电话号码等。

二原告主张：阿里巴巴公司收到权利人通知之后，明确知晓权利人所享有的商标权以及域名注册人正在实施侵犯二原告商标权的行为，但是仍然拒绝停止提供对三网站的域名解析服务，并拒绝提供侵权网站的注册人信息，其行为明显系违反《侵权责任法》第36条的规定，构成帮助侵权。被告阿里巴巴公司抗辩称：其依法提供域名注册、解析服务，注册服务收费极低，解析服务免费，阿里巴巴公司不应承担与其服务性质、服务对价不相适应的注意义务和法律责任。阿里巴巴公司收到侵权通知后，向涉案三域名的所有者发送了通知，已采取必要措施。涉案域名注册人反通知阿里巴巴公司涉案域名及网站内容不侵权，并提供了商标注册证，同时要求阿里巴巴公司不能披露注册人信息。

（二）裁判观点[1]

法院认为：①阿里巴巴公司属于《侵权责任法》第36条规定的网络服务提供者，应适用该条规定。②二原告发送的通知符合要求，属于有效通知。③必要措施应遵循合理谨慎原则，根据所侵害权利的性质、侵权具体情

---

[1] 北京市海淀区人民法院（2017）京0108民初3395号民事判决书。

节和具体的服务性质综合判断。必要措施不限于法律明文规定的删除、屏蔽、断开链接等及时阻止侵权行为的措施，还包括由于权利特性或服务特性无法采取上述措施时的其他措施（如转通知）。在具体判断时，既要考虑到权利性质和侵权判断难易程度，也要考虑到权利人、行业发展与用户利益的平衡，并且结合具体的争议场景。本案中，在阿里巴巴公司无法判断涉案三网站存在侵害商标权行为的前提下，作为域名解析服务商，阿里巴巴公司所能采取的与"删除、屏蔽、断开链接"等效的措施是停止解析服务，而这将造成涉案三网站全部无法访问，明显超过了必要限度，违反审慎合理原则。而阿里巴巴公司已经"转通知"，应认定为已采取必要措施。④关于信息披露义务和用户隐私保护，法院认为，考虑到防止权利滥用、保护用户隐私、避免过度增加网络服务提供者义务，信息披露义务并非指网络服务提供者针对权利人通知直接向其履行，而应通过诉讼、仲裁，或行政查处程序，根据法院、仲裁机构、行政机关要求，网络服务提供者向上述机构披露。法院遂驳回原告全部诉讼请求。双方均未上诉。

三、"微信小程序"案

（一）基本案情

原告杭州刀豆网络科技有限公司（以下简称"刀豆公司"）是《武志红的心理学课》的著作权人，该公司发现被告长沙百赞网络科技有限公司（以下简称"百赞公司"）运营的三个微信小程序中均有"武志红心理学"收听栏目，经比对部分内容与涉案作品一致。原告遂以著作权侵权为由对被告百赞公司及微信平台经营者深圳市腾讯计算机系统有限公司（以下简称"腾讯公司"）提起诉讼，请求百赞公司删除作品、腾讯公司删除涉案小程序，二被告承担连带责任。刀豆公司在起诉前，未就涉案侵权行为向腾讯公司发送过投诉通知。原告认为：腾讯公司作为微信小程序的平台管理者，具有审核义务；但腾讯公司在审核涉案小程序后，在应知侵权内容的情况下，仍然放任百赞公司的侵权行为，构成帮助侵权行为。被告腾讯公司抗辩称：小程序服务是一种移动页面接入技术服务，其性质属于基础性技术服务，腾讯公司并非一般意义上的网络服务提供者。小程序平台不存储开发者具体服务内容，并非信息存储空间，小程序上的内容由开发者直接向用户提供，小程序平台技术上无法针对具体内容采取处理措施。腾讯公司不应承担侵权责任或整体下架涉案小程序的责任。

（二）裁判观点

一审法院认为：腾讯公司对小程序开发者提供的是架构与接入的基础性网络服务，其性质类似《信网权条例》第 20 条规定的自动接入、自动传输服务。与通常意义上的信息存储空间不同，腾讯公司无法控制相关内容，腾讯公司不仅没有保存小程序中的数据，而且事实上也不能登入服务器核实或处理相关内容，其客观上无法对小程序中的内容作出审核，因此，刀豆公司认为腾讯公司因未尽审查义务，存在主观过错，进而构成帮助侵权的理由不能成立。腾讯公司作为基础性网络服务提供者虽然不适用于"通知—删除"规则，但应承担其他义务，例如对小程序运营主体的身份进行实名审核并公布其联系方式，确保权利人维权渠道畅通。一审法院未支持原告对于腾讯公司的诉讼请求。[1]

二审法院认为：①腾讯公司为微信小程序开发者提供了框架、组件、接口等服务，帮助开发者完成小程序页面的搭建，故其提供的服务不属于单纯的网络自动传输服务，一审将其认定为自动接入服务是错误的。②《侵权责任法》第 36 条并未限定网络服务提供者的范围和类型，对于一切网络侵权行为均有效力。而一审法院将《信网权条例》中规定的四类网络服务提供者作为依据，对该条进行目的性限缩解释，将"通知—必要措施"规则限定在信息存储空间和搜索链接两类网络服务提供者，而排除了自动接入、自动传输和系统缓存服务提供者是错误的。③微信小程序的开发者在小程序中存储了大量信息，法律并未规定腾讯公司对其中所有内容具有事前审查义务，事实上腾讯公司也不具备这样的事前审查能力。④在"通知—必要措施"规则下，腾讯公司能够采取的与"删除"等效的措施就是彻底关闭端口切断联系通道，相当于彻底删除小程序。而这样的措施不仅未针对具体侵权内容，而且造成了不成比例的损害，过于严厉。⑤腾讯公司作为新型网络服务提供者，虽然

---

[1] 杭州互联网法院（2018）浙 0192 民初 7184 号民事判决书。

不应采用删除等措施,但也并非无须采取其他措施,这取决于其提供服务的性质、技术、类型、侵权行为本身的特点及严重程度等,综合考量上述因素,一方面有实现的可能性,另一方面不超过比例原则。最终既保护权利人又实现利益平衡。二审在纠正一审说理基础上,驳回上诉维持原判。[1]

四、影响综述

"阿里云"案、"阿鲁克"案和"微信小程序"案是近年来司法实践中出现的涉及新型网络服务提供者的侵权案件,三案之间既有联系也有区别,相关法院在对三案的裁判观点上存在共识也存有争议。但无论如何,生效判决所确立的一系列认定标准、适用规则等,既是对网络服务提供者侵权制度中国模式的司法解读,也对中国模式产生重要影响,是理解中国模式的实践窗口。[2]其中,"阿里云"案(二审)入选最高人民法院"2019年中国法院50件典型知识产权案例";"微信小程序"案由于涉及微信平台,被媒体广泛报道,社会影响巨大。

(一)关于案件类型与网络服务性质

"阿里云"案是涉及游戏软件侵权的著作权案件,涉案主体是云服务器提供商;"阿鲁克"案是商标侵权案件,涉案主体是域名注册、解析服务商;"微信小程序"案是信息网络传播权侵权案件,涉案主体是微信小程序平台管理者。三案虽属不同类型,且涉案主体提供的网络服务性质均不相同,但在侵权责任的认定上均涉及对《侵权责任法》第36条的解释和适用、网络服务提供者性质的认定、"通知—必要措施"规则的理解(特别是必要措施的范围)等中国模式重要理论问题。

(二)关于新型网络服务提供者的法律适用问题

"阿里云"案二审和"阿鲁克"案中,法院均对新型网络服务提供者侵权案件的法律适用问题进行了明确回答。北京知识产权法院在"阿里云"案二中认为,涉及信息网络传播权纠纷的案件,应首先遵循特别法优于一般法

---

[1] 杭州市中级人民法院(2019)浙01民终4268号民事判决书。
[2] 三案虽产生在《民法典》生效之前,但毋庸置疑,其反映的司法观点在《民法典》视野下并未过时。

的原则,考虑适用《信网权条例》。但是由于《信网权条例》仅规定了四类网络服务提供者的免责条件,以及针对信息存储空间和搜索链接两类服务提供者的"通知—删除"规则,如果涉案网络服务提供者不属于上述四类主体,则不能直接适用《信网权条例》,而应适用《侵权责任法》第36条。同时,由于《侵权责任法》第36条规定较为简单抽象,在"通知"等具体认定标准上,可以参照适用《信网权条例》《信网权司法解释》以及《网络人身权司法解释》。北京市海淀区人民法院在"阿鲁克"案中未明确提出"法律适用"问题,但通过论述阿里巴巴公司"是否属于侵权责任法第三十六条规定的网络服务提供者"的角度,实质上分析了法律适用问题。该法院认为,法律条文难以预见和全面列举所有类型网络服务提供者,这就使新型网络服务提供者有了受该条款调整的可能性。

(三)关于新型网络服务提供者的性质认定问题

"阿里云"案和"微信小程序"案中,作为被告的网络服务提供者均提出一项抗辩理由,即自己属于提供底层技术服务的基础网络服务提供者。"阿里云"案二审中,法院从技术特征、法律规定及行业监管层面详细分析了阿里云公司的法律性质,指出其与信息存储空间的区别:①云服务提供商属于典型的 IaaS(基础设施即服务)运营商,从云计算架构来看处于仅高于硬件设施的基础服务提供者地位;②按照《电信业务分类目录》,其提供"互联网数据中心业务",属于"第一类增值电信业务",而信息存储空间属于"第二类增值电信业务";③相关国家标准和行业伦理要求云服务提供商负有极为严格的安全保护义务、保密义务和隐私保护义务,与信息存储空间服务提供者接到通知后可以核实、删除内容形成鲜明对比。但对于阿里云公司认为的其服务性质类似于自动接入、自动传输和系统缓存服务,从而不受"通知—删除"规则约束的主张,法院也未予采纳。最终法院只能认定其属于《侵权责任法》第36条规定的网络服务提供者,回避了从正面认定其具体性质。

"微信小程序"案一审中,法院认定微信平台性质类似于自动接入、自动传输服务提供者,不承担"通知—删除"规则义务,故而应对《侵权责任法》第36条第2款做目的限缩解释,也即"通知—必要措施"规则亦不适用于自动接入、自动传输服务提供者。二审法院推翻了这一认定,首先认为微信平台不属于自动接入、自动传输服务提供者，同时《侵权责任法》第36条具有普遍适用性，微信平台属于该条意义上的"网络服务提供者"。该案中法院同样仅从反面做了否定性认定，未从正面明确微信平台属于何种具体性质。

（四）关于"通知—必要措施"规则的具体适用问题

在解决了法律适用、性质认定问题后，三案均涉及"通知—必要措施"规则对新型网络服务提供者的具体适用问题。一方面，"阿里云"案和"阿鲁克"案对"有效通知"的标准进行了界定，界定依据是参照特别法上的规定（"阿里云"案参照《信网权条例》和《信网权司法解释》；"阿鲁克"案因属于侵害商标权纠纷，故参照北京市高级人民法院相关指导意见）。另一方面，三案均对"必要措施"的范围和认定规则进行了论述：①明确了"必要措施"不限于"删除、屏蔽、断开链接"，而应包含其他措施。②采取其他措施的原则是合理、审慎。③认定采取必要措施是否恰当，应综合考虑权利类型、服务性质、具体侵权行为、争议场景、行业惯例等因素，平衡权利人、行业发展和网络用户利益。④必要措施不能超出必要限度，给网络服务提供者增加过重负担、危害行业发展或侵害公共利益。与删除等效的——阿里云公司关停服务器、阿里巴巴公司停止域名解析、腾讯公司删除小程序均属于超过必要限度的措施。⑤"转通知"可以成为必要措施。

值得一提的是，法院在"阿鲁克"案说理思路上，将直接侵权是否成立作为前提条件进行考察。由于原告并未起诉直接侵权人，导致侵害商标权直接侵权行为无法查清，法院遂在"初步确认存在侵权可能性"的基础上对阿里巴巴公司帮助侵权是否成立进行论述。对此，法院指出，如果阿里巴巴公司履行了《侵权责任法》第36条的义务，自然无须承担责任；如果未履行上述义务，也仅存在帮助侵权可能性，由于直接侵权无法认定，也无法确认阿里巴巴公司构成帮助侵权。可见，无论对于阿里巴巴公司帮助侵权成立与否如何认定，原告实质上败局已定。字里行间不难看出，法院对在此类不易认定直接侵权（明显有别于BBS中图片、文字、音乐侵权）的网络侵权案件中，原告在可以锁定直接侵权人但却有意不起诉直接侵权人，而是"越级"甚至"越多级"追究网络服务提供者责任的做法是持否定态度的。

小　结

在网络服务提供者侵权制度中国模式形成前,早期立法并未将网络传播方式纳入著作权法调整范围。随着互联网产业的兴起和网络技术的进步,司法实践中开始出现网络环境下的著作权侵权案件,法院在著作权法立法缺位的情况下变通地为权利人提供了司法保护。2000年11月,为了弥补立法空白,最高人民法院颁布了《网络著作权司法解释》,首次从司法解释层面对网络环境下著作权保护一系列问题进行了明确。2001年《著作权法》修改时在权利束中加入了"信息网络传播权",调整交互式网络传播行为,对于包括网络服务提供者信息网络传播权侵权在内的具体规则,则授权国务院另行规定。

根据2001年《著作权法》的授权,国务院于2006年5月颁布了《信网权条例》,一般认为,该条例是对以DMCA为代表的美国模式的移植和借鉴,甚至可以被理解为直接照搬,从而建立起中国版"避风港"规则。《信网权条例》共27条,其中第14~17条及第24条比较完整地确立了"通知—删除"规则(含反通知规则、错误通知责任规则等),第20~23条规定了四类网络服务提供者的免责条件。

《侵权责任法》的颁布是中国模式初步确立的标志。立法者在制定《侵权责任法》的过程中,考虑将网络侵权作为一类特殊侵权行为予以规定,并在借鉴DMCA、欧盟《电子商务指令》、吸收《网络著作权司法解释》《信网权条例》立法经验及司法实践经验的基础上,创设了中国特色的网络侵权责任条款。《侵权责任法》在第四章"关于责任主体的特殊规定"中设立第36条共3款作为对网络侵权责任的规制。

随着2012年12月最高人民法院颁布《信网权司法解释》,中国模式正式成型。《信网权司法解释》共16条,几乎涵盖了信息网络传播权保护领域各方面重要问题,其中网络服务提供者法律责任的问题是该解释要解决的核心问题。《信网权司法解释》在网络服务提供者侵权制度方面最重要的创新和发展是:其一,明确区分提供行为类型及对应的侵权责任类型;其二,明确了间接侵权形态;其三,明确了过错认定规则。

第三章 网络直播平台著作权侵权制度的本土规范基础——中国模式

此后，2014 年 6 月最高人民法院通过了《网络人身权司法解释》，作为《侵权责任法》等上位法在网络人身权益领域的具体化规范，也成为中国模式在网络人身权领域中的制度实践。2018 年颁布的《电子商务法》则丰富了中国模式的应用场景，使中国模式在电子商务领域针对电子商务平台经营者得到了制度延伸。《民法典》第 1194 条至第 1197 条对于《侵权责任法》第 36 条的承继和完善提高了网络服务提供者侵权制度的法律位阶，也为中国模式提供了新的制度载体。

中国模式相较于以 DMCA 为代表的主要调整网络著作权领域的美国模式具有自身特征，而从体现自身特征的理论基础、制度设计看，中国模式又具有独特的理论建构和规则体系：

第一，主体范围从传统四类网络服务提供者扩大到所有类型网络服务提供者；保护的权利客体则从信息网络传播权扩大到了其他民事权益。

第二，形式上与传统民法理论相兼容。一是侵权行为形态的融合，中国模式通过区分提供作品行为和提供服务行为，事实上确立了直接侵权和间接侵权二分法；同时把间接侵权纳入侵权法共同侵权规则，将网络服务提供者因实施网络服务提供行为而承担的间接侵权责任划分为教唆和帮助两种类型。二是从规范属性上将美国模式的免责条件改造为归责条件，形式上为在中国法律体系下本来就仅是归责条件同义反复的免责条件在民法体系中找到了归宿。

第三，过错认定规则不断发展。逐渐形成了以"明知+应知"的过错主观要件为统领、具体认定标准作为考量因素的过错认定规则模式。中国模式过错认定规则具有六大特点：一是美国模式烙印较深。二是在融入传统民法体系的过程中，同步对过错认定规则进行了改造和调整，使其形式上适应传统侵权法的规则结构。三是体现平衡各方利益，特别是不过度倾向网络服务提供者的司法政策导向。四是反映实践要求，包括确立鼓励过滤筛查规则，"红旗规则"的具体化等。五是既有概括式规定也有列举式规定。六是上述法律、法规、司法解释的具体规则可以相互参照适用，整体上体现中国特色。

第四，形成了必要措施理论。必要措施理论主要有三个方面内涵：一是在规范属性整体上改造为归责条件后，必要措施成为过错构成的客观要件。二是在"及时性"上确立了四个方面考量标准，即通知本身的有效性、采取措施的难易程度、网络服务的性质以及所涉作品的类型、知名度、数量等。三是对必要措施的范围采取开放式规定，不限于"删除、屏蔽、断开链接"，具体判断标准则是与制止侵权行为以及网络服务提供者自身负担相适应的"比例原则"。

近年来，随着网络技术的飞速创新发展，新兴网络服务类型也不断涌现，相伴而来新兴的服务模式也对网络环境下相关权利的保护提出了新的课题。"阿里云"案、"阿鲁克"案和"微信小程序"案三件典型案例分别涉及云服务提供商、域名解析商和微信平台等新型网络服务提供者，从服务性质来看均与传统网络服务提供者存在区别，相关司法观点对主体的定性、具体规则的适用和侵权责任的界定展现了司法机关对中国模式的理解，具有重要意义。三案明确了以下几个问题：一是对于不属于传统四类网络服务提供者的新型主体侵权案件，应适用《侵权责任法》第36条，同时具体认定规则可以参照《信网权条例》《信网权司法解释》《网络人身权司法解释》等。二是在对新型网络服务提供者性质认定方面，在无法归入和类比传统四类主体时，可以不从正面认定其具体性质而直接根据上述规范性文件判定其法律责任。三是依据特别法上的规定对"有效通知"的标准进行界定。四是对必要措施的认定规则予以明确，即坚持合理、审慎原则下，综合考虑权利类型、服务性质、具体侵权行为、争议场景、行业惯例等因素，平衡权利人、行业发展和网络用户利益，不超过必要限度。同时，"转通知"可以成为必要措施。

总体来看，网络服务提供者侵权制度中国模式具有以下主要特征：一是网络服务提供者主体范围的扩大，不限于美国模式中四类网络服务提供者。二是保护的权利范围的扩大，从单纯调整信息网络传播权扩展到涉及网络的其他民事权益。三是在吸收美国模式直接侵权与间接侵权二分法，以及间接侵权分类方式的基础上，将网络服务提供者间接侵权明确为教唆和帮助两种类型，从而从形式上融入传统民法体系。四是将美国模式的代表"通知—删除"规则改造为"通知—必要措施"规则，并将免责条件改造为归责条件。五是明确网络服务提供者间接侵权责任采用过错责任原则，并建立以"知道＝明知＋应知"为基础的网络服务提供者过错认定规则。六是扩大对"必要措施"范围的解释，明显加重网络服务提供者的责任。

第四章 中国网络直播平台著作权侵权制度的运行现状、困境及成因

中国现行法律规范体系下，网络直播平台作为一类新型网络服务提供者，在发生著作权侵权时，应当且只能在网络服务提供者侵权制度中国模式的一般规则框架内进行侵权责任认定。换言之，当下中国的网络直播平台著作权侵权制度，实质上就是套用中国模式的理论建构和规则体系去解决网络直播平台著作权侵权责任认定问题。这就形成了中国网络直播平台著作权侵权制度运行的应然逻辑，即理论上的侵权责任认定逻辑。事实上，司法实践中法院也是依照这一逻辑进行审理和裁判的。然而，司法实践貌似公正合理的结论背后，不仅遗留了不少深层次问题，个案本身也存在争议，暴露了运用中国模式解决网络直播平台著作权侵权责任认定问题的制度性障碍。此外，结合网络直播及网络直播平台的基本特征和商业模式，不难推理出中国网络直播平台著作权侵权制度可能面临的更大困境。而困境产生的成因一方面囿于中国模式的规范渊源——美国模式的制度基因局限性，另一方面也源自中国模式自身建构上的制度缺陷。

第一节 中国网络直播平台著作权侵权制度运行的应然逻辑

一、法律适用规则

网络直播平台著作权侵权责任成立的前提是有人（不论是网络直播平台自身，还是作为平台用户的主播，抑或二者合作）通过网络直播平台，在网

络直播活动中实施了侵害他人著作权的行为。考察法律适用规则的应然逻辑，应当首先明确上述侵权行为侵害的对象。上文已经分析过，网络直播行为可能侵害的著作权专有权利是第 17 项"兜底权利"（2020 年修法前）、广播权（2020 年修法后）、表演权中的一部分等一系列权利，这些权利的基本特征是所控制的行为均为非交互式传播行为，明显区别于信息网络传播权控制的交互式传播行为。故由网络直播行为产生的著作权侵权责任首先应当排除《信网权条例》和《信网权司法解释》的直接适用。

由于《民法典》网络侵权责任条款对于网络服务提供者的普遍适用性及网络直播平台作为网络技术服务提供者的属性，对于网络直播平台的著作权侵权责任认定，应以《民法典》网络侵权责任条款为基本法律依据。在此前提下，对于网络直播平台直接侵权与间接侵权的认定、过错（明知、应知）判定、权利人通知效力、网络直播平台应对通知所采取的必要措施等具体问题的认定规则上，应当按照中国模式的特点，参照和类推适用《信网权条例》《信网权司法解释》《网络人身权司法解释》甚至《电子商务法》等相关具体规定。这一应然逻辑也与"阿里云"案等案例中，法院针对新型网络服务提供者侵权责任认定的法律适用规则是一致的。

二、侵权责任认定规则

（一）总体认定规则

在中国模式下，由信息网络传播权领域引进和确立的直接侵权、间接侵权二分法实际上已经扩展到网络侵权责任条款可能规制的其他民事权利。在认定网络直播平台著作权侵权责任时，应根据平台实施的具体行为判断其行为性质。

根据《民法典》第 1194 条，网络用户、网络服务提供者利用网络侵害他人民事权益的，应当承担侵权责任。当网络直播平台直接参与了侵权直播内容的投资、策划、生产制作，或者声明对侵权直播内容享有著作权时，应当认定网络直播平台实施了直接侵权行为，应负直接侵权责任。在信息网络传播权领域，《信网权司法解释》采用直接提供权利人作品的法律标准将信息网络传播权行为抽象区分为作品提供行为和网络服务提供行为，分别对应直接侵权责任和间接侵权责任。[1]参考这一划分标准，网络直播平台只要未经许可通过直播活动直接提供了权利人作品，使公众可以在直播活动中即时地获得（接触到）作品，即使未参与生产制作，亦应承担直接侵权责任，如网站在本网站或通过加框连接方式提供热门体育赛事节目直播、网络游戏直播画面[2]等。此外，参照《信网权司法解释》第4条，如果网络直播平台与主播通过分工合作的方式共同提供作品的，也应承担直接侵权责任。在直接侵权成立的情形下，网络直播平台的法律地位应属于网络内容服务提供者（ICP）。

当网络直播平台未直接参与直播内容的编辑、制作、生产等活动，也未实施提供作品的行为，仅以第三方身份为网络直播活动提供软硬件支持和虚拟场所等技术服务时，因其用户的直播行为侵害他人著作权而产生教唆、帮助侵权责任，属于网络直播平台的著作权间接侵权责任。其中，参照《信网权司法解释》第7条，网络直播平台以言语、推介技术支持、奖励积分等方式诱导、鼓励主播实施侵权行为的，承担教唆侵权责任；网络直播平台明知或者应知主播在直播活动中实施侵权行为，而未采取必要措施，或者提供技术支持等帮助行为的，承担帮助侵权责任。此时的网络直播平台属于网络技术服务提供者（ISP）而非网络内容服务提供者（ICP）。在网络直播平台属于著作权间接侵权的情形下，其责任认定应着重考察网络直播平台的过错及"通知—必要措施"规则执行情况。

（二）过错认定规则

依照中国模式，网络直播平台著作权间接侵权应采用过错责任原则，即根据网络直播平台对主播实施的著作权侵权行为是否明知、应知，确定其是否承担教唆、帮助侵权责任。对于网络直播平台过错的认定，具体应参照《信网权司法解释》有关规定，其中：

1. 权利人针对网络直播活动中存在的侵权行为，通过电子邮件或网络直播平台投诉系统发送通知，要求网络直播平台对侵权内容采取必要措施予以清除，网络直播平台收到通知后未采取必要措施的，应认定平台明知侵权行

---

[1] 王艳芳：《关于审理侵害信息网络传播权民事纠纷案件适用法律若干问题的规定》的理解与适用"，载《人民司法》2013年第9期。

[2] 当然，前提是体育赛事节目或网络游戏直播画面被认定为作品。

为。网络直播平台应对损害扩大部分与主播承担连带责任。

2. 即使权利人未发出通知，但有证据证明网络直播平台对主播侵权行为明知的，网络直播平台应对全部损害与主播承担连带责任。

3. 在认定网络直播平台是否"应知"时，应综合考虑以下因素：如网络直播的具体形式（秀场直播、游戏直播、体育赛事和综艺节目直播、泛娱乐直播），网络直播平台在对直播活动的控制能力和管理能力，被侵权内容的类型和知名度，侵权行为的明显程度，网络直播平台是否对直播内容进行了选择、编辑、修改、推荐，相关直播内容是否属于网络直播平台专门组织或举办的主题活动，网络直播平台是否积极采取了预防侵权的合理措施，网络直播平台是否设置了便捷的接收通知程序并及时对通知作出合理反应，网络直播平台是否对反复侵权的主播采取了相应的合理措施，等等。

4. 根据中国版"红旗规则"确立的"明显感知"标准，如果直播内容涉及热播影视剧、当红音乐作品、热门体育赛事节目、网络游戏画面，或者竞争对手享有独家网络直播权利的内容时，网络直播平台将其置于首页或者其他能够明显感知的位置；以及网络直播平台对上述直播内容主动进行选择、编辑、整理、推荐、设立排行榜，或者未采取合理措施的，应认定网络直播平台应知主播实施侵权行为。同时，网络直播平台对上述直播内容以设置榜单、目录、索引、描述性段落、内容简介等方式进行推荐，使公众可以在直播活动中即时地获得（接触到）作品的，也应认定为网络直播平台应知侵权行为存在。

5. 网络直播平台对直播内容不负主动审查义务，如未对直播内容进行事前主动审查的，不应据此认定为存在过错。网络直播平台已经通过技术过滤措施对直播内容进行了合理、有效干预或过滤，仍然难以发现侵权行为的，更不应认定其具有过错。

6. 网络直播平台从直播活动中直接获得经济利益的，应对相关网络直播行为负有较高的注意义务，也即，网络直播平台从直播活动中直接获利的，应当对直播活动可能涉及的侵权行为具有更高的防范义务并采取相应预防措施。

（三）与通知有关的规则

权利人发现主播在网络直播平台开展的网络直播活动中存在侵害其著作

权的行为，可以向网络直播平台发送通知，通知应在内容和形式上符合相关法定要求。根据《民法典》第 1195 条，权利人的通知至少应当包括构成侵权的初步证据及权利人的真实身份信息。参照《信网权条例》，合格通知一般还应包括能够定位到侵权内容的相关信息，包括但不限于主播名称、直播间房号、网络地址链接等。此外，参照《网络人身权司法解释》关于有效通知的规定，如权利人发送的通知未满足有效通知的条件，网络直播平台可以主张免责，而有效通知的形式和准确程度也影响对网络直播平台采取必要措施是否及时的判断。

根据《民法典》第 1196 条第 1 款，主播在收到网络直播平台转发的权利人通知后，认为自己的直播活动并未侵害他人著作权的，可以向网络直播平台提交不存在侵权行为的声明（即反通知）。反通知亦应至少包括不存在侵权行为的初步证据及主播的真实身份信息。网络直播平台在收到反通知后，如果参照《信网权条例》，应当立即恢复相关直播活动，并将反通知转送权利人，权利人不得再次通知；如果根据《民法典》第 1196 条第 2 款，则应先将反通知转送权利人，并告知其可以向有关部门投诉或向法院起诉，而在反通知转送到权利人后的合理期限内，如未收到权利人投诉、起诉通知的，应及时终止必要措施（即恢复直播活动）。鉴于网络直播的即时性特点，权利人显然不可能立即向法院起诉，事实上也很难立即向有关部门投诉，故理论上网络直播平台只能在转送反通知的同时恢复相关直播活动。

根据《民法典》第 1195 条第 3 款，权利人错误通知造成主播或网络直播平台损失的，应承担侵权责任。

（四）必要措施规则

根据《民法典》第 1195 条第 1 款，权利人有权通知网络直播平台采取删除、屏蔽、断开链接等必要措施。根据该条第 2 款，网络直播平台在收到权利人通知后，除了应及时将通知转送主播，还应结合通知中构成侵权的初步证据和网络直播平台的技术服务特点，采取相应的必要措施。网络直播平台采取的必要措施能否使其免于承担侵权责任，主要考察的是"及时性"和"合理性"两个因素。关于"及时性"，参照《信网权司法解释》第 14 条，判断网络直播平台采取必要措施是否及时，应综合考虑权利人通知的形式及准确程度，采取措施的难易程度，网络直播平台技术服务本身的性质，以及被侵权作品的类型、知名度等因素。《网络人身权司法解释》第 6 条对此作了类似的规定，亦可参照适用。关于"合理性"，如果根据《民法典》的立法本意，网络直播平台除了可以采取与删除、屏蔽、断开链接等效的"清除"侵权行为的措施外，也可根据网络直播活动的特点采取其他必要措施。如果参照《信网权司法解释》第 9 条第 5 项，网络直播平台为避免被认定为"应知"而具有过错，应对侵权通知作出"合理的反应"。对于与删除、屏蔽、断开链接等效的"清除"侵权行为性质的措施，《电子商务法》第 42 条提供了另一可供借鉴的路径，即"终止交易和服务"，具体到网络直播平台，可以理解为网络直播平台终止为主播提供技术服务，使该主播无法在平台上开展直播活动。对于"其他必要措施"或"合理的反应"，根据最高人民法院第 83 号指导案例及"阿里云"案确定的裁判规则，"转通知"可以成为网络直播平台采取的最低限度的必要措施之一。

第二节 中国网络直播平台著作权侵权制度的司法实践

与美国模式相同，中国模式在形成初期网络直播并未兴起，中国模式早期的规制对象主要是涉及信息网络传播权保护的网络服务提供者。与美国模式不同的是，随着中国模式将网络服务提供者主体范围和保护的权利客体范围进行扩大后，包括网络直播平台在内的各类网络服务提供者和包括网络直播行为在内的各类行为均可纳入中国模式的规制范围。近年来，在网络直播爆发式增长、网络直播涉及的著作权侵权行为层出不穷的背景下，为直播参与主体开展各类直播活动提供软硬件服务和虚拟场所的网络直播平台，因著作权侵权而站上被告席成为必然。司法机关适用网络服务提供者侵权制度中国模式初步解释和回答了网络直播平台著作权侵权责任认定方面的相关问题。

一、"爱奇艺诉 YYHD"案和"爱奇艺诉虎牙"案

该两案是北京爱奇艺科技有限公司（以下简称"爱奇艺公司"）就热播电视剧《盗墓笔记》在"YYHD"iPad 客户端软件和虎牙直播网站被用户

(主播)以网络直播方式盗播,分别向"YYHD"的开发者珠海多玩信息技术有限公司(以下简称"珠海多玩公司")和虎牙直播网站实际经营者广州华多网络科技有限公司(以下简称"广州华多公司")提起的著作权侵权及不正当竞争纠纷案。其中,"爱奇艺诉YYHD"案由北京市海淀区人民法院一审、北京知识产权法院二审、北京市高级人民法院再审;"爱奇艺诉虎牙"案则由广州市南沙区人民法院一审、广州知识产权法院二审、广东省高级人民法院再审。由于两案案情基本相同(均为权利人追究网络直播平台的著作权帮助侵权责任),经过北京、广东两个知识产权审判水平较高的地区三级法院(包括知识产权专门法院)审理,且两案一审法院观点截然相反、二审和再审则趋于一致,两地六家法院适用中国模式分析判定网络直播平台著作权侵权责任过程中的司法观点和认定规则具有重要实践意义和理论价值。

(一)"爱奇艺诉YYHD"案

2015年7月,爱奇艺公司发现"YYHD"iPad客户端软件和虎牙直播网站中均存在主播利用网络直播平台,实时盗播其正在热播的电视剧《盗墓笔记》,遂进行公证取证并分别诉至北京市海淀区人民法院和广州市南沙区人民法院,认为珠海多玩公司和广州华多公司未尽到注意义务,放任主播的直接侵权行为,应承担帮助侵权责任。

爱奇艺公司在"爱奇艺诉YYHD"案中主张,其享有电视剧《盗墓笔记》独家网络直播权利,"YYHD"平台中存在若干直播频道实时盗播该电视剧,该电视剧具有较高知名度(被国家版权局列入《预警名单》),而珠海多玩公司作为网络直播平台经营者,未对侵权行为及时采取合理措施予以制止,存在过错,应承担侵权责任。珠海多玩公司则抗辩称,其对主播采取了事前、事中、事后监管举措,未对该电视剧进行排行推荐,及时制止侵权行为并对相关主播进行了处罚,且向爱奇艺公司提供了直接侵权人信息,已尽到合理注意义务。同时,作为网络直播平台,其无法对主播进行实时监管,只负有通知删除义务,故不存在主观过错,不应承担侵权责任。

北京市海淀区人民法院一审[1]认为:首先,珠海多玩公司属于网络直播

---

[1] 北京市海淀区人民法院(2016)京0108民初6679号民事判决书。

服务经营者（即网络直播平台）。其次，网络直播不属于信息网络传播权控制的行为，而应属于《著作权法》第10条第17项"其他权利"。再次，关于珠海多玩公司是否成立帮助侵权的问题，法院认为：①涉案电视剧具有较高知名度，珠海多玩公司应对自己经营控制的直播平台发生热播电视剧侵权行为尽更高的注意义务。②珠海多玩公司对于主播可能利用热门视频节目吸引用户应有较高注意义务，且涉案电视剧在"YYHD"平台直播时同时存在数十位主播、数万用户同时观看，珠海多玩公司亦应引起注意，故珠海多玩公司应知直接侵权行为发生。③珠海多玩公司未在"YYHD"平台中明确投诉方式及相应渠道。④采取关键词屏蔽等措施防止侵权行为发生不会给珠海多玩公司造成技术障碍或过重负担。法院遂判决珠海多玩公司构成帮助侵权。

北京知识产权法院二审[1]则推翻了一审认定，二审法院认为：其一，网络直播行为具有即时性和随意性，平台较难进行事前监管，除非涉及黄赌毒等明显违反国家禁止性法律的行为，珠海多玩公司客观上不可能对所有用户进行即时监管或全程实时监控。其二，珠海多玩公司已在平台上明确提示用户尊重他人知识产权、告知侵权法律责任，且提供了知识产权保护投诉通道等保护机制，尽到了事前管理责任。其三，珠海多玩公司在接到爱奇艺公司投诉后于2015年7月6日将"盗墓笔记"列为"黑词"，并对相关主播进行了惩戒。其四，证据不能证明珠海多玩公司对涉案直播进行了推荐。其五，虽然涉案电视剧被国家版权局列入《预警名单》，但现实生活中权利类型、内容纷繁复杂，且涉案主播利用了屏幕捕捉技术实施侵权行为，珠海多玩公司无法预见侵权内容或侵权方式。如果仅以涉案作品属于重点影视作品就推定珠海多玩公司应知可能存在的侵权行为，显然不当地加重其审查义务。故二审法院撤销了一审判决，认定珠海多玩公司不构成帮助侵权。

北京市高级人民法院在再审审查阶段驳回了爱奇艺公司的申请，维持了二审判决[2]，再审法院认为：首先，爱奇艺公司未向珠海多玩公司发出过通知，所以珠海多玩公司不构成明知。其次，"YYHD"平台与传统影视视频平台不同，主要是娱乐或游戏直播。鉴于网络直播的随意性、即时性且涉案直

---

[1] 北京知识产权法院（2017）京73民终2037号民事判决书。
[2] 北京市高级人民法院（2019）京民申2693号民事裁定书。

播均不属于热门直播，珠海多玩公司不易知晓侵权行为，不应认定为应知。再次，虽然涉案电视剧被国家版权局列入《预警名单》，但并不意味着网络直播平台即刻、当然具有事前审查义务或应当加重其事前注意义务。最后，由于"YYHD"平台与"爱奇艺诉虎牙"案中的虎牙直播网站平台存在密切关系，法院认定虎牙直播平台采取的"黑词"及对相关主播惩戒的措施即为"YYHD"平台采取的措施，且在涉案直播行为发生后两天，可以认定为及时。故珠海多玩公司不存在过错，不构成帮助侵权。

（二）"爱奇艺诉虎牙"案

"爱奇艺诉虎牙"案的基本事实与"爱奇艺诉YYHD"案类似，本质上属于同一权利人就相同作品针对具有关联关系被告经营的不同类型网络直播平台提起的关联案件。广州市南沙区人民法院在该案一审中认为，广州华多公司作为信息存储空间不存在审核义务、不需要进行人工审查，故依照《著作权法》《信网权条例》《信网权司法解释》判决广州华多公司不承担侵权责任。[1]

广州知识产权法院二审维持原判[2]，其裁判观点与"爱奇艺诉YYHD"案二审法院基本相同，但在说理中特别指出：从爱奇艺公司取证内容来看，并未反映涉案直播被用户打赏，因此认定广州华多公司未从涉案直播中获得经济利益。值得一提的是，北京知识产权法院就"爱奇艺诉YYHD"案作出二审判决晚于本案二审判决近一年，从裁判说理行文来看与本案二审判决几乎完全相同，但单单对上述"获得经济利益"问题未予论述，不排除个案证据反映的事实不同，亦不排除北京知识产权法院对此观点不同。

广东省高级人民法院同样在再审审查阶段驳回了爱奇艺公司的申请[3]，再审法院针对广州华多公司是否构成帮助侵权指出：其一，广州华多公司提供的网络直播平台注册用户数量巨大，直播前无需经过平台审核，而直播行为具有即时性和随意性，平台客观上不可能对直播内容进行事前或全程实时审查。广州华多公司已在平台上明确提示用户尊重知识产权并告知侵权责任，

---

[1] 由于未检索到一审判决书，本书只能从二审判决书记载的爱奇艺公司上诉理由中推知一审法院观点。

[2] 广州知识产权法院（2017）粤73民终2133号民事判决书。

[3] 广东省高级人民法院（2018）粤民申2558号民事裁定书。

同时提供了版权保护投诉指引、设置了投诉功能等保护机制，尽到了事前管理责任。其二，广州华多公司网页中明确有投诉方式、地址、电话等，而爱奇艺公司发送的六封邮件通知收件人均非广州华多公司专门处理版权问题的部门，不能及时有效到达该部门。此外，该平台直播画面中均有"投诉"功能，直播过程中可以直接投诉，但爱奇艺公司并未通过该功能投诉。而广州华多公司在 2015 年 7 月 3 日收到爱奇艺公司侵权通知后，积极处理了涉案主播并对关键词"盗墓笔记"添加了黑词，处置措施并不无当。其三，现有证据不能证明广州华多公司对涉案直播进行了人工审核、编辑、修改、推荐等行为。其四，主播发布内容和他人浏览内容均不需要向广州华多公司支付费用，广州华多公司也未针对涉案直播行为投放广告获取利益，相关证据也未显示涉案直播被观众打赏，故广州华多公司未从涉案直播中获得经济利益。其五，涉案平台主要是游戏、娱乐直播，未设置影视剧栏目，不能因为涉案电视剧是重点影视作品便认为广州华多公司应知侵权行为，否则显然不当加重其审查义务。

二、"新浪诉虎牙"案

"新浪诉虎牙"案是原告北京新浪互联信息服务有限公司（以下简称"新浪公司"）就第 52 届台湾电影金马奖颁奖典礼暨星光大道节目在虎牙直播网站被主播通过实时转播方式盗播，而对被告广州华多公司提起的诉讼。该案由北京市海淀区人民法院一审、北京知识产权法院二审。与"爱奇艺诉 YYHD"案相同，一审法院认定被告构成帮助侵权，而二审法院予以改判。

新浪公司发现虎牙直播网站上有主播将其享有独家网络直播权利的涉案节目通过网络进行实时转播，而广州华多公司作为专门提供直播视频服务的经营者，应具有更高的审查和注意义务，但广州华多公司放任此类侵权行为，应承担侵权责任。广州华多公司辩称，涉案网站前身为 YY 游戏直播平台，最受欢迎的内容系游戏直播和美女真人秀，视频直播数量很少，故不应对此类行为进行实时审查。被告已建立一套严格的防控机制，公示了投诉渠道和方式，能够在接到投诉后立即进行处理。被告对侵权行为不明知，且无法实时监控涉案侵权行为并采取删除、屏蔽等措施。涉案网站提供的是自动传输和

第四章 中国网络直播平台著作权侵权制度的运行现状、困境及成因

缓存服务。被告未改变涉案直播内容。本案中,新浪公司曾在涉案直播开始前向广州华多公司发送两次预警函,告知其新浪公司对涉案节目享有著作权要求广州华多公司禁止传播该节目。

北京市海淀区人民法院在一审[1]中采用了与"爱奇艺诉 YYHD"案不同的审理思路。一审法院首先认定了涉案节目属于"以类似摄制电影的方法创作的作品",涉案网络直播行为属于《著作权法》第 10 条第 17 项"其他权利"。关于广州华多公司是否构成帮助侵权,法院认为:首先,涉案网站与主播就每次直播所获收益进行分成,平台从主播涉案行为中获取了直接收益或存在这种可能,因此应承担更高的注意义务。其次,现有证据未表明涉案网站存在明确、便捷的投诉渠道,即使存在,由于网络直播的即时性,寄送书面通知的投诉方式难谓便捷。关于预警函,法院认为其具备一定合理性,广州华多公司在知晓预警函后应积极采取措施预防侵权发生(如关键词过滤、自动监控系统等)。而因为直播行为的实时性,"通知—删除"规则会受到掣肘,因此平台在收到预警函后应当承担与其能力相符、适度的预防义务。而广州华多公司未采取相应预防措施,存在主观过错。最后,涉案网站上虽然有数量巨大的主播同时在线,但涉案主播名称与涉案节目一致,结合预警函、涉案节目较高知名度的情况,广州华多公司未注意到侵权行为存在的可能并采取相应措施,主观上存在过错。故一审法院认定广州华多公司未尽合理注意义务,应承担帮助侵权责任。

北京知识产权法院二审[2]提出了相反的观点并予以改判。二审法院针对争议焦点,即广州华多公司是否构成帮助侵权,重点就"明知""应知"进行了论述。关于是否明知,二审法院认为:新浪公司在涉案网络直播行为尚未发生时发送预警函,如要符合认定被告"明知"的标准,至少应满足通知的形式要求。而新浪公司的预警函仅声称其为权利人,并未包含初步证明材料,亦未告知广州华多公司直播的准确时点,故不属于合格通知,广州华多公司对涉案行为不明知。关于是否应知,法院认为:①无证据显示涉案主播存在重复侵权情况,广州华多公司没有理由提前关注该主播。涉案网站主要

---

[1] 北京市海淀区人民法院(2016)京 0108 民初 25234 号民事判决书。
[2] 北京知识产权法院(2019)京 73 民终 3019 号民事判决书。

提供热门游戏直播、电竞赛事直播、游戏赛事直播和手游直播，涉案主播在游戏"英雄联盟"频道实施涉案行为，不足以明显到引起广州华多公司的注意。②不应排除权利人通过预警等方式行使救济的权利，但预警函应符合一定条件，基本与通知的要求相对应。如果用宽泛而不严格的预警材料就能使平台负有比"通知—删除"规则更重的审查义务则架空了"通知—删除"规则，破坏了利益平衡。新浪公司发送的预警函未提供权属材料，也未通过涉案网站的投诉方式，且在涉案节目播出的前一天及当天发送，不符合要求。此外，涉案网站经登录后可以在线举报，而新浪公司未积极关注侵权动态、利用举报功能，仅通过预警函将义务全部负担于平台不甚合理。③对于仅提供中立技术服务并基于服务产生收益的网络服务提供者，其应尽义务也是具有中立性质的协助、转递义务，除非其脱离中立服务，实质性参与内容提供或产生服务外内容收益，或未提供合理、适时协助、转递条件，或存在其他特殊情况时，才应承担扩张义务或替代义务。故二审法院撤销一审判决、予以改判。

三、司法实践综述

上述三案是近年来司法机关适用网络服务提供者侵权制度中国模式，认定网络直播平台著作权侵权责任的实践成果，在法律适用、审理思路、具体规则运用等方面均鲜明体现出中国模式的理论建构和理论特色。对比美国模式下的 Square Ring 案，中国法院在网络直播平台著作权侵权审判实践中明确回答了不少问题，当然也遗留了一些问题。

（一）法律适用和论述思路

在裁判说理的整体思路上，上述案件一审法院基本按照：程序问题（如原被告适格性、是否属于重复诉讼等）、原告权属（含客体类型）、网络直播行为在著作权法上的性质认定（认定为第17项"其他权利"）、网络直播平台侵权行为判定（即是否构成侵权、构成何种侵权形态）、侵权责任承担（即承担何种侵权责任、如何承担）的逻辑顺序进行论述。二审法院则基本围绕争议焦点（即侵权行为判定）进行集中论述，而上述案件的核心争议也正在此。

在实体问题法律适用上，由于上述案件均属于著作权侵权纠纷，故权属、行为性质认定和侵权责任承担等问题均适用《著作权法》《侵权责任法》无疑。关于侵权行为判定这一核心争议，鉴于网络直播行为及网络直播平台的特殊性，现行法律无直接调整适用的规定，故应在网络服务提供者侵权制度中国模式下进行法律适用论证。由于中国模式是由《信网权条例》《侵权责任法》（现为《民法典》）、《信网权司法解释》《网络人身权司法解释》《电子商务法》等一系列法律法规、司法解释构成的制度体系，制度载体丰富且互相影响，法院在中国模式下进行网络直播平台著作权侵权行为判定时，必须明确其具体适用的规范性文件及其理由。对此，审理上述三案的各级法院均明示或默示地遵循了"适用《侵权责任法》、参照其他制度"的法律适用规则。具体来说，由于网络直播行为与信息网络传播行为、网络直播平台与传统四类网络服务提供者存在天然的联系，各级法院均参照和类推适用"最密切联系"的《信网权条例》和《信网权司法解释》的具体规则审理三案。

上述三案中，北京知识产权法院在"新浪诉虎牙"案的二审判决中对法律适用问题的论述最为明确和严谨。该院认为："虽然涉案网络直播行为不具备'交互式'特征，不属于我国现行著作权法下的信息网络传播权的控制范围，但本案新浪公司要求广州华多公司承担责任的依据系其作为网络服务提供者，对涉案网络直播行为的发生存在过错，因此，在评价广州华多公司是否存在过错并构成帮助侵权的法律适用问题上，本院除适用我国民事法律中关于侵权责任的一般规定，还将参照适用《信息网络传播权保护条例》及其相关司法解释的具体规定。"[1]

正如上述判决所言，在明确法律适用后，关于侵权行为的判定问题，法院均依照《侵权责任法》和《信网权司法解释》，围绕网络直播平台是否具有过错（是否明知、应知）——这一"核心中的核心"问题，详细进行论述。

（二）侵权形态和过错认定

由于三案中原告均未明确主张网络直播平台构成直接侵权，亦无证据证明网络直播平台实施了作品提供行为，因此法院在网络直播平台侵权行为形

---

[1] 北京知识产权法院（2019）京73民终3019号民事判决书。

态认定上均未考虑直接侵权,而只关注帮助侵权的构成。

在帮助侵权的判定上,上述法院基本是参照《信网权司法解释》确定的过错认定规则进行审查,其基本原理与前文所述的中国模式理论建构是一致的:[1]

第一,关于事前(主动)审查义务问题。"爱奇艺诉 YYHD"案二审法院认为,网络直播行为具有即时性和随意性,平台较难进行事前监管,客观上也不可能对所有用户进行即时监管或全程实时监控,该案再审法院也认为,不能因为涉案作品被国家版权局列入《预警名单》而当然加重其事前审查(注意)义务。"爱奇艺诉虎牙"案二审、再审法院与"爱奇艺诉 YYHD"案二审法院观点相同,而该案一审法院则认定网络直播平台属于信息存储空间因而不负主动审查义务。值得一提的是,在"新浪诉虎牙"案中,一审法院虽然也认可网络直播平台不负一般事前审核义务,但在论述被告对预警函应采取预防措施时,似乎又隐含了要求网络直播平台根据预警函采取"相应"事前监控措施的意思。

第二,审查网络直播平台对主播的直接侵权行为是否明知,即审查网络直播平台在收到权利人通知后是否及时采取必要措施,由于上述案件中权利人均未在涉案网络直播行为发生当时发送通知,故相关法院认定网络直播平台不构成"明知"。至于权利人选择通过事前发送"预警函"方式通知网络直播平台,法院对其效力的认定下文详述。

第三,对照《信网权司法解释》第9条列举的"应知"考量因素进行审查(其中关于热播剧是否引起网络直播平台更高的注意义务问题又结合第12条"红旗规则"进行认定)。这些考察因素中,各级法院均无争议的是上述案件中网络直播平台均未对涉案直播进行主动或人工选择、编辑、修改、推荐。此外"新浪诉虎牙"案二审法院还对制止重复侵权的考察因素进行了分析,认为无证据证明涉案主播存在重复侵权被投诉情况,因此网络直播平台无理由对其进行关注。关于这一因素,其他法院虽未明确论述,但应无争议。

裁判观点存在争议的主要是:①在均认可涉案作品具有较高的知名度的

---

[1] 各级法院在上述案件裁判文书中说理的顺序有所差异、重点有所侧重,被改判案件的观点与其他法院不同,但论证逻辑基本是一致的。

前提下，是否就此推断侵权行为明显，以及网络直播平台是否应当由此必然产生较高注意义务。对此，"爱奇艺诉YYHD"案和"新浪诉虎牙"案一审法院（均为北京市海淀区人民法院）认为，涉案作品具有较高知名度（其中《盗墓笔记》被国家版权局列入《预警名单》），且在热播期间被主播盗播（其中"爱奇艺诉YYHD"中有数十位主播盗播、数万用户观看；"新浪诉虎牙"案中主播名称与涉案作品名称一致），故网络直播平台应对其有所认知，承担更高的注意义务，而被告未因其足够重视，存在过错。反对这一观点的法院则认为：其一，虽然涉案作品具有较高知名度（甚至被列入《预警名单》），但现实生活中权利类型、内容纷繁复杂，网络直播平台无法预见到侵权内容和侵权方式，不能因为知名度高就当然认为网络直播平台应当知道侵权行为。其二，相关网络直播平台主营的是游戏类、娱乐类直播，而涉案直播"隐藏"在游戏直播频道里，并非在热门视频直播中，网络直播平台对此不易知晓，因此即使涉案作品知名度高，也不能要求网络直播平台对此有所认知。②关于涉案网络直播平台是否积极采取了预防措施、设置了便捷程序接收通知问题。由于这属于事实认定问题，虽然"爱奇艺诉YYHD"案和"新浪诉虎牙"案一审法院对此认定为未设置投诉通道或接收投诉方式不合理，但其他法院在查明事实的基础上均认定涉案平台明确提示了主播、设置了投诉渠道，尽到了事前管理义务。③关于网络直播平台收到预警函投诉后采取的措施是否合理。其中，"爱奇艺诉YYHD"案和"新浪诉虎牙"案一审法院均认为网络直播平台在收到预警函投诉后采取关键词屏蔽过滤（列入"黑词"）、设置自动监控系统等不会对其造成技术障碍或过分加重其经营负担，而相关平台直至播出后数日才采取相应措施，故存在过错。而反对这一观点的法院则认为，涉案网络直播平台在投诉处理中，及时采取了封号、屏蔽关键词、对涉案主播进行惩戒等措施，并无不当，故不存在过错。

（三）预警函的效力

由于网络直播的即时性特点，权利人在侵权行为发生之时通知网络直播平台往往存在时效性问题，因此，与Square Ring案中的原告一样，上述案件原告也选择采用"预警函"的方式通知网络直播平台，即在侵权行为发生前向网络直播平台发出警告，并要求其采取一定预防措施。对于预警函的效力，

Square Ring 案因其处于即决判决阶段，未进行实体审理，故美国法院的态度不甚明朗。

而上述案件中，北京市海淀区人民法院在"新浪诉虎牙"案一审中笼统认为，预警函具有一定合理性，而被告在知晓预警函的情况下未积极采取预防措施，存在主观过错。北京知识产权法院在二审中则预警函效力认定的法律标准进行了详细论述：①二审法院首先对预警函能否导致网络直播平台"明知"进行分析。对此，法院并未笼统地否定预警函导致"明知"的可能性，而是采用将预警函与通常情形下有效通知的法定要求[1]逐一对比的方法进行判断，并结合案件事实认定，新浪公司的预警函不属于合格通知，网络直播平台不构成"明知"。②在对于预警函能否导致网络直播平台"应知"的问题上，法院同样肯定了权利人通过预警函行使救济的权利可能性，同时指出，这样的预警函亦应与有效通知的法定要件相对应："第一，提供有效的权属证据，使得平台足以对侵权可能性进行充分判断；第二，对侵权可能发生的范围以及要求平台协助的行为进行合理的限定，即为平台提供充分的指示性依据和合理、具体的协助范围；第三，预警函的发送时间和途径等应当合理，给予平台判断和响应的时间。"[2]其中的法理是：如果要求网络直播平台在事前，对过于宽泛而不严格的预警函也要积极进行判断、主动采取措施，则其注意义务的要求标准则比通常情况下对于有效通知的注意义务还要高，可能架空"通知—删除"规则，破坏利益平衡。

（四）直接获得经济利益

在有权利和能力控制侵权活动的前提下未从侵权行为中"直接获利"是美国模式中信息存储空间和信息定位工具两类网络服务提供者免除替代责任的条件[3]。中国模式中：《信网权条例》将其引入，作为信息存储空间服务提供者免责的条件，但未明确其对应何种责任[4]；《信网权司法解释》对其进行了调整改造，从正面规定网络服务提供者从用户行为中直接获得经济利

---

[1]《信网权条例》第 14 条。
[2] 北京知识产权法院（2019）京 73 民终 3019 号民事判决书。
[3] 17 USC 512（c）(1)（B）& 17 USC 512（d）(2)。
[4]《信网权条例》第 22 条第 4 项。

益的,应负较高注意义务。[1]由于《信网权司法解释》明确将网络服务提供者间接侵权的形态区分为教唆和帮助两类,故因直接获利导致的侵权责任应属教唆或帮助侵权责任。

在对网络直播平台过错的审查中,上述案件部分法院考虑了直接获利问题的认定。"爱奇艺诉虎牙"案二审法院认为,从证据来看,未显示涉案直播被观众打赏,所以认定网络直播平台未从中获利。该案再审法院认为:①涉案平台上主播注册和发布内容不需要向平台支付费用;②观众浏览内容也不需要支付费用;③平台未对涉案直播投放广告获取利益;④涉案直播未有观众打赏,所以涉案平台未从中获利。相反,"新浪诉虎牙"案一审法院则认为,涉案平台与主播就每次直播所获收益进行分成,所以平台从涉案直播中获取了直接收益或存在直接获利的可能。可见,对于网络直播平台是否从主播的直播中直接获得经济利益,法院的判断标准是存在较大差异的。

(五) 遗留的问题

中国法院在关于网络直播平台著作权侵权的上述案件审判实践中发表的司法观点,较之美国法院在 Square Ring 案即决判决中解决和明确的问题更为丰富,[2]但由于个案事实局限,仍然遗留了一些问题:

第一,关于网络直播平台的具体法律定性问题。上述法院均认定网络直播平台属于网络服务提供者,这与美国法院的认定一致。事实上,由于中国模式中"网络服务提供者"的概念宽泛,在"阿里云"案等新型案例中法院也无一例外地将相关主体认定为网络服务提供者。但与美国法院相同,上述法院也很少进一步分析网络直播平台是否属于传统四类网络服务提供者,如果属于,究竟是哪一类;如果不属于,又是何性质。尤其在中国法院确定参照《信网权条例》和《信网权司法解释》审理上述案件后,大多也未对此具体分析。[3]

---

[1] 《信网权司法解释》第 11 条。

[2] 由于中国模式已将保护的权利客体扩大到信息网络传播权以外的其他民事权益,故中国法院无需像美国法院在 Square Ring 案中一样,论述网络直播是否适用 DMCA "避风港"规则的问题,只需阐明法律适用即可。

[3] 上述案件中,仅有"爱奇艺诉虎牙"案一审法院认定网络直播平台属于信息存储空间,而"爱奇艺诉 YYHD"案一审法院在过错认定中使用了"知道或有合理理由知道"这一来源于《信网权条例》对信息存储空间免责条件的表述,似乎认为其属于信息存储空间。此外,在"新浪诉虎牙"案中,网络直播平台主张其提供的是自动传输和系统缓存服务,但法院并未对此进行认定。

· 173 ·

第二，过错认定问题。在认定"应知"方面，上述法院实际上重点考量了涉案作品的高知名度与网络直播平台的注意义务问题。也即综合运用了《信网权司法解释》关于"应知"中涉案作品知名度与侵权行为明显程度以及"红旗规则"进行判断。幸运的是，上述案件从事实来看几乎都有利于网络直播平台。但如果涉案作品知名度很高，涉案网络直播平台又主营视频类直播，或涉案主播并非"隐藏"在不相关频道，而是堂而皇之在专门频道直播，在没有预警函的情形下，是否也应按照上述规定认定网络直播平台"应知"呢？

第三，关于直接获得经济利益问题。①直接获得经济利益的认定标准问题。事实上，上述法院在认定标准上已经出现了巨大差异，有的采用单一标准，有的采用四项标准，而有的采用商业模式标准。②如何界定较高注意义务？上述案件中，最终认定网络直播平台不存在过错的理由实际上是法院对照明知、应知考量要素逐一进行了排除，但如果过错认定的其他因素均被排除，仅符合"直接获得经济利益"，能否据此认定网络直播平台构成帮助侵权？③如果从商业模式上认定网络直播平台与主播存在牢固的利益绑定，能不能认定属于"分工合作"，进而落入直接侵权范围？

第四，关于"通知—必要措施"问题。①关于预警函的效力。北京知识产权法院在"新浪诉虎牙"案二审中对于预警函效力的认定标准进行了界定，应该说满足了个案的要求。但引申出的问题是，如果权利人依照或者基本依照有效通知的法定要求发送了预警函，网络直播平台又应在多大义务上配合其采取预防措施呢？②上述案件中均未出现权利人在涉案直播同时向网络直播平台发送侵权通知的情形，如果实践中面临这一情形，网络直播平台又应在多大程度上采取必要措施？如果才能认定为"及时"？会不会使必要措施流于形式而无实质意义？

上述遗留的问题恰恰是中国模式下网络直播平台著作权侵权制度面临的重要困境。

第三节 中国网络直播平台著作权侵权制度的困境

以上是对在中国模式下网络直播平台著作权侵权制度运行的应然逻辑或

理想状态的分析讨论,相关司法案例也是按照上述应然逻辑进行裁判的。中国模式对于网络直播平台因直播活动产生的著作权侵权责任认定提供了理想化的解决路径。然而结合本书第一章关于网络直播及网络直播平台类型、特点、商业模式等分析,网络直播平台著作权侵权制度在实践中或实然逻辑上却可能存在严重困境。

一、直接侵权与间接侵权的区分困境

依照中国模式,网络直播平台著作权侵权责任的认定,首要问题是区分网络直播平台的行为属于直接侵权行为还是间接侵权行为,进而按照不同的责任认定规则确定其承担直接侵权责任还是间接侵权责任。直接侵权是指著作权人以外的人未经著作权人许可,且不具有合理使用、法定许可等抗辩事由,实施了受专有权利控制的行为。间接侵权是指行为人虽然并未直接实施落入权利人专有权利控制范围的行为,但因其为直接侵权行为提供帮助或诱因,或基于行为人与直接侵权行为之间存在某种特定关系,且行为人具有主观过错,也可被法律评价为侵权行为。

根据《民法典》第1194条,网络直播平台与其用户(主播)均可因未经著作权人许可在直播活动中使用作品而构成直接侵权。2020年修订的《著作权法》也仅是将未经许可通过网络直播方式使用作品的行为明确为广播权控制范围,但对直接侵害这一权利的具体形式和认定标准并未作明确规定。参照和类推适用《信网权司法解释》对信息网络传播权直接侵权和间接侵权的认定标准,即作品提供行为和网络技术服务提供行为二分法,网络服务提供者直接侵害信息网络传播权实际上可以分为其自身作为网络内容服务提供者直接提供侵权作品[1]以及其与网络用户通过分工合作等方式共同提供侵权作品[2]两种情况。其中,作为网络内容服务提供者直接实施侵权行为、承担直接侵权责任自不待言,而通过分工合作方式与网络用户共同实施侵权行为,司法解释并未作出清晰、明确的界定,只是通过举证责任分配的制度设计,将初步证明网络服务提供者提供了侵权作品的责任分配给权利人,而将仅提

---

[1] 《信网权司法解释》第3条。
[2] 《信网权司法解释》第4条。

供技术服务（仅可能承担间接侵权责任）的证明责任分配给网络服务提供者。

应该说，司法实践中对于"分工合作"的认定标准是比较低的。在"阿里巴巴文化传媒有限公司与出门问问信息科技有限公司、腾讯音乐娱乐（深圳）有限公司、深圳市腾讯计算机系统有限公司侵害作品信息网络传播权系列纠纷案件"中，深圳前海法院一审认为，涉案的"问问蓝牙音箱"通过"出门问问"软件可在线播放涉案录音制品，《腾讯出门问问合作协议》和抓包取证的域名"qq.com"显示"出门问问"产品和服务的提供者系腾讯计算机公司，出门问问公司、羽扇智公司、腾讯计算机公司基于共同合作的目的，在共同意思联络的基础上，通过不同分工，共同直接侵犯了原告对涉案140首录音制品享有的信息网络传播权，属于《信网权司法解释》第4条规定的"分工合作"情形，应当共同承担相应的侵权责任。[1]在该案中，法院认定分工合作成立的前提并非行为人之间就特定的侵权行为存在共同意思联络、不同分工，而是从商业模式上予以认定。换言之，涉案产品提供的歌曲显然不仅仅是涉案的140首，可能是海量歌曲，这也正是诸被告之间的商业合作模式，但法院并未针对涉案歌曲的提供行为分析诸被告之间是否存在具体的共同意思联络或不同分工，而是通过商业模式上的"分工合作"推定对具体侵权行为存在"分工合作"。在"捷成华视网聚（常州）文化传媒有限公司与北京缤纷四季酒店管理有限公司著作权权属、侵权纠纷系列案件"中，被告北京缤纷四季酒店管理有限公司从案外人处引进视频点播设备，放置在其经营的"速八酒店"客房中供住客点播海量电影，原告认为其中若干部电影系未经其许可通过信息网络提供，侵犯其信息网络传播权。针对被告主张其不是涉案影片的提供方，未实施侵权行为的答辩，北京互联网法院一审认为，被告在其酒店客房内向住客提供涉案影片的点播服务，房客付费观看，播放页面没有跳转，也未被嵌入其他网站，故认定被告与案外人通过"分工合作"方式提供了作品，构成侵权。北京知识产权法院维持一审判决并进一步认为，被告与案外人分工合作在酒店客房内为住客提供涉案影片的付费点播服务并以此获利，该行为构成共同侵权，被告关于其与案外人不存在意思联络的主

---

[1] 深圳前海合作区人民法院（2020）粤0391民初7969号等系列案件民事判决书，系列案件入选"2020年度深圳法院知识产权十大典型案例"。

张不能成立。[1]

上述案例的被告虽然均非典型的网络服务提供者或网络平台,但案件显示出的裁判规则和司法导向却是清晰和一致的,即在认定《信网权司法解释》第 4 条"分工合作"时,并不考虑被告之间对于具体侵权行为是否存在意思联络或分工合作,而是从商业模式角度进行考量,只要行为人存在商业合作关系,基于这种合作关系其中一方实施了侵权行为,则直接推定其他合作方对侵权行为存在意思联络,应负共同侵权责任,而并不考虑商业合作模式本身的"实质性非侵权用途"。

如果参照或类推适用信息网络传播权领域对于分工合作共同实施直接侵权行为的上述认定标准,网络直播平台对于其平台主播实施的著作权侵权行为究竟是否存在"分工合作",进而承担直接侵权责任则成为一个难题。这是因为,根据前文对于网络直播运营模式和网络直播平台经营模式的分析,网络直播行业发展至今,已形成较为成熟的产业链,产业链上的各个环节和相关主体通过分工协作、价值传导、信息传播、利益分配等方式紧密合作,贯穿网络直播活动的全流程,建立了稳定的行业生态系统。从产业链主体的关系模式来看,为了应对日益激烈的市场竞争,网络直播逐渐告别过去单纯的 UGC 模式,主播们需要背靠直播公会等经纪组织,扶持、培养自己,获得技术和专业支持,同时为自己在网络直播平台上争取优质资源。直播公会负责对签约主播进行培养、管理、孵化、扶持,通过自身实力、市场影响力、与平台关系等资源,为主播在平台争取例如流量倾斜、推荐信息流、频道信息流、个性化推荐、广告位展示等推广资源,极力打造网红主播。同时,网络直播平台也建立起复杂的直播公会政策,并通过与直播公会签订协议,对直播公会、公会所属主播进行支持、管理和激励。从网络直播内容生产模式来看,在网络直播平台群雄逐鹿的赛场上,平台之间要同时进行资本竞逐、硬件技术对垒、主播争夺、广告资源比拼等诸多博弈,但主播争夺无疑是最根本、最核心的竞争,而主播的直播生命延续根本又在于持续性、高质量、高价值直播内容的生产。因此,网络直播内容的生产对于平台具有特殊和极为

---

[1] 北京互联网法院(2019)京 0491 民初 2830 号等系列案件一审民事判决书、北京知识产权法院(2019)京 73 民终 1783 号等系列案件二审民事判决书。

重大的意义。发展至今，网络直播平台对于直播内容已远远超越了仅提供基础服务的阶段。为了增强内容的专业性、趣味性、互动性，打造持续输出的优质内容，平台不仅躬身入局，许多场景下还成为内容生产的主导力量。

在这样的商业模式下，如果主播提供的直播内容中出现著作权侵权行为，类推适用《信网权司法解释》第4条关于"分工合作"的规定及相关司法实践认定标准，网络直播平台与主播之间存在"分工合作"是显而易见的，而网络直播平台将很难证明其"仅提供网络服务"，从而导致网络直播平台普遍承担直接侵权责任，这显然对网络直播平台是不公平的。

二、过错认定规则的困境

网络服务提供者间接侵权的过错认定规则是中国模式的重要组成部分。即使不考虑上述直接侵权与间接侵权区分中存在的困境，假设网络直播平台应承担间接侵权责任，在中国模式下，其过错认定规则的适用也存在新的难题。关于网络服务提供者间接侵权的过错认定标准，《民法典》第1197条原则性地规定了网络服务提供者对于网络用户实施的侵权行为"知道或者应当知道"，未采取必要措施的，应承担连带责任。而对于"知道或者应当知道"的具体认定标准，应参照《信网权司法解释》《网络人身权司法解释》的规定。前文提到，虽然不同规范性文件对过错的表述不尽一致，但基本上可以认为《侵权责任法》及《网络人身权司法解释》中的"知道"应解释为"明知或应知"，而《民法典》中的"知道或者应当知道"也应作此解释，从而与《信网权司法解释》中的表述相对应，本书统一采用"明知或应知"的表述。此外，中国模式还规定了过错认定中的其他辅助规则。

对于网络服务提供者"明知"的认定，理论上存在两种情形：一方面，根据《信网权司法解释》第13条，权利人提交了有效通知可以认定网络服务提供者"明知"，即通过"通知—必要措施"规则认定"明知"。另一方面，"通知"也不是认定网络服务提供者明知的唯一方法。如果权利人有其他证据能够证明网络服务提供者原本就知晓侵权事实的存在，没有必要非要发出通知。如权利人有证据证明网站经营者曾明确表示自己知道网站中存在用户上传的侵权内容，但为了提高网站点击率和访问量故意予以保留。此时权利人

第四章 中国网络直播平台著作权侵权制度的运行现状、困境及成因

完全可以据此起诉网络服务提供者间接侵权。当然，这种情形往往只存在理论上，或者网络平台发展的早期，网络服务提供者版权意识还很淡薄的时代，当前实践中较为少见。故"明知"的认定实践中主要依赖"通知—必要措施"规则，这一规则本身对于网络直播平台的适用性下文详述。

《信网权司法解释》与《网络人身权司法解释》对"明知"以外的过错认定规则，概括起来有四个方面，一是认定"应知"的主要考量因素；二是关于网络服务提供者主动审查义务的豁免；三是所谓中国版"红旗规则"；四是直接获利对应的较高注意义务。上述规则对于网络直播行为及网络直播平台是否适用呢？

（一）关于"应知"标准与不负主动审查义务

《信网权司法解释》第8条第2款规定，网络服务提供者未对网络用户侵权行为进行主动审查的，不应据此认定其存在过错，也即明确免除了网络服务提供者的主动审查义务或监控义务。同时，针对过错认定中"应知"相对于"明知"较难有客观化标准的现实，《信网权司法解释》第9条又列举了认定"应知"的若干综合考量因素，提示和引导法院通过考虑和衡量这些因素，认定网络服务提供者是否"应知"[1]。按照起草者对于这两条的适用解释，法院在审理侵害信息网络传播权案件时，首先不能因为网络服务提供者未对其网络用户的行为进行监控或主动审查就认定其具有过错，然后再根据第9条列举的情形及其他因素综合判断网络服务提供者是否具有过错。根据第9条的规定，判断网络服务提供者是否"应知"的前提是网络用户侵权行为是否"非常明显"[2]，同时考察网络服务提供者对于明显的侵权行为是否采取了合理的预防措施等因素。

在信息网络传播权领域，由于网络用户上传的内容在网络服务提供者提供的网络服务中不仅可以展示，还可以保留一定时间（甚至是永久保存）以使公众可以在选定的时间获得，故网络服务提供者对于网络用户上传内容哪怕没有进行主动审查，也可能在后续保留期间对其中存在的明显侵权内容予以发现和识别，而在网络直播活动中情况则大不相同。

---

[1] 《网络人身权司法解释》第9条作了类似规定。
[2] 陈锦川："网络服务提供者过错认定的研究"，载《知识产权》2011年第2期。

在秀场直播中，主播在直播活动中的行为具有一定的随机性，很多行为是即兴的。同时，为了增强直播节目的吸引力和时代感、潮流性，主播在直播中演唱当红歌曲、模仿热门影视剧桥段十分常见。一些歌手或艺人主播更是以在直播节目中自弹自唱、翻唱歌曲作为主要的直播卖点，吸引了大量观众和粉丝，其中事先获得权利人许可的情况并非常态。对于这类"非常明显"的侵权行为，网络直播平台在不负主动审查义务的前提下很难及时发现和意识到。在泛娱乐直播中，主播及其创作团队虽然会对直播内容提前拟定方案、计划、脚本，但并不会将其直播内容脚本提前送交网络直播平台审查，同样可能出现秀场直播中的问题。而在体育赛事节目直播、综艺节目直播和网络游戏直播中，虽然由于直播内容的知名度和影响力较大、往往持续时间较长，侵权行为的明显性更易被意识到，但如果不对网络直播平台科以审查义务和监控义务，在丰厚的回报和海量的直播内容面前，网络直播平台仍然缺乏采取主动措施的动力。

同时，由于网络直播的即时传输性，直播内容一经而过，除非事后通过录像回放进行审查，否则网络直播平台也很难准确、及时、大范围地捕捉到"明显"的侵权行为。此外，判断著作权侵权行为本身需要一定的专业知识和经验，例如主播在直播活动中介绍某热映的电影或热播的电视剧，其中镜头切换或当场展示相关影视剧片段并辅之以专业评论，这种行为到底是否属于对热播影视剧"非常明显"的侵权行为抑或合理使用，网络直播平台可能很难准确作出判断。

总之，如果参照和类推适用信息网络传播权领域的"应知"认定标准，网络直播平台无论事前、事中、事后，可能都不得不采取一定的主动审查和监控措施，实际上科以其主动审查义务，但如果固守网络直播平台不负主动审查义务的规则，又可能使对于"明显"侵权行为推定为"应知"的认定标准落空。

（二）关于"红旗规则"

由于信息存储空间服务提供者为网络用户上传内容提供了展示和存储的功能，特别是提供了存储空间，"与其他网络服务提供者提供的网络服务相

第四章　中国网络直播平台著作权侵权制度的运行现状、困境及成因

比,引发的纠纷也相应较多",[1]故《信网权司法解释》第 12 条对于信息存储空间服务提供者设立了中国版"红旗规则"。网络直播平台在功能和法律性质上与信息存储空间类似,特别是其为信息的"展示"提供平台功能,使包括网络直播平台自身在内的任何人能够接触到直播内容。中国版"红旗规则"的立法要义在于规制为热播影视作品等编制榜单和推荐的经营模式,[2]即信息存储空间服务提供者将热播影视作品置于其明显可以感知的位置(如首页显著位置)或者对热播影视作品进行选择编辑推荐、设置排行榜等,而影视作品制作成本较高,权利人投资较大,特别是热播期间,权利人通常是不可能将其无偿置于网络中供公众免费观看的。[3]

诚然,在网络直播平台提供热播影视剧或音乐作品等榜单、推荐服务时自然受上述规则规制,但在网络直播行业实际中,平台推荐热播影视剧或当红音乐作品并非常态,而网络直播平台采用这种方式进行推荐的主要是网络游戏直播或体育赛事节目直播。如虎牙直播在其网站显著位置建立"网游竞技""单机热游""手游休闲"等板块,而在"网游竞技"板块标题后紧跟着提供"LOL""云顶之弈""CFHD""DNF"等著名网游直播子版块的链接,在"单机热游"标题后提供"绝地求生""我的世界""逃离塔科夫"等单机游戏直播子版块链接,在"手游休闲"板块标题后提供"王者荣耀""和平精英""CF 手游"等子版块链接。[4]在某些提供体育赛事节目直播的平台(如腾讯体育)上,也会在显著位置标示"热门"字样,同时提供"篮球"(包括 NBA、CBA、亚洲杯预、CHBL 等)、"足球"(包括欧洲杯、美洲杯、中超、英超等)等排行榜及具体比赛场次的直播链接。[5]由于通过网络直播方式对网络游戏、体育赛事节目进行有偿或无偿传播和推广本身就是相关权利人和行业重要的运营模式,简单适用中国版"红旗规则"认定网络直播平

---

[1] 王艳芳:"《关于审理侵害信息网络传播权民事纠纷案件适用法律若干问题的规定》的理解与适用",载《人民司法》2013 年第 9 期。

[2] 王迁:《网络环境中的著作权保护研究》,法律出版社 2011 年版,第 296 页。

[3] 王艳芳:"《关于审理侵害信息网络传播权民事纠纷案件适用法律若干问题的规定》的理解与适用",载《人民司法》2013 年第 9 期。

[4] 虎牙直播网站,https://www.huya.com,访问时间:2021 年 6 月 23 日。

[5] 腾讯体育网站,https://kbs.sports.qq.com/#hot,访问时间:2021 年 6 月 23 日。

台只要存在上述行为就对其中可能存在的侵权行为具有过错显然不符合行业实际。换言之，网络直播平台通过首页提示、排行榜、提供名称链接等"明显可以感知"的方式对热门体育赛事节目、网络游戏进行推荐并不能当然推定其存在过错，还应辅之以"明显不可能获得授权"等前提，这实际上就使中国版"红旗规则"失去了在网络直播领域适用的独立价值。

（三）关于直接获利

中国模式中关于直接获利的规定来源于 DMCA 第（c）款第（1）项第（B）目以及第（d）款第（2）项。在美国模式中，"直接获利"与对直接侵权行为拥有"控制的权利和能力"是网络服务提供者构成替代责任的两个基本条件。中国模式未引进替代责任规则，而是单纯吸收了"直接获利"规则。从中国模式中"直接获利"规则的变化发展来看，《信网权条例》最初是将"未从服务对象提供作品、表演、录音录像制品中直接获得经济利益"作为信息存储空间服务提供者免责的条件之一，[1]应该说从形式上与美国模式类似。也即，如果信息存储空间服务提供者从服务对象提供的作品中直接获得了经济利益，则无法享受"避风港"免责。《信网权司法解释》对"直接获利"规则进行了改造，既未坚持将其规定为免责条件，也未明确将其规定为归责条件或过错认定的标准，而是规定网络服务提供者从网络用户提供的作品中直接获得经济利益的，对网络用户的侵权行为"负有较高的注意义务"。[2]根据起草者的解释，该条征求意见稿中的表述为"推定其对该网络用户侵害信息网络传播权的行为具有过错"，而为了避免对网络产业商业模式的冲击，最终改为"较高注意义务"，而是否具有过错则由法院在具体案件中根据具体案情判定。[3]司法实践中，法院对于直接获利的处理，要么根据第11条第2款认定网络服务提供者设立的诸如积分兑换等制度属于一般性服务费，不属于直接获得经济利益，[4]一旦认定构成直接获利，往往进而认定网络服

---

〔1〕《信网权条例》第22条第4项。

〔2〕《信网权司法解释》第11条第1款。

〔3〕 王艳芳："《关于审理侵害信息网络传播权民事纠纷案件适用法律若干问题的规定》的理解与适用"，载《人民司法》2013年第9期。

〔4〕 北京知识产权法院（2021）京73民终596号民事判决书。

务提供者未采取合理有效措施进行审查,违反注意义务而存在主观过错。[1]可见,实践中法院仍然是通过"直接获得经济利益"推定网络服务提供者具有过错的。

然而,这一规则如果直接适用到网络直播平台则会产生严重问题。一方面,正如上述涉及网络直播平台的司法案件所反映出的,直接获利和"较高注意义务"的认定标准均不明确,法院往往采取"非此即彼""非黑即白"的思路,只要(根据个案)认定网络服务提供者构成直接获利,则推定其存在过错,至于何为"较高"义务、是否尽到了"较高"义务则鲜有论证。另一方面更重要的是,前文提到,从网络直播的盈利模式和收入分成模式来看,网络直播平台的盈利模式主要有直接盈利模式和间接盈利模式两种。其中,直接盈利模式主要包括用户打赏、会员付费、赛事竞猜、直播门票等;间接盈利模式主要包括营销广告、电商购物、游戏联运、O2O 等。在面向 C 端的直接盈利模式下,用户在观看直播的过程中,从平台将真实货币兑换成虚拟礼物(如火箭、游艇、房子、汽车等)并打赏给喜欢的主播,获得满足感和娱乐体验,平台收到用户打赏后,将其再次换算成真实货币,并根据约定的比例将收入在平台、直播公会和主播间进行分配。例如有的大型网络直播平台对于用户打赏的分配比例为平台:主播:直播公会 = 6:3:1。[2]除了用户打赏以外,不少平台还针对广告营销、会员收费、各类绩效目标完成情况等与直播公会和主播进行收入分成。以抖音直播平台为例,平台与直播公会通过协议约定,直播公会旗下主播依照约定保质保量开展网络直播活动后,如平台采取直播公会统一结算的,由平台向直播公会支付旗下主播所有收益后,再由直播公会与旗下主播结算;如平台采取直播公会旗下主播自行提现结算的,则平台仅向直播公会支付直播公会应得的部分收益,主播的收益则自行通过甲方平台结算和提取。抖音直播平台每月会在直播公会管理系统的后台公布本月"公会月任务说明",依照基线任务、活跃任务、短视频任务、拉新业务、流水业务等维度对直播公会进行考核并按照一套极为精细和复杂的分配

---

[1] 广州知识产权法院(2020)粤 73 民终 574 - 589 号系列案件民事判决书。
[2] 李泽清:《网络直播:从零开始学直播平台运营》,电子工业出版社 2018 年版,第 162 页。

政策进行分配。[1] 网络直播平台与直播公会、主播之间的利益绑定已经日渐成熟、定型，呈现出规则清晰、分配稳定、各司其职、绩效挂钩等特点。

根据《信网权司法解释》第11条第2款，一般性广告费、服务费等不属于直接获得经济利益。而根据上述司法判例，被告与游戏用户签订合作协议，并在涉案游戏短视频播放窗口下方和评论区上方设置广告位，与签约用户共享短视频带来的收益即被法院认定为构成"直接获利"[2]。套用这一标准，网络直播平台的经营模式毫无疑问应被认定为"直接获利"，这就会导致网络直播平台普遍负有较高注意义务，甚至只要主播实施侵权行为，网络直播平台就具有过错。且不论这一标准是否公平，至少与"不负主动审查义务"的规定又产生了冲突和矛盾。此外，网络直播平台与主播、直播公会的紧密利益绑定关系能否认定为"分工合作"而落入直接侵权也存在不确定性，这也进一步反映了中国模式下网络直播平台著作权直接侵权与间接侵权的区分困境。

三、"通知—必要措施"规则的失灵

如果说上面讨论的关于网络直播平台适用中国模式的实践困境，在具体规则的重置和改造、具体权利义务的重新分配下尚有适用于网络直播平台的理论可能性，"通知—要措施"规则对于网络直播平台的适用失灵则是根本性的，几乎没有改造适用的余地。同时，由于网络服务提供者侵权制度中国模式是以《民法典》为主要法律依据，综合参照和类推适用《电子商务法》《信网权条例》《信网权司法解释》《网络人身权司法解释》等规范性文件形成的，而"通知—必要措施"规则又是《民法典》网络侵权责任条款的核心条文和中国模式的主要特征，因此"通知—必要措施"规则对于网络直播平台的不适用很可能导致《民法典》网络侵权责任条款的"空心化"或制度落空。

---

〔1〕 如《抖音直播2021年5.1~5.31公会月任务说明》，载飞书网，https://zhibogonghui.feishu.cn/docs/doccnJQPDvmDNBQIcsLIYhFQqfb，访问时间：2021年5月3日。

〔2〕 广州知识产权法院（2020）粤73民终574-589号系列案件民事判决书。

（一）权利人发现和固定侵权行为十分困难

在"通知—必要措施"规则的运行逻辑中，权利人发现侵权行为是其逻辑起点。对于侵害信息网络传播权的行为，通常情况下，权利人可以通过定向查找、搜索、大数据分析，甚至网络爬虫等技术手段对侵权内容进行发现和识别。发现侵权内容后，权利人也有足够的时间通过公证取证、区块链取证等方式对侵权行为进行固定。由于我国早已建立支持知识产权权利人维权的诉讼机制，权利人在维权过程中产生的公证费、律师费等必要支出只要在合理范围内，一般可以在事后的侵权诉讼中主张并获得法院支持，从而节省维权成本。

而在网络直播活动中，由于网络直播具有即时性特点，直播内容一经而过，仅在网络上停留极端的时间。除非主播提前预告直播内容，权利人根据这一线索定向锁定主播并等待直播内容播出，否则几乎无法及时、有效地在浩如烟海的直播内容中发现侵权行为。以秀场直播中歌手演唱歌曲为例，在一场直播秀中，歌手可能演唱数十首歌曲，且可能根据观众弹幕互动要求临时选择和即兴演唱一些曲目，而全网同一时间进行直播的主播数量几乎无法统计，权利人要在海量直播内容中短时间内（一首歌曲通常不超过 5 分钟）准确发现未经其许可演唱其享有著作权的歌曲难度可想而知。

发现侵权行为尚且不易，发现后对侵权行为进行符合法律规定的固定则更困难，这不仅因为取证与发现侵权行为一样存在时间紧迫的问题，还涉及维权成本的问题。仍以上述秀场直播为例，主播演唱什么曲目、哪些曲目属于权利人有权进行维权的作品在直播开始前和进行中均为未知数，权利人除非选择对网络直播进行全程公证取证，再从中进行甄别选择。而这种模式只存在理论中，因为实践中：一是没有公证机构可能全天候、不间断地为一个权利人进行公证；二是由于侵权行为的未知性，很可能最终一无所获；三是这将为权利人带来不可承受的高昂成本，即使将来通过诉讼维权，与侵权行为无关的公证费不可能得到法院支持且侵权赔偿额也必然无法覆盖维权成本。即使采用当下流行的区块链取证，取证即时性或许能够得到一定程度的解决，但维权有效性和维权成本高昂的问题仍然无法解决。

需要指出的是，在对网络直播中侵权行为的发现和取证方面，实践中知名体育赛事节目（如世界杯足球赛）或热门综艺节目（如春晚）的权利人是经常会通过公证、区块链等方式进行取证的，但这有赖于两个前提：一是这些节目播出时间是既定的，而侵权行为的具体类型往往是截取信号进行网络转播，权利人有条件针对某些大型网站平台事先进行维权准备；二是权利人往往是实力雄厚的转播商、电视台等，且涉案作品商业价值较高，在日后的诉讼中赔偿额也相对较高，可以覆盖维权成本。而对于广大普通权利人来说，实时发现侵权行为并精准有效取证仍然是难度极大的。此外，即使是上述体育赛事节目、综艺节目的权利人，取证之后也并非为了通过"通知—必要措施"规则进行维权，也只是为了后续起诉做准备。

（二）通知有效性难以保证

这里的通知有效性不仅指通知本身的内容和形式符合法定要求，还包括通知渠道的有效性，也即通知能够第一时间到达网络直播平台。在通知符合法定要求方面，概括来讲《信网权条例》《网络人身权司法解释》均规定合格通知至少应包含权利人信息、能够定位到侵权内容的信息以及构成侵权的初步证明材料三项。《民法典》第1195条则规定至少应包含构成侵权的初步证据及权利人身份信息两项。即使按照《民法典》的规定，权利人在针对网络直播中主播的侵权行为向网络直播平台发送通知时，也应当包括自己的身份信息、主张权利作品的权属证明、侵权行为证据等材料，而提供能与侵权行为一一对应的权属证明无疑又为权利人在极短时间内发出通知制造了障碍。这意味着，权利人不仅要在海量直播内容中准确发现侵权行为，还要迅速进行取证固定，并且将权属证明等资料整理好一并发送给网络直播平台，而所有这些准备工作都必须在侵权内容通过网络直播方式一经而过的传播过程中完成。

此外，在通知渠道方面，《信网权司法解释》第13条列举了书信、传真、电子邮件等方式。对于网络直播平台，书信、传真方式显然不可能采用，只能采用电子邮件或平台设置的便捷投诉通道，而这必然有赖于平台投入资源建设极为高效和便捷的通知渠道，在受制于其他客观因素、"通知—必要措施"规则本身难以适用的情况下，很难想象网络直播平台会有足够动力做这样的投入。事实上，目前主要网络直播平台建立的"版权投诉通道"也均是

第四章 中国网络直播平台著作权侵权制度的运行现状、困境及成因

针对直播内容事后回看和长短视频等信息网络传播权领域的侵权行为。

(三) 网络直播平台无法进行初步判断核实并及时采取必要措施

假设权利人通知阶段的上述困境通过职业维权代理人、技术措施或巨额投入能够解决,网络直播平台在收到权利人通知后遇到的困境则更为艰巨:

第一,网络直播平台即使建立了便于权利人对直播中侵权行为进行通知的便捷投诉渠道,平台端也必须投入巨大的人力物力全天候、即时处理通知。

第二,无论是在美国模式的"通知—删除"规则还是中国模式的"通知—必要措施"规则下,网络服务提供者在收到权利人通知后都应当进行初步审核。在美国模式下,由于"通知—删除"规则是免责条件,故如果网络服务提供者经过初步审核,认定侵权行为初步成立而采取了删除、断开链接等措施,则可以进入"避风港"免除赔偿责任;如果网络服务提供者认为不构成侵权而拒绝采取上述措施,也不必然承担侵权责任,还应根据侵权行为成立要件进一步考察。在中国模式下,"通知—必要措施"规则改造成为归责条件,但并不意味着网络服务提供者在收到通知后应不假思索、不作分别地采取必要措施,相反,为了避免滥用通知规则,网络服务提供者应当对权利人通知内容进行初步审核判断。这正是《信网权条例》甚至《网络著作权司法解释》以来直至《民法典》一以贯之要求权利人有效通知内容必须包含侵权行为成立初步证据的原因,也是前文提到网络服务提供者侵权制度中国模式虽然对保护范围进行了扩大但也仅限于可以信息化并可能在网络环境中被侵害的权利进行保护的重要原因——网络服务提供者有可能进行初步判断。而对于网络直播平台,要求其在极短的时间内对著作权侵权行为进行初步判断显然是无法做到的。如果非要适用"通知—必要措施"规则,网络直播平台为了规避侵权责任,只能普遍地不作判断直接采取必要措施,这不仅架空了有效通知规则,也必将导致权利人滥用投诉权利,最终危害网络直播产业健康发展。

第三,网络直播平台采取必要措施也面临困局。一是由于网络直播的即时性、短暂性,权利人发现、固定侵权行为并发出通知、网络直播平台进行初步核实后,侵权行为很可能早已结束,面对已经停止的侵权行为网络直播平台如何采取必要措施?二是即使侵权行为仍在继续,网络直播平台能够采

取何种必要措施？由于直播内容和存储在网络空间的信息不同，网络直播平台无法采取"删除"措施，可能的措施只能是"断开链接"或"停止服务"——即关闭直播间或停止为主播提供网络服务。这种程度的必要措施对于以侵权为业或直播内容大量侵权的主播或许适应，但对于偶发侵权、情节轻微的主播来说，无疑是灭顶之灾，明显违反"比例原则"。而对于不同侵权行为进行甄别并采取相应精准的必要措施，显然是网络直播平台不可承受之重。三是如果认为"转通知"也属必要措施，那么对于面临上述困局的网络直播平台来说，无疑获得了"救命稻草"。可以想见，权利人通知后，网络直播平台不假思索地转通知将成为常态，但这对于"通知—必要措施"规则的制度价值——及时制止侵权行为丝毫没有帮助，所谓"必要措施"仅仅沦为了网络直播平台避免承担侵权责任的形式主义工具。

第四，中国模式实际上对网络服务提供者收到通知后作出必要措施设定了时间要求。《信网权条例》对此规定是"立即"[1]，《信网权司法解释》规定为"及时"[2]，并对"及时"的判断标准作出解释[3]。《信网权司法解释》在制定过程中曾规定对于热播影视作品的处理期限为"一个工作日内"，对于其他作品"一般不应超过五个工作日"[4]。实践中，网络平台处理权利人投诉通常需要1~3个工作日甚至更长。在这一背景下要求网络直播平台对投诉通知实时作出处理显然是不现实和不公平的。

（四）"反通知规则"落空

作为对网络用户利益的平衡，从美国模式开始就在（广义的）"通知—删除"规则中加入了"反通知规则"。在中国，《信网权条例》和《民法典》也坚持了这一制度。《民法典》第1195~1196条规定，网络服务提供者接到通知后应及时转送网络用户，网络用户接到转送的通知后可以向网络服务提供者提交不存在侵权行为的声明（即反通知）。反通知内容与通知一样，也应包含初步证据和自己的真实身份信息。网络服务提供者接到转通知后应及时转

---

[1]《信网权条例》第15条。
[2]《信网权司法解释》第13条。
[3]《信网权司法解释》第14条。
[4] 王艳芳："《关于审理侵害信息网络传播权民事纠纷案件适用法律若干问题的规定》的理解与适用"，载《人民司法》2013年第9期。

送权利人,告知其可以向行政机关投诉或向法院起诉,合理期限内权利人未投诉或起诉的,网络服务提供者应终止必要措施。

在网络直播中,一旦有权利人对直播内容向网络直播平台投诉,网络直播平台无论是采取必要措施(如关闭直播间或停止为主播服务)后"转通知",还是直接将"转通知"作为必要措施,主播都很难在短时间内针对通知内容提出符合法定要求的"反通知"。而根据《民法典》的规定,"反通知"是后续"转反通知""告知权利人投诉或起诉""终止必要措施"的前提。这就意味着,只要权利人向网络直播平台发出通知,主播将毫无还手之力。这在将"转通知"作为必要措施的情形下或许对主播并无实体上的影响,但在关闭直播间或停止为主播服务的情形下,主播的网络直播活动将被迫停止,可以说利益的天平完全倒向了权利人一方。

综上所述,尽管从应然逻辑上看,中国模式的具体规则可以涵盖和适用于网络直播平台,然而实际适用中国模式将面临上述多方面困境。探究这些困境产生的原因,根本自然是由于网络直播及网络直播平台的特点和商业模式使然,但从制度设计上看,美国模式和中国模式都存在局限性,两方面原因相互作用共同带来了中国网络直播平台著作权侵权制度的困局。

第四节　成因之一——美国模式的制度基因局限性

一、成立条件方面的局限性

所谓成立条件方面的局限性,是指美国模式在制度设计和产生时由于其所处的时代背景、技术背景等因素而反映在立法思想、立法技术和制度功能方面固有的局限性。需要指出的是,本书所指的美国模式局限性,并非认为其自始存在制度缺陷或非正当性,而是基于其制度基因无法适应技术进步和产业发展,无法调整以网络直播平台为代表的新型网络服务提供者而表现出来的局限性。这些局限性主要表现在两个方面:

（一）传播方式的局限性限制具体规则适用

DMCA 的主要立法目的是执行 WCT 和 WPPT 两个国际条约，[1]从而将美国版权法直接带入数字时代。[2]其中，WCT 第 8 条创立了"向公众传播权"，即"在不损害《伯尔尼公约》……规定的情况下，文学和艺术作品的作者应享有专有权，以授权将其作品以有线或无线方式向公众传播，包括将其作品向公众提供，使公众中的成员在其个人选定的地点和时间可获得这些作品"。[3]世界知识产权组织公布的 WCT 提要指出，后半句"尤其涵盖通过互联网按要求进行的交互式传播"。[4]这一交互式传播权在国际上称为"向公众提供权"，在我国称为"信息网络传播权"。[5]相应的，WCT 第 8 条"向公众传播权"也被划分为非交互式传播权（前半句）和交互式传播权（后半句）。交互式传播权只适用于公众"在其个人选定的地点和时间"可以获得作品的情形。这一规定的关注点在于，公众可以通过网络按自己的需求获得作品这一典型情况，排除了对事先确定的节目的任何传播行为，"因为这种传播不会使公众中的成员在特定的时间单独获得某一特定的作品或者录制品"。[6]

在关于单纯提供技术服务的网络服务提供者的侵权责任方面，如前文提到的，WCT 并未作出明确规定，但考察其第 8 条的议定声明第一句"仅仅为促成或进行传播提供实物设施"不构成传播，显然 WCT 最初对于网络服务提供者侵权责任的限制思路（注意：WCT 议定声明充其量只能称为思路，而非规定）并非只是针对交互式传播，而是包括了第 8 条所规定的任何"向公众传播"行为。

而在美国模式中，DMCA 制定前的《白皮书》就提到，"国家信息基础设施包括目前可用的数字化、交互式服务，如互联网，以及预期的未来服务"。

---

〔1〕 DMCA, p. 1.

〔2〕 Senate Report 105～190, 105th Congress, 2nd Session, p. 2.

〔3〕 WCT 第 8 条。WPPT 也针对已录制的表演和录音制品规定了通过有线或无线方式向公众提供，使公众中的成员在其个人选定的地点和时间获得的权利，见 WPPT 第 10 条和第 14 条。

〔4〕 世界知识产权组织官方网站：《世界知识产权组织版权条约》（WCT）（1996 年）提要，载 https：//www. wipo. int/treaties/zh/ip/wct/summary_wct. html，2021 年 5 月 28 日访问。

〔5〕 王迁：“著作权法中的传播权的体系”，载《法学研究》2021 年第 2 期。

〔6〕 [德] 西尔克·冯·莱温斯基：《国际版权法律与政策》，万勇译，知识产权出版社 2017 年版，第 403 页。

《DMCA 报告》在对第（k）款关于"在线通信"进行解释时也指出，立法者指的是通过交互式计算机网络，如互联网络进行的通信，因此无线广播（无论是模拟或数字形式）、有线电视或卫星电视都不享有免责资格。[1]可见，美国模式调整的仅仅是交互式传播，而并不涵盖 WCT 第 8 条前半句的非交互式传播。美国模式的这一特点有其历史背景和技术背景：在网络产生前，"作品主要借助于书刊或录音录像制品等有形物质载体在市场上流通，以及通过现场表演活动以及事后对录制下来的作品或表演加以播放而向公众传播"，[2]公众很难"按需"获得作品。而通过将作品置于网络供公众在个人选定的时间和地点"按需"获得成为了网络时代到来后作品传播方式的革命性特点。当时的网络服务提供者也主要是为网络用户采取这种交互式传播方式向公众提供作品提供网络技术服务。

网络直播恰恰属于非交互式传播。在美国模式诞生的年代，通过网络进行非交互式传播主要形式包括网络广播事先确定的节目，"不论其是原始节目，还是通过数字网络未进行任何改变的同时转播传统的广播节目"。[3]DMCA 没有也不可能关注到网络直播行为对于作品传播的新的革命性影响，更不可能为网络直播平台这一区别于四类网络服务提供者的新型主体制定版权侵权制度。Square Ring 案中，原告即主张，"避风港"规则不应延伸至网络直播领域。[4]

当然，如果仅仅是法律调整范围的问题，法院可以在司法案件中通过扩大解释，将网络直播行为纳入美国模式调整范围（如 Square Ring 案中法院认定网络直播适用"避风港"规则），或通过类推适用的方法（如中国法院参照《信网权司法解释》）解决。然而这一局限性的真正问题在于，美国模式的具体规则（如"通知—删除"规则、过错认定规则、"红旗规则"等）是基于其调整交互式传播行为而制定的，即使将网络直播行为纳入其中，这些为交互式传播量身定制的具体规则在运用到网络直播时也会产生不适应性。这

---

[1] Senate Report 105~190, 105th Congress, 2nd Session, p.54.
[2] 王迁："网络环境中版权制度的发展"，载《网络法律评论》2008 年版。
[3] [德] 西尔克·冯·莱温斯基：《国际版权法律与政策》，万勇译，知识产权出版社 2017 年版，第 403 页。
[4] Square Ring, Inc. v. Doe, No. CV 09-563 (GMS), 2015 WL 307840 (D. Del. Jan. 23, 2015).

也正是中国模式下网络直播平台著作权侵权制度困境的深层原因。

(二)默认网络服务提供者的技术中立性

坚持技术中立思想是美国模式成立的基本条件和思想基础。所谓"技术中立",原系专利法间接侵权的责任限制条款,在经典的 Sony 案[1]中,美国最高法院借用专利法上这一间接侵权规则,确立了代表技术中立思想的"实质性非侵权用途"规则,成为此后十多年版权领域帮助侵权的判定标准。版权法确立技术中立思想的初衷是在版权人的私权与社会公共利益之间建立理性平衡,从而使版权法在不同技术环境下具有一致性和可预见性,立法者无需为印刷技术、模拟复制技术、数字复制技术、网络传播技术或数据库等制定特别法。[2]在网络服务提供者版权侵权制度制定的过程中,由于《白皮书》将网络服务提供者视同出版社,遭到了行业协会的一致反对,他们认为数字时代版权法修订应以促进和保护互联网产业的壮大为宗旨,而网络服务提供者通常只提供平台或链接服务,并不直接参与侵权行为,处于消极中立第三方主体地位。[3]DMCA 采纳并确立了"技术中立"思想,并进而建立了网络服务提供者不负主动审查义务、免责条件等具体规则。此外,有学者将传统的技术中立思想扩展为"技术中立+地位中立",即 DMCA 规定的四类网络服务提供者中,前两类自动接入、自动传输服务提供者和系统缓存服务提供者是因其仅扮演传输管道角色或中介角色(技术中立性)获得免责,而后两类信息存储空间服务提供者和搜索链接服务提供者则是因其不对信息进行修改、筛选和推荐(地位中立性)而获免责。[4]实际上,所谓地位中立性仍然是技术中立的延伸和内在要求,总体来看,以 DMCA 为代表的美国模式是建立在网络服务提供者单纯提供技术服务,而与内容毫不相干的假想条件之上。

---

〔1〕 Sony Corporation of America v. Universal City Studios, Inc. 464 U. S. 417 (1984).

〔2〕 Tomas A. Lipinski. The Myth of Technological Neutrality in Copyright and Rights of Institutional Users: Recent Legal Challenges to the Information Organization as Mediator and Impact of the DMCA, WIPO, and TEACH [J]. 54 Journal of the American Society for Information Science and Technology, 824, 825. (2003). 转引自王洪、谢雪凯:"网络服务商第三方责任之现代展开——立法演进、立法思想与理论基础",载《河北法学》2013 年第 7 期。

〔3〕 吴汉东:"论网络服务提供者的著作权侵权责任",载《中国法学》2011 年第 2 期。

〔4〕 郑鹏:"网络服务提供者'避风港'的'中立'前置要件研究",载《北方法学》2020 年第 4 期。

然而，网络直播平台的服务模式和经营模式则与 DMCA 设定的网络服务提供者地位和立场迥异。网络直播平台除了为主播提供软硬件技术支持和虚拟场所外，还与直播公会、主播建立紧密的合作关系，通过一系列复杂的平台规范和制度要求对直播公会、主播进行管理，对于内容创作平台也不同程度地参与，此外还与主播建立了稳定的收入分成规则。网络直播平台的这些模式特征早已超越了 DMCA 制定时中立、被动的网络服务提供者设定，适用 DMCA 建立在技术中立思想基础上的相关规则规制网络直播平台是不适宜的。

二、"通知—删除"规则须有实施的可能性

"通知—删除"规则是美国模式所建立起的"避风港"规则的中心。实际上，早在 WCT 缔结过程中，世界知识产权组织就在对各缔约方自行制定网络服务提供者免责规定的原则性要求中提出，鼓励网络服务提供者与权利人合作，相关规定应当尽可能采取市场方式促进版权人同网络服务提供者进行合作，以便应用技术手段发现盗版并迅速从网络中进行移除，便于版权人确认和起诉侵权人。[1] DMCA 正是遵循了这一原则并将其明确为适用于信息存储空间和搜索链接两类网络服务提供者免责条件的"通知—删除"规则。

尽管 DMCA 本身及其立法背景文件均未提及，但"通知—删除"规则的确隐含着一个重要前提，那就是网络服务提供者存在接到通知后对侵权内容进行删除、屏蔽、断开链接的"可能性"。这种"可能性"体现在两个方面：一是网络服务提供者对于其提供的网络服务中存在的侵权内容有控制的权利和能力，这一点实际上在 DMCA 第（c）款和第（d）款对于替代责任的免除条件中已经充分阐明。事实上，对于侵权内容有控制的权利和能力不仅是替代责任成立的要件，也是网络服务提供者采取删除、断开链接等措施的客观前提。二是网络服务提供者能够准确定位和精准删除侵权内容。这就与网络服务提供者的经营模式关系紧密，在传统的信息存储空间和搜索链接两类服务中，侵权内容存储在网络空间或者能够被链接到，且包括网络服务提供者

---

[1]《世界知识产权组织（WIPO）管理的版权及相关权条约指南以及版权及相关权术语汇编》CT-14.10.，第 176 页，载世界知识产权组织网站，https://www.wipo.int/publications/en/details.jsp?id=361&plang=EN，访问时间：2021 年 5 月 29 日。

在内任何人可以接触到,此时网络服务提供者根据权利人合格通知,准确定位到侵权内容、加以初步判断,并对侵权内容精准采取删除、断开链接等措施是可能的。这也是DMCA中前两类网络服务提供者无法适用"通知—删除"规则的根本原因,因为他们"难以准确定位和移除被指称侵权的作品"[1]。

然而随着互联网产业的高速发展,一些新型网络服务提供者越来越不具备上述这种"可能性"。典型如前文提到的"阿里云"案中云服务器提供商,这类网络服务提供者虽然在技术上存在控制侵权内容的能力,但从法律规定、行业伦理开看都不具备删除的权利。此外,基于云存储的特性,他们也无法准确识别和判断侵权内容,而"关停服务器"等手段更是违背精准删除侵权内容的"比例原则"。"阿鲁克"案中的域名解析服务商同样存在上述问题。面对这一困境,中国模式通过将"删除"扩展为"必要措施"扩大了"可能性"的范围,但正如前文分析的,对于网络直播平台来说,连"转通知"等必要措施都无法采取,更遑论"删除"措施。这也进一步暴露了美国模式根源于制度基因的局限性。

三、过度减轻网络服务提供者义务

(一)偏向网络服务提供者的价值取向

DMCA立法的背后是版权人和网络产业两大利益集团之间的博弈,很显然,网络产业在这场游说中占据了优势,美国模式具有明显的偏向网络服务提供者、降低网络服务提供者版权保护义务的特点。DMCA的立法者明确指出,第512条的立法目的包括"为网络服务提供者在其活动中可能发生的侵权法律风险提供更大的确定性"。[2]应该说,DMCA之前的《白皮书》及相关司法判例将网络服务提供者等同于电子出版者、不问过错地承担直接侵权责任固然有违公平,但DMCA将利益天平过分偏向网络产业的价值取向和规则设计也难谓合理。美国模式中最能反映这一价值取向的就是"红旗规则"和绝对的不负主动审查义务规则。前文提到,"红旗规则"所确立的过错认定标准,虽然与一般侵权法的表述和基本构造有一定的契合性,但也存在明显的

---

[1] 王迁:"'通知与移除'规则的界限",载《中国版权》2019年第4期。
[2] Senate Report 105~190, 105th Congress, 2nd Session, p. 40.

差异：一是侵权事实要像鲜艳的"红旗"一样迎风招展，才能确定网络服务提供者的过错，这实际上已经低于了一个正常的理性人的认识标准，正常理性人对于版权侵权事实的认识和评价，绝不可能是以"红旗"为原则的，DMCA 在这里显然是关照到了网络服务提供者面对海量信息的客观现实以及"不负主动审查义务"的基础前提。二是"红旗规则"在采取客观标准时，仅仅强调了网络用户侵权事实是否明显这一唯一因素，而排除了其他可能导致推定网络服务提供者应当知道网络用户侵权行为的事实要素，实际上压缩了"有理由知道"的解释空间，[1]从而实现了减轻网络服务提供者版权侵权责任的目的。[2]而与"红旗规则"密切相关的不负主动审查义务规则进一步弱化了网络服务提供者的预防义务：即使网络服务提供者对用户的直接侵权行为有大致的了解，但如果对具体侵权行为没有认知，则也没有义务主动审查或采取措施降低侵权风险。

事实上，基于 BBS 技术认知层面制定的 DMCA 颁布后，网络技术突飞猛进，商业模式日新月异，P2P、MP3 下载等网络版权侵权层出不穷。披着"避风港"规则防弹衣的网络服务提供者一边从网络盗版中获得巨大收益，一边援引 DMCA 规避版权保护义务，对于主动采取预防侵权的措施更是缺乏积极性。而技术进步在（客观上）诱发盗版侵权的同时，也在提升网络服务提供者的预防侵权能力，如过滤技术、自动监控系统等，相应的，网络服务提供者承担一定的事前审查义务越来越可行和合理。

（二）美国法院的变通补救

美国法院自然也认识到了美国模式的这一局限性，并试图在司法案件中通过各种方式对此进行变通补救和矫正。例如，美国最高法院在 Grokster 案[3]中按照引诱侵权的认定规则对 P2P 服务提供者的行为进行评价时指出，如果行为人明确表达或以其他积极促成侵权的方式显示出其提供的一项服务的目的在于推广盗版用途，那么行为人应当承担引诱侵权责任。也即，如果一项服务具有实质性非侵权用途，但网络服务提供者主观上希望他人用于侵权目的，

---

[1] R. Anthony Reese, supra note [37], p. 436.
[2] 崔国斌："网络服务商共同侵权制度之重塑"，载《法学研究》2013 年第 4 期。
[3] Metro‑Goldwyn‑Mayer Studios Inc. v. Grokster, 545 U. S. 913. (2005).

则可能构成引诱侵权。这一规则中网络服务提供者注意义务的标准实际上是超越"红旗规则"的，因为"红旗规则"建立的基础之一是网络服务提供者是中立和善意的。该案中，美国最高法院还指出，如果没有采取过滤措施、网络服务提供者推广其服务的侵权用途、商业模式依赖于侵权行为三个条件同时具备，则可间接证明网络服务提供者存在引诱侵权的故意。这一认定规则倒逼网络服务提供者主动采用过滤技术措施，降低被定为存在引诱侵权主观故意的风险。此外，在 YouTube 案[1]中，美国联邦第二巡回上诉法庭对"红旗规则"进行了新的阐释，该法院认为，如果一个人能够知道侵权事实高概率会存在，而有意识地避免确认该事实，则属于"故意视而不见"，而应承担间接侵权责任。这就相当于将某种程度的主动审查义务加回到了网络服务提供者身上。

第五节　成因之二——中国模式的自身建构局限性

一、根本成因：对免责条件的僵化改造

（一）传统民法上的免责条件和归责条件

在大陆法系民法中，免责条件（免责事由）是指"那些因其之存在而使侵权责任不成立的法律事实"。[2]免责条件是以侵权责任成立为前提的。换言之，从侵权责任的构成要件角度评价行为人的行为，如果表面上均符合构成要件要求，则形式上成立侵权责任；但因为行为人的行为又符合法定的免责条件，故而从实质上免除其侵权责任。中国民法立法例中对免责条件均有规定：早在《民法通则》中就规定了不可抗力、紧急避险、正当防卫等免责条件。《侵权责任法》采用"一般规定＋特殊规定"相结合的方式，在第三章"不承担责任和减轻责任的情形[3]"中规定了受害人过错、受害人故意、第

---

[1] Viacom Intern., Inc. v. YouTube, Inc., 676 F. 3d 19, (2d Cir. 2012).

[2] 程啸：《侵权责任法》，法律出版社 2015 年版，第 294 页。

[3] 《侵权责任法》和《民法典》未使用"免责"的术语，但本书认为，减轻责任本质上仍是免责，即免除一定范围的责任。

三人行为、不可抗力、正当防卫、紧急避险六种一般免责条件,同时在一些特殊侵权责任中规定了特殊免责条件。[1]《民法典》考虑到体系化安排,将不可抗力、正当防卫和紧急避险三种免责条件规定在"总则"编,而在"侵权责任"编"一般规定"一章中规定了受害人过错、受害人故意、第三人行为三种情形,新增了自甘冒险和自助行为两种免责条件。此外,在特别法中,对免责条件也有不同规定。而在《著作权法》中,除了侵权法规定的一般免责条件外,合理使用可以认为是特别免责条件。

所谓归责条件,实际上就是侵权责任的构成要件,也即行为人的行为满足法定的构成要件就成立侵权责任。一般认为中国民法上侵权责任的构成采用四要件模式,即加害行为、过错、因果联系和损害后果。其中过错分为故意和过失。《著作权法》作为民法体系中的特别法,传统著作权侵权责任的构成自然也应遵循上述四要件,只不过在加害行为的认定上具有著作权法特色。

可见,传统民法体系中,免责条件与归责条件均为法定,且从制度原理和法律效果看是相互对立的。归责条件从正面确定侵权责任,免责条件从反面(不同角度)否定侵权责任,最后由法官综合判断。此处强调"不同角度"的意义在于,免责条件并非是简简单单对归责条件从反面进行的同义反复。以体系严谨、逻辑严密著称的大陆法系绝不可能在规定侵权责任构成要件的同时,又另辟一个章节规定"未实施加害行为""不具有过错""不存在因果联系""未产生损害后果"构成所谓"免责条件",这是大陆法系立法传统,也是立法原则。

(二)中国模式的僵化改造

《信网权条例》在引入美国模式"避风港"规则的时候也是将其单纯作为免责条件规定的,并未结合大陆法系立法传统对其进行体系化考量。从形式上看,《信网权条例》规定的四类网络服务提供者的免责条件似乎是在侵权法一般规定和《著作权法》特别规定之外,针对信息网络传播权保护领域新设的免责条件。然而,这一观点并未考虑美国模式建立的背景与中国法律制度的差异。在中国,无论制定法还是司法判例,并未要求单纯提供技术服务

---

[1] 如《侵权责任法》第60条第1款、第70~73条、第78条、第83条等。

的网络服务提供者（网络技术服务提供者）对其用户的侵权行为承担直接侵权责任（严格责任）。相反，早在2000年的《网络著作权司法解释》就将网络服务提供者著作权侵权形态区分为"参与"或者"教唆""帮助"，规定追究其与"其他行为人"或者"直接实施侵权行为人"的"共同侵权责任"，[1] 实际上区分了直接侵权与间接侵权。换言之，在中国法下，网络服务提供者如果明知用户上传侵权内容仍为其提供帮助，原本就会被评价为帮助侵权行为而承担法律责任。早期的"刘京胜诉搜狐"案[2]中，北京市第二中级人民法院认为，被告在原告起诉后（相当于后来的"收到侵权通知"）乃至开庭后，仍未及时断开链接，导致侵权状态延续、侵权结果扩大，应承担帮助侵权责任。可见，在美国模式引入前，中国法院即以一般侵权法对于帮助侵权的规定审理此类案件。试想，如果该案中原告"创造性"地在起诉前向被告发送"侵权通知"，而被告未及时断开链接，相信法院仍然会按照上述逻辑进行裁判。因此，《信网权条例》规定的免责条件，"免"的其实是并不存在的侵权责任。从这个意义上讲，中国模式建立伊始，免责条件与归责条件就是一体的，免责条件只不过是归责条件的同义反复。

为了解决《信网权条例》免责条件与传统民法体系的违和性，《侵权责任法》第36条干脆从归责条件角度对"避风港"规则进行了规定。一般认为，《信网权条例》是免责条件，《侵权责任法》将其改造为归责条件，从而适应民法体系。早在2011年，最高人民法院就对此明确指出："凡网络服务提供行为符合法定免责条件的，网络服务提供者不承担侵权赔偿责任；虽然不完全符合法定的免责条件，但网络服务提供者不具有过错的，也不承担侵权赔偿责任。"[3]

然而，《侵权责任法》以来将免责条件融入传统民法体系只是形式上的，也即从立法上完成了改造，而从法理上、制度效果上看，这种改造无疑是僵化的：一是《侵权责任法》《民法典》等法律对"避风港"规则免责条件的

---

[1]《网络著作权司法解释》第4条。
[2] 北京市第二中级人民法院（2000）二中知初字第128号民事判决书。
[3]《最高人民法院关于充分发挥知识产权审判职能作用推动社会主义文化大发展大繁荣和促进经济自主协调发展若干问题的意见》第6条。

吸收改造是机械性的"反话正说",实用主义色彩浓厚。二是这种改造过于倚重对具体规则(主要是"通知—删除"规则)的接纳,导致实践中对"通知—必要措施"规则过于依赖,甚至滥用(下文详述)。三是导致网络服务提供者侵权制度脱离传统侵权法,自成体系,而当中国模式中具体规则随着技术进步、商业模式革新产生不适应性、权利义务明显失衡时,法官困守中国模式而无法依照传统侵权法原理进行解释判断,只能采取形形色色的变通方案生搬硬套。

(三)僵化改造对网络直播平台著作权侵权制度困境的影响

中国模式对于美国模式中免责条件的僵化改造,是中国模式下网络直播平台著作权侵权制度出现困境的根本原因:

第一,《侵权责任法》(及《民法典》)为网络侵权责任设置专条进行规定,本身就存在"应景立法"的嫌疑,网络侵权行为是否已完全超出了传统侵权法的规制能力存在争议。然而,如果《侵权责任法》按照《反不正当竞争法》"网络不正当竞争条款"[1]的立法方式进行规定,那么负面效应最多是立法滞后性方面的,没有影响制度体系。遗憾的是,《侵权责任法》选择通过改造《信网权条例》免责条件的方式规定网络侵权责任,这就将美国模式中解决具体问题、高度形式化和实用性的条款强行转化为通用条款。进而倒逼网络服务提供者侵权制度只能沿着区分直接侵权与间接侵权、间接侵权融入共同侵权、侵权形态分为教唆和帮助的解释进路发展,在形成中国模式这一理论建构特色的同时,也从根本上将网络服务提供者侵权制度"框死"在这一制度架构中。

诚然,中国模式形成前诸如"刘京胜诉搜狐"案也选择了这一解决方案,但不能排除随着技术进步和商业模式的变化发展,法院在此后审理案件时选择传统侵权法上的其他解释进路,不至于作茧自缚。网络直播平台就属于这类新兴网络服务提供者,其在商业模式驱动下与主播、直播公会及上下游产业链各方主体通过分工协作、价值传导、信息传播、利益分配等方式紧密合作,简单通过"作品提供行为"和"技术服务提供行为"区分直接侵权和间

---

[1]《反不正当竞争法》第12条。

接侵权，对于网络直播平台来讲显得过于机械。正如学者所言，"从网络服务提供者的角度看，'服务'的形态已经不再是简单的存储、接入、缓存、定位、搜索、设链等，还包括了提供网络交易场所，协助进行网络交易等更加复杂的形态……支持避风港规则的网络服务提供者（ISP）与网络内容提供者（ICP）二者之间的界限也变得日益模糊"[1]。

第二，中国模式的僵化改造导致网络服务提供者侵权的过错认定规则脱离了"以注意义务为中心"的模式，而局限在"明知""应知"等具体认定标准中。在"注意义务"模式下，网络服务提供者的过错判断标准是抽象的、多维的，一般称为"善良管理人"标准。"网络服务提供者并不能对所有的网络信息负有审查义务，但其应该采用一些过滤技术防止侵权性信息的传播，或对于一些明显的侵权性信息及时进行删除。"[2]应该说，这一标准是开放式的，法院可以在具体案件中针对不同案情确定网络服务提供者是否尽到"善良管理人"义务，即尽到注意义务。然而，中国模式将法院对过错认定的注意力集中到了"明知""应知""红旗规则""不负主动审查义务"等具体考量因素上来，法院在审理案件时被迫机械地对照上述规定进行审查认定。

正如"爱奇艺诉YYHD"案等案例所体现的，各级法院在审查网络直播平台过错时，几乎都参照《信网权司法解释》确立的过错认定规则，通过考察涉案作品知名度、侵权行为明显程度、预防措施、投诉渠道等因素进行判断。然而仔细推敲不难发现，法院在综合考量上述因素时，最终还是回归到"注意义务"的角度论述是否具有过错。值得注意的是，这并不是中国模式的成功，相反，恰恰进一步体现出中国模式的局限性：一方面，诚然中国模式为网络服务提供者列举的过错考量因素客观上丰富了"注意义务"的具体内涵，但不可否认的是，其仍然局限在"不负主动审查义务""明知""应知"的过错认定框架内，并未开放式地回到"善良管理人"的注意义务视角；另一方面，法院的这一变通解读反证了中国模式的僵化教条，使得法院在面对新型网络服务提供者、新兴商业模式造成的利益失衡时，不得不突破中国模

---

[1] 薛军："民法典网络侵权条款研究：以法解释论框架的重构为中心"，载《比较法研究》2020年第4期。

[2] 吴汉东："论网络服务提供者的著作权侵权责任"，载《中国法学》2011年第2期。

式,主动回归传统理论,甚至通过对过错考量因素的主观解释,"自觉或不自觉地调整了网络服务商的注意义务标准"[1]。

可以想见,在"不得拒绝裁判"的原则下,前文所指出的上述案件遗留的问题,以及网络直播平台著作权侵权中过错认定的困境出现时,法院将更难套用中国模式的过错认定规则进行判断,难免要进一步通过解释"注意义务"这一抽象标准自圆其说。

二、直接成因:"通知—必要措施"规则的滥用

"通知—删除"规则作为美国模式创立的一项技术性安排,即权利人向网络服务提供者发送侵权通知,网络服务提供者收到通知后删除通知中所指的涉嫌侵权内容或断开其链接,"但其实质上是指针对'通知'进行'移除'后的法律效果"[2]。DMCA第(c)款和第(d)款对信息存储空间、信息定位工具免责的主观要件是对侵权行为没有"实际认知(actual knowledge)"。这种"实际认知"既可能是网络服务提供者"明确知晓"侵权行为,也可能是侵权行为"明显(apparent)"而网络服务提供者没有意识到(not aware),也即"红旗规则"。而实践中,由于不负主动审查和监控义务,网络服务提供者"明确知晓"侵权行为的情形较为少见,而版权人的"通知"则成为网络服务提供者对侵权行为"实际认知"的主要途径。网络服务提供者只要收到了版权人发送的合格、有效通知,就推定其已经知晓侵权内容存在于其提供的网络服务中,此时,网络服务提供者如果及时、迅速地删除侵权内容或断开链接,则获得了进入"避风港"的资格(当然最终是否能够免责还要看其是否满足其他条件)。

在中国,《网络著作权司法解释》首次将"通知—删除"规则以"警告—移除"的形式简单进行了规定。《信网权条例》正式将"通知—删除"规则引入中国,并采取了与美国模式基本相同的立法方式和规范属性,将其作为信息存储空间和搜索链接两类网络服务提供者的免责条件。从《侵权责任法》开始,"通知—删除"规则以"通知—必要措施"规则的面目出现在中国法

---

[1] 崔国斌:"网络服务商共同侵权制度之重塑",载《法学研究》2013年第4期。
[2] 王迁:《网络环境中的著作权保护研究》,法律出版社2011年版,第251页。

律制度中，并成为中国模式的重要制度构成和理论特色，《民法典》予以承继。前文分析过"必要措施"的理论内涵，从影响上看：一方面，将网络服务提供者收到通知后采取"删除、屏蔽、断开链接"的传统方式扩张为涵盖面更广泛的"必要措施"，有利于与民事基本法律保护的各类权利客体相适应，同时为新技术条件下的侵权阻断措施留出解释空间。另一方面，伴随《侵权责任法》（及《民法典》）将美国模式的免责条件改造为归责条件，"通知—必要措施"规则的规范属性也一并发生改变。

然而，中国模式对"通知—必要措施"规则的吸收和改造，却存在重要缺陷，导致网络服务提供者侵权制度整体上对其过分依赖，甚至到了滥用的地步，具体来说：

第一，从制度设计来看，《侵权责任法》和《民法典》的网络侵权责任条款均采用了三部分结构，第一部分是宣示性条款[1]，第二部分是"通知—必要措施"规则[2]，第三部分是网络服务提供者侵权责任的一般规定[3]。这就明显提高和突出了"通知—必要删除"规则的法律地位：①条文结构上，"通知—必要措施"规则成为网络侵权责任条款的两大支柱之一（另一支柱是第三部分，第一部分无实际意义），《民法典》的承继进一步反映出对这一规则的路径依赖。②调整范围上，"通知—必要措施"规则跃出了"通知—删除"规则仅针对信息存储空间和搜索链接两类网络服务提供者的规制范围，成为所有网络服务提供者必须共同遵守的规则。③条款适用关系上，根据全国人大常委会法工委的解释："第2款和第3款是并列关系，并非递进关系，更非包含关系。"[4]《民法典》第1197条将过错的主观形态明确为"知道或者应当知道"（即"明知或应知"，《侵权责任法》实际也采这一观点），相应的，该条实际包含两层意思：网络服务提供者明知用户侵权而未采取必要措施的，应承担连带责任；网络服务提供者应知用户侵权而未采取必要措施的，也应承担连带责任。而"明知"的来源，除了权利人"通知"之外还存在网

---

[1]《侵权责任法》第36条第1款、《民法典》第1194条。
[2]《侵权责任法》第36条第2款、《民法典》第1195~1196条。
[3]《侵权责任法》第36条第3款、《民法典》第1197条。
[4]全国人大常委会法制工作委员会民法室编：《〈中华人民共和国侵权责任法〉条文说明、立法理由及相关规定》，北京大学出版社2010年版，第154页。

络服务提供者原本就知道的情形,也即,"通知"是构成"明知"的一种分类。从这个意义上讲,网络侵权责任条款的第二部分实质上是第三部分的一种特殊情形,这与立法者上述解释观点是一致的。然而,由于第二部分条文排序在前,第三部分在后,加上实践中网络服务提供者"明知"大多来源于权利人的"通知",客观上造成第二部分与第三部分并列、"通知"成为"明知"唯一来源和前提、[1]甚至"通知"是常态"明知"反而成为例外[2]的错误理解,进一步加剧了对"通知—必要措施"规则的制度依赖。

第二,从规范属性改造来看,"通知—必要措施"规则成为归责条件后法律逻辑发生了颠覆性改变:在免责条件模式下,网络服务提供者收到通知后未及时进行删除的,只是不能进入"避风港"享受免责,并不当然推定其承担侵权责任,是否承担责任将回到认定侵权的一般规则上。改造为归责条件后,网络服务提供者收到通知后及时采取必要措施成为法定义务,不履行这一义务的法律效果是认定具有过错,进而必然承担侵权责任。这就彻底带来了"通知—必要措施"规则被普遍执行:网络服务提供者在收到通知后与其进行初步审核和慎重判断,不如放宽标准,"能删尽删",避免落入"归责"的风险。归责条件模式下的"通知—必要措施"规则已经呈现滥用之势,这体现在:①经营者利用网络服务提供者害怕承担责任的心态,滥用投诉权利,如每年"双十一"前的投诉潮导致恶意投诉泛滥,正常经营的商家饱受"关停店铺"之苦,损失惨重。这些商家固然可以运用错误通知规则和反不正当竞争法事后追究投诉人责任,但商机已失。[3]"通知—必要措施"规则的滥用客观上助长了违背诚信的不正当竞争行为。而这一现象又反映出"通知—必要措施"规则作为归责条件背后的理论悖论:网络服务提供者不采取必要措施即构成侵权;但间接侵权又是以直接侵权成立为前提的。如果网络服务提供者未采取措施,但最终认定直接侵权又不成立,那此时网络服务提供者究竟构不构成侵权呢?难道直接侵权不成立反倒成为免责事由?②网络服务提供者为了趋利避害,审核门槛逐步降低、审核标准不断放宽,无法发挥"通

---

[1] 杨立新、李佳伦:"论网络侵权责任中的通知及效果",载《法律适用》2011年第6期。
[2] 张新宝:《侵权责任法》,中国人民大学出版社2010年版,第175页。
[3] 杜颖:"网络交易平台上的知识产权恶意投诉及其应对",载《知识产权》2017年第9期。

知—必要措施"规则原本的制度功能。在"淘宝诉微海"案中,有人以伪造判决书的方式在淘宝平台虚假投诉竞争者,淘宝平台未加审核(未核验案号)便采取措施导致商家受损。事后,北京市朝阳区人民法院向淘宝平台发出《司法建议书》,指出淘宝平台未尽到审慎审核的义务,投诉制度存在漏洞,应提升审核能力、认真分类甄别、提高处置水平。[1]

第三,从必要措施范围来看,其范围不断扩大、标准却不尽一致,渐成泛化之态。"通知—删除"规则在美国模式中的立法本意是网络服务提供者能及时"阻断"用户的侵权行为,使其不再延续、损害不致扩大。故而"删除"与"屏蔽""断开链接"的效果是同一的,即阻断侵权。"通知—必要措施"规则使用了"删除、屏蔽、断开链接等"的表述,这一开放式立法所指示的"等"的范围解释存在"等效论"与"比例原则"之争,当然通说认为应遵循"比例原则"。然而,制度口子一开,"必要措施"在实践中与"阻断"本意渐行渐远。一方面,"通知—必要措施"规则规制各类网络服务提供者、面对各种权利类型,网络服务提供者在客观上不可能采取删除等措施、但又不能不采取行动的夹缝困境中苦苦寻找出路。另一方面,司法导向也倾向于降低"必要措施"的认定标准,如"阿里云"案一审法院即以阿里云公司收到投诉通知后无所作为为由认定其存在过错,[2]潜在意思是:总该做点什么或多少做点什么。而最高人民法院第83号指导案例和"阿里云"案二审法院则进一步将"转通知"认定为必要措施,使这一本来为了平衡"通知"带来的利益失衡、保护被投诉人利益的制度设计沦为网络服务提供者对权利人的义务。[3]实际上"转通知"对阻断侵权、防止侵权后果扩大的意义微乎其微,或者说形式意义大于实质意义。

对"通知—必要措施"规则的过度依赖是导致网络直播平台著作权侵权制度困境的直接原因。这表现在:①一方面中国模式对"通知—必要措施"规则高度依赖,另一方面对于网络直播平台客观上又无法适用,这就实际架

---

[1] 北京互联网法院(2019)京0491民初1601号民事判决书。该案实际上很可能涉及案外人假冒权利人名义进行虚假投诉的"局中局"问题,关联案件正在司法审理中,结论尚不明确。
[2] 北京市石景山区人民法院(2015)石民(知)初字第8279号民事判决书。
[3] 姚震:"论'通知—删除'规则对云服务器提供商的豁免——兼议'转权利人通知'",载《南通大学学报(社会科学版)》2020年第5期。

空了中国模式。②为了强行运用这一规则,权利人变通采用"预警函"等方式,但空泛的预警不具备通知效力,精准的预警又很难做到,使得以预警函代替实时通知在实践中无法推广。此外,必要措施范围的无序扩大和低阶化导致其不确定性日益增强,而网络直播平台对必要措施"走过场"式地执行最终将使这一制度的内在价值无法实现。

三、消极成因:替代责任的缺位

替代责任,又称"转承责任",[1]最早出现在雇主对雇员的责任和代理人与被代理人责任中[2],广义上还包括监护人对被监护人的责任。替代责任规则要求行为人对他人实施的行为承担责任,从法理上看,这是对"自己责任"的现代法律原则的突破和修正。为了防止替代责任的泛化导致对自己责任原则的过度冲击,各国法律一般都将其限制在法定范围内,主要是雇主责任(respondeat superior)。美国法院在 Shapiro 案[3]中认为,连锁商店的店主与租客的关系更接近舞厅管理者和表演者的关系,而非"房东—房客"类案件,[4]遂将替代责任扩大到了独立缔约方。[5]法院在该案中确立了两项规则:一是认为替代责任不考虑替代责任人过错,属于严格责任。二是确立了替代责任认定的两个标准:替代责任人对直接侵权的发生有权利和能力进行控制;替代责任人从他人侵权中获得了直接经济利益。在 Fonovisa 案[6]中,美国法院将普通法中原先只规制雇主责任的替代责任改造到版权法上。此后,美国法院相继通过 Netcom 案[7]、Napster 案[8]、Perfect 10 诉 Visa 案[9]等判例确立了版权法上的替代责任规则:对他人侵权行为有控制的权利和能力;同时又

---

[1] 吴汉东:"论网络服务提供者的著作权侵权责任",载《中国法学》2011 年第 2 期。
[2] 徐爱国编著:《英美侵权行为法》,法律出版社 1999 年版,第 247~248 页。
[3] Shapiro, Bernstein & Co., Inc. v. H. L. Green Company, Inc. 316 F. 2d 304 (2d Cir. 1963).
[4] 谢惠діан:"试论著作权间接侵权规则的法定化——兼论著作权间接侵权规则的经济分析",载《河北法学》2007 年第 2 期。
[5] 宋哲:《网络服务商注意义务研究》,北京大学出版社 2014 年版,第 111~114 页。
[6] Fonovisa, Inc. v. Cherry Auction, Inc., 76 F. 3d259 (1995).
[7] Religious Technology Center v. Netcom On-line Communication Services, Inc. 907 F. Supp. 1361 (N. D. Cal. 1995).
[8] A & M Records, Inc. v. Napster, Inc. 239 F. 3d 1004 (9th Cir. 2001).
[9] Perfect 10, Inc. v. Visa International Service Association, 494 F. 3d 788, (9th Cir. 2007).

从侵权行为中直接获得了经济利益，就应为其行为承担侵权责任。

如前文所述，DMCA 中也包含替代责任规则。[1]但《信网权条例》在引入美国模式时，却只移植了"直接获得经济利益"条款，[2]并未一并引入"控制的权利和能力"要件，更未相应确立替代责任规则。《信网权司法解释》也只是将"直接获得经济利益"通过"负有较高的注意义务"的模糊处理方法融入教唆和帮助侵权的过错认定规则中。[3]

中国模式中替代责任缺失的后果是导致"直接获得经济利益"条款处于尴尬境地：一是对直接获利的分析研究严重不足，典型如"爱奇艺诉 YYDH"案等案例中反映的各级法院对网络直播平台直接获利的认定标准差异较大。二是事实上将所谓"较高注意义务"与过错等同处理，即一旦认定网络服务提供者从侵权行为中直接获利，则推定其存在过错（客观上也不易区分较高注意义务和普通注意义务的界限）。然而，对于直接获利，除非网络服务提供者对侵权行为"明知"（如果明知也无需通过直接获利判断过错），否则基于商业模式安排或行业惯例的直接获利也很难被评价为过错。对比网络服务提供者对涉案作品知名度、侵权行为明显程度、预防措施、投诉渠道等注意义务的违反，直接获利难谓可责难性。

实际上，网络服务提供者因为"直接获利"而承担侵权责任的原因（可责难性）不仅仅是"直接获利"本身，更重要的在于网络服务提供者对用户行为具有控制的权利和能力，同时又从中直接获利，但却未阻止第三方主体实施著作权直接侵权行为，[4]此时并不需要考虑网络服务提供者是否具有过错（明知或应知）。这种从控制关系和获益关系角度[5]认定侵权的"关系进路"逻辑，与教唆、帮助侵权中网络服务提供者实施了技术提供行为、用户借此实施侵权行为，二者相结合导致损害结果发生的"行为进路"逻辑是不

---

[1] 17 USC 512 (c) (1) (B) & 17 USC 512 (d) (2) & Senate Report 105～190，105th Congress，2nd Session，p. 47.

[2] 《信网权条例》第 22 条第 4 项。

[3] 《信网权司法解释》第 11 条第 1 款。

[4] 吴汉东："侵权责任法视野下的网络侵权责任解析"，载《法商研究》2010 年第 6 期。

[5] 景春兰："对雇主'替代责任说'的反思与批判"，载《政法论丛》2016 年第 4 期。

第四章　中国网络直播平台著作权侵权制度的运行现状、困境及成因

同的。[1]

在网络直播平台著作权侵权制度中，由于替代责任的缺失，单独评价"直接获利"进而认定存在过错的方法空洞且无力，仅网络直播平台与直播公会、主播存在固定分成的利益绑定模式这一视角，就架空了"直接获利"规则。这也是"新浪诉虎牙"案一审法院与其他法院观点冲突的根本原因。而采用替代责任、辅之以对不负主动审查义务规则的改造，则可避免将网络直播平台直接获利与否强行纳入过错评价体系的困境，鼓励和促进网络直播平台积极采取措施防止直接侵权行为发生。

小　结

当下中国的网络直播平台著作权侵权制度，实质上就是套用中国模式的理论建构和规则体系去解决网络直播平台著作权侵权责任认定问题，这就形成了中国网络直播平台著作权侵权制度运行的应然逻辑：即法律适用上以《民法典》网络侵权责任条款为基本法律依据，参照和类推适用其他具体规定；在侵权责任认定的其他方面，则参照《信网权司法解释》等关于直接侵权和间接侵权二分法、过错认定上明知和应知的具体标准、"通知—必要措施"规则等进行判断。

事实上，司法实践中法院也的确是依照这一逻辑进行审理和裁判的。在"爱奇艺诉YYHD"案、"爱奇艺诉虎牙"案、"新浪诉虎牙"案等涉及网络直播平台著作权侵权责任的典型案例中，各级法院无一例外采用了上述应然逻辑。然而，在个案中，不同法院却对一些问题存在争议：一是在均认可涉案作品具有较高的知名度的前提下，是否就此推断侵权行为明显，以及网络直播平台是否应当由此必然产生较高注意义务。二是关于涉案网络直播平台是否积极采取了预防措施、设置了便捷程序接收通知问题。三是预警函的效力，以及网络直播平台收到预警函投诉后采取的措施是否合理问题。四是关于网络直播平台直接获得经济利益的判断标准问题。此外，与美国Square

---

〔1〕　朱开鑫："网络著作权间接侵权规则的制度重构"，载《法学家》2019年第6期。

Ring 案类似，上述案件中法院也遗留了一些问题：一是关于网络直播平台的具体法律定性问题。二是上述个案事实之外，对过错认定问题的挑战。三是网络直播平台直接获得经济利益的判断标准、较高注意义务的界定问题。四是在"通知—必要措施"规则方面，预警函的效力问题以及侵权发生同时发送通知对应的必要措施问题。

尽管中国模式对于网络直播平台因直播活动产生的著作权侵权责任认定提供了理想化的解决路径，然而结合网络直播及网络直播平台类型、特点、商业模式，网络直播平台著作权侵权责任的认定在适用中国模式的实践上或实然逻辑上却可能存在严重困境：

第一，直接侵权与间接侵权的区分困境。网络直播行业发展至今，已形成较为成熟的产业链，产业链上的各个环节和相关主体通过分工协作、价值传导、信息传播、利益分配等方式紧密合作，贯穿网络直播活动的全流程，建立了稳定的行业生态系统。在这样的商业模式下，如果主播提供的直播内容中出现著作权侵权行为，类推适用《信网权司法解释》第4条关于"分工合作"的规定及相关司法实践认定标准，网络直播平台与主播之间存在"分工合作"是显而易见的，而网络直播平台将很难证明其"仅提供网络服务"，从而导致网络直播平台普遍承担直接侵权责任，这显然对网络直播平台是不公平的。

第二，过错认定规则的困境。一是关于"应知"标准与不负主动审查义务。如果参照和类推适用信息网络传播权领域的"应知"认定标准，网络直播平台无论事前、事中、事后，可能都不得不采取一定的主动审查和监控措施，实际上科以其主动审查义务，但如果固守网络直播平台不负主动审查义务的规则，又可能使对于"明显"侵权行为推定为"应知"的认定标准落空。二是关于"红旗规则"。网络直播平台通过首页提示、排行榜、提供名称链接等"明显可以感知"的方式对热门体育赛事节目、网络游戏进行推荐并不能当然推定其存在过错，还应辅之以"明显不可能获得授权"等前提，这实际上就使中国版"红旗规则"失去了在网络直播领域适用的独立价值。三是关于直接获利。一方面，直接获利和"较高注意义务"的认定标准均不明确；另一方面，网络直播平台与直播公会、主播之间的利益绑定已经日渐成熟、定型，呈现出规则清晰、分配稳定、各司其职、绩效挂钩等特点。套用《信网权司法解释》的标准，网络直播平台的经营模式毫无疑问应被认定为"直接获利"，这就会导致网络直播平台普遍负有较高注意义务，甚至只要主播实施侵权行为，网络直播平台就具有过错。

第三，"通知—必要措施"规则的失灵。"通知—必要措施"规则对于网络直播平台的适用失灵则是根本性的，几乎没有改造适用的余地：一是权利人发现和固定侵权行为十分困难。二是通知有效性难以保证。三是网络直播平台无法进行初步判断核实并及时采取必要措施。四是"反通知规则"落空。由于中国模式是以《民法典》为主要法律依据，综合参照和类推适用《电子商务法》《信网权条例》《信网权司法解释》《网络人身权司法解释》等规范性文件形成的，而"通知—必要措施"规则又是《民法典》网络侵权责任条款的核心条文和中国模式的主要特征，因此"通知—必要措施"规则对于网络直播平台的不适用很可能导致《民法典》网络侵权责任条款的"空心化"或制度落空。

中国网络直播平台著作权侵权制度困境产生的原因之一是美国模式的制度基因局限性，这体现在：

第一，成立条件方面的局限性。即美国模式在制度设计和产生时由于其所处的时代背景、技术背景等因素而反映在立法思想、立法技术和制度功能方面固有的局限性。一是传播方式的局限性限制了具体规则适用。美国模式的具体规则（如"通知—删除"规则、过错认定规则、"红旗规则"等）是基于其调整交互式传播行为而制定的，即使将网络直播行为纳入其中，这些为交互式传播量身定制的具体规则在运用到网络直播时也会产生不适应性。二是默认网络服务提供者的技术中立性。坚持技术中立思想是美国模式成立的基本条件和思想基础。然而，网络直播平台的服务模式和经营模式则与DMCA设定的网络服务提供者地位和立场迥异，早已超越了DMCA制定时中立、被动的网络服务提供者设定，适用DMCA建立在技术中立思想基础上的相关规则规制网络直播平台是不适宜的。

第二，"通知—删除"规则须有实施的可能性。"通知—删除"规则隐含着一个重要前提，那就是网络服务提供者存在接到通知后对侵权内容进行删除、屏蔽、断开链接的"可能性"。这种"可能性"体现在两个方面：一是网络服务提供者对于其提供的网络服务中存在的侵权内容有控制的权利和能力；二是网络服务提供者能够准确定位和精准删除侵权内容。中国模式通过将"删除"扩展为"必要措施"扩大了"可能性"的范围，但对于网络直播平台来说，连"转通知"等必要措施都无法采取，更遑论"删除"措施。

第三，过度减轻网络服务提供者义务。美国模式具有明显的偏向网络服务提供者、降低网络服务提供者版权保护义务的特点，最能反映这一价值取向的就是"红旗规则"和绝对的不负主动审查义务规则。披着"避风港"规则防弹衣的网络服务提供者一边从网络盗版中获得巨大收益，一边援引DMCA规避版权保护义务，对于主动采取预防侵权的措施更是缺乏积极性。对于美国模式的这一局限性，美国法院不得不在司法实践中进行变通补救，相当于将某种程度的主动审查义务加回到了网络服务提供者身上。

中国网络直播平台著作权侵权制度困境产生的另一重要原因是中国模式自身存在的制度缺陷局限性：

第一，中国模式对免责条件的僵化改造是困境产生的根本原因。一是《侵权责任法》（及《民法典》）为网络侵权责任设置专条进行规定，本身就存在"应景立法"的嫌疑，从根本上将网络直播平台著作权侵权制度"框死"在这一制度架构中。二是中国模式的僵化改造导致网络直播平台侵权的过错认定规则脱离了传统民法"以注意义务为中心"的模式，而局限在"明知""应知"等具体认定标准中。而法院在司法实践中变通解读"明知""应知"标准，被迫回归注意义务理论，反证出中国模式的僵化局限。

第二，"通知—必要措施"规则的滥用是困境产生的直接原因。一是网络侵权责任条款的制度设计方面。从条文结构上，"通知—必要措施"规则成为两大支柱之一。从调整范围上，"通知—必要措施"规则跃出了"通知—删除"规则的规制范围，成为所有网络服务提供者必须共同遵守的规则。从条款适用关系上，客观上造成"通知"成为"明知"唯一来源的惯性思维和错误理解，进一步加剧了对"通知—必要措施"规则的制度依赖。二是从规范属性改造来看，"通知—必要措施"规则成为归责条件后法律逻辑发生了颠覆性改变，网络服务提供者在收到通知后与其进行初步审核和慎重判断，不如放宽标准，"能删尽删"，避免落入"归责"的风险，造成"通知—必要措施"规则被滥用。三是从必要措施范围来看，其范围不断扩大、标准却不尽一致，渐成泛化之态。特别是"转通知"对阻断侵权、防止侵权后果扩大的意义微乎其微，形式意义大于实质意义。对"通知—必要措施"规则的过度依赖是导致网络直播平台著作权侵权制度困境的直接原因。

第三，替代责任的缺位是困境产生的消极原因。《信网权条例》在引入美国模式时，只移植了"直接获得经济利益"条款，并未一并引入"控制的权利和能力"要件，更未相应确立替代责任规则。其后果是导致"直接获得经济利益"条款处于尴尬境地。网络服务提供者因为"直接获利"而承担侵权责任的原因（可责难性）不仅仅是"直接获利"本身，更重要的在于网络服务提供者对用户行为具有控制的权利和能力，同时又从中直接获利，但却未阻止第三方主体从事著作权直接侵权行为。在网络直播平台著作权侵权制度中，由于替代责任的缺失，单独评价"直接获利"进而认定存在过错的方法空洞且无力。

第五章　重塑网络直播平台著作权侵权制度的对策建议

中国模式下网络直播平台著作权侵权制度的困境，成因主要源自美国模式的制度基因局限性和中国模式的自身建构局限性。因此，改造中国模式成为解决困境的题中应有之义。通过对中国模式的反思和评价，参考理论界对于改造中国模式的路径探索，本书认为：首先应彻底放弃美国模式的制度样板；其次考虑到网络直播平台著作权侵权制度对于网络服务提供者侵权制度天然的依附性和制度成本，暂无必要从《民法典》或《著作权法》层面为网络直播平台著作权侵权专门立法，而应从网络服务提供者侵权制度顶层设计上进行重塑，将其构建成能够合理容纳网络直播平台著作权侵权的全新模式；最后通过法律法规、部门规章、司法解释等逐步明确以注意义务为中心的网络直播平台著作权侵权责任认定体系。通过"改造顶层设计＋配套具体规则"的方式，从实质上重塑网络直播平台著作权侵权制度。

第一节　中国模式之反思

一、对中国模式的总体评价

（一）积极方面

第一，立法层面的顺势而为。一方面，从中国模式形成、确立和发展历程来看，中国模式顺应了互联网发展初期对著作权保护的迫切要求，抓住网络服务提供者这个与传统环境相比最大的变量因素，通过不断丰富和完善具体规则，构建起权利人、网络服务提供者（产业）、社会公众之间的著作权利益平衡机制。另一方面，中国模式积极主动吸收人类法治文明最新成果，将WCT、WPPT、《TRIPS 协定》等国际条约确定的规则和缔约精神及时转为国内法，移植吸纳美国模式并不断学习借鉴欧盟、日本、德国等各国立法经验。中国模式在立法上的成果在较长一段时期内成为网络环境下各类侵权行为及其责任认定的制度依归，体现了中国立法在网络侵权责任领域的不懈探索。

第二，实践层面的务实管用。中国模式在形成和发展过程中，不断呼应实践要求，为网络侵权责任司法实践提供了一套行之有效、务实管用的解决方案。大量网络知识产权案件（特别是网络著作权案件）适用（或参照适用）《侵权责任法》和《民法典》"网络侵权责任条款"、《信网权条例》《信网权司法解释》等中国模式制度载体进行审理。此外，中国模式还为"阿里云"案、"微信小程序"案等新型网络侵权案件提供了基本法律依据。中国模式在特定历史时期总体上为网络环境下各方主体提供了相对稳定的行为预期。

第三，理论层面的创新发展。立法的发展、实践的呼唤，对网络服务提供者侵权制度的理论研究不断提出新的要求。近二十年来，学术界对于网络服务提供者侵权制度的研究成果浩如烟海。在"中国知网"通过"网络服务提供者"为主题进行检索，各类学术研究成果达 3534 篇；以"网络侵权"为主题进行检索，有 3335 篇学术成果；而以"网络著作权"和"信息网络传播权"为主题检索的结果累计近 5000 条。[1] 学术界从"通知—删除"规则、过错认定规则、"红旗规则"、侵权责任类型、注意义务、连带责任、技术中立、审查义务、审判经验等多重角度，通过比较法、法理学、经济学等各种分析方法积累了丰富的思想宝库，进而启迪和推动了立法和司法实践的进步。

（二）消极方面

随着网络技术的飞速发展和商业模式的日新月异，特别是新型网络服务提供者的不断出现，网络服务提供者侵权制度中国模式逐渐显现其弊端，结合前文关于中国模式制度建构方面的局限性，总体来看其消极方面主要有：

第一，制度土壤大相径庭，美国模式无法真正融入大陆法系。美国模式

---

[1] 检索日期：2021 年 10 月 1 日。

最初是为应对网络著作权领域的侵权问题制定的,从具体规则来看,无论是四类网络服务提供者的区分,"通知—删除"规则和"反通知"规则的设计,"红旗规则"的认定标准,直至不负主动审查义务的规定,都是基于信息网络传播权的视角进行的设计,具有浓厚的英美法系实用主义色彩和极大的适用局限性(甚至无法涵盖网络直播行为)。中国模式早期将其引入时也限定于信息网络传播权领域,但对其不加分别地扩大到一般领域后,其立法局限性也被随之放大。虽然立法者极力从形式上弥合两大法系的差异,但这一模式仍然造成了对中国既有民法体系的冲击:模糊了构成要件与免责事由的法律界限,扰乱了过错认定规则的正常逻辑,通过"内容—技术"二分法区分直接侵权和间接侵权的刻板方法在各领域侵权案件中被习惯性沿用等。

第二,制度模式僵化滞后,缺乏对不同类型网络服务提供者的包容性。虽然《侵权责任法》和《民法典》将中国模式的适用范围名义上扩大到了所有类型网络服务提供者,但通过前文分析不难看出,随着互联网服务形式日趋多元化,各种新型网络服务提供者层出不穷,其提供的服务也日益呈现聚合性。最初运用于规制四类网络服务提供者的制度模式和具体规则不断显现出滞后性和机械性,事实上无法涵盖所有类型网络服务提供者。由于顶层设计上的制约,法院在审理此类案件时不得不生搬硬套中国模式的具体规定,不仅面临法律适用上的障碍,更是刻意为了适应中国模式而"创造性"地解释本已落后的条款,如"转通知"成为必要措施。这一消极影响的另一恶果是,由于陷在僵化模式中而不自知,无论立法还是司法实践中对于不同类型网络服务提供者有针对性的分类规制显著缺乏,呈现出中国模式"包打天下"的局面。限制了中国网络服务提供者侵权制度的创新发展。

第三,制度价值保守落后,未能紧跟时代步伐调整利益天平。美国模式确立的背后是权利人和互联网产业两大利益集团博弈的结果,而互联网产业凭借其资本优势深刻影响了 DMCA 的制定。在当时的历史背景和技术条件下,美国选择偏向网络服务提供者利益的立法价值,核心目的还是在于鼓励信息产业的持续发展。[1]移植于美国模式的中国模式在一定时期内的确也起到了

---

〔1〕 Donald P. Harris, Time to Reboot: DMCA 2.0. 47 Ariz. St. L. J. (2015), pp. 801~855.

避免为网络服务提供者增加过重负担,从而促进互联网产业快速发展的作用。但时至今日,仍然维持利益天平整体上倾向网络服务提供者的制度价值显得保守而落后。这不仅体现在随着科技的进步,网络服务提供者承担更多注意义务的技术条件早已具备,更重要的是,网络服务提供者在多年经营中已获得了巨大的商业利益甚至建立了利益集团——乃至于有的俗称"帝国",有的被国家视为反垄断规制目标。这种背景下,网络服务提供者理应承担包括知识产权保护在内的更多社会责任,而不应置身于其亲手构建的网络社会交往公共空间侵权风险之外,甚至躲进"避风港"、装成"局外人"。

二、改造中国模式的路径探索

通过对中国模式制度实践的总结和反思,学术界纷纷提出改造网络服务提供者侵权制度的理论方案。总体来看,学者提出的方案主要有小改、中改、大改三种模式,其划分依据是对于现有中国模式及其基本理论建构、规则体系的容忍程度:其中,建议脱离美国模式,但以中国模式的基本框架和体系为基础,通过完善具体规则使其理论建构上更为精准、更能适应实践要求的谓之"小改";建议放弃美国模式"避风港"规则,但未脱离直接侵权、间接侵权二分法,在间接侵权理论内寻求新的解释路径的谓之"中改";完全脱离美国模式及其理论基础,从传统民法的制度资源中重新寻找制度接口,彻底重塑网络服务提供者侵权制度的谓之"大改"。

(一)小改方案

这一类方案的提出者是要求脱离美国模式,但在现有中国模式内(或虽脱离中国模式,但重新解读中国模式的具体规则),针对理论和实践中的明显缺陷和突出问题提出合理化解决方案,试图以最小成本完善网络服务提供者侵权制度。这一类观点数量最多,不一而足,其中具有代表性的观点有:

1. 在传统共同侵权理论下重构著作权帮助侵权和教唆侵权规则。这一观点认为,帮助侵权和教唆侵权作为侵权法上的两项规则,具有完全不同的理论基础、规制目标和构成要件,而现行立法(主要指《信网权司法解释》)形式上将二者并列,实质上却存在帮助侵权侵蚀教唆侵权的倾向。一方面,帮助侵权不以存在主观上的共同故意为前提,只要客观上实施了帮助行为就可成立；而教唆侵权须以主观目的上的可归责性为前提。另一方面，从制度初衷看，帮助侵权的"知道"要件限于对具体、可识别的侵权行为知晓；而教唆侵权正是为了弥补帮助侵权这一局限，将网络服务提供者可归责的主观目的作为侵权成立要件。鉴此，帮助侵权规则应进一步"客观化"，包括坚持网络服务提供者不负主动审查义务、"应知"细化为具体标准，及"明知""应知"均应达到具体、可识别的确定标准；而教唆侵权规则应将"可归责侵权目的"要件纳入其中，并确立具体认定标准。〔1〕

2. 过错认定规则新的解释论。一种观点认为，传统大陆法系民法的过错责任原则尤其巨大的包容性和制度张力，不应继续采用美国模式的过错认定规则，而应回归传统侵权法上的过错责任，以《民法典》第1165条为原则。同时以《民法典》第1197条作为网络侵权责任的一般条款，抛弃"红旗规则"在过错认定中的作用，而将"通知—必要措施"规则和反通知规则作为过错认定的辅助参考性因素。〔2〕还有一种观点认为，中国模式中不负主动审查义务的规定，将原属注意义务中一个层级的审查义务与注意义务相对立，导致注意义务理论内部失调。应当将注意义务区分为普遍审查义务、特殊审查义务和被动审查义务。重点针对特殊审查义务进行立法规制，包括举证责任倒置、对技术过滤义务做一般性规定、借鉴欧盟经验引入"软法规则"等。〔3〕

3. "通知—删除"规则和"通知—必要措施"规则的扬弃。观点一："通知—删除"规则应回归免责规则而非归责规则，应将其流程改为通知—转通知—反通知—网络服务提供者判断和处理的模式。〔4〕观点二：我国的"通知"与"反通知"规则过于僵化，在司法实践中缺乏弹性，应在网络服务提供者主体界定、替代责任适用、权利人善意义务、用户的救济途径等方面予

---

〔1〕 朱开鑫："网络著作权间接侵权规则的制度重构"，载《法学家》2019年第6期。
〔2〕 薛军："民法典网络侵权条款研究：以法解释论框架的重构为中心"，载《比较法研究》2020年第4期。
〔3〕 王杰："网络存储空间服务提供者的注意义务新解"，载《法律科学（西北政法大学学报）》2020年第3期。
〔4〕 周学峰："'通知—移除'规则的应然定位与相关制度构造"，载《比较法研究》2019年第6期。

以完善。[1]观点三:"通知—必要措施"规则与知道、人格权禁令、个人信息的删除在防止网络侵权方面有联系也存在明显区别,权利人错误通知造成损害的,应负无过错责任。[2]观点四:必要措施存在及时性问题,其实质性要求是合理与合法,合意迟延及因公共利益的迟延优于法律的适用。[3]观点五:美国模式本来面目就是"通知—必要措施"规则,而非传统理解的"通知—删除"规则,《侵权责任法》纠正了《信网权条例》的片面解读,恢复其本来面目并扩大了适用范围,具有优先适用性。[4]

(二) 中改方案

相较于小改方案,中改方案认识到美国模式的固有缺陷性和中国模式的继受局限性,一方面要求放弃中国模式中借鉴自美国模式的具体规则,另一方面并未脱离帮助、教唆侵权等规则,试图在间接侵权理论下找寻新的理论解释路径,代表性的观点有:

1. 间接侵权理论下一般认知引发注意义务。这一观点认为,著作权间接侵权的一般规则是网络服务提供者存在过错,即明知或应知第三方存在侵权行为,实践中主要依靠"应知"来判断。而"应知"应以"正常合理人"的标准进行判断,也即客观化的认定标准。美国模式一方面不再依赖"正常合理人"的抽象标准,而是提出一系列具体标准,限缩了网络服务提供者的义务范围,另一方面通过"红旗规则"再次降低了其"应知"的认定标准。此外,美国模式对于主动审查义务局限于具体侵权行为而非针对不特定侵权行为,进一步压缩了网络服务提供者的"应知"义务。美国模式过度偏向网络服务提供者的价值取向,迫使法院在司法实践中变通采用引诱侵权、替代责任等方式予以弥补。中国更是片面移植了美国模式,导致其在中国的运行基本失败。为此,应当按照共同侵权(间接侵权)理论的一般规则重塑网络服

---

[1] 熊文聪:"避风港中的通知与反通知规则——中美比较研究",载《比较法研究》2014 年第 4 期。

[2] 程啸:"论我国《民法典》网络侵权责任中的通知规则",载《武汉大学学报(哲学社会科学版)》2020 年第 6 期。

[3] 李佳伦:"影响网络服务提供者采取措施及时性的因素",载《当代法学》2017 年第 3 期。

[4] 李扬、陈曦程:"信息网络传播权侵害中的通知与必要措施规则",载《政法论丛》2020 年第 2 期。

务提供者侵权制度。一是允许法官以"正常合理人""善良管理人"的标准，结合个案事实，明确网络服务提供者注意义务的具体内涵。网络服务提供者如果在获得对直接侵权的一般认知后能够采取合理措施，控制侵权行为的发生和范围，则不再依据一般认知来认定其侵权责任。二是对现行法律制度进行修改，包括对主观过错的认定标准以一般侵权法上间接侵权认定规则为依据，放弃"通知—删除"规则或将其"前置程序"地位改造成帮助证明过错的一种方式，避免泛泛规定不负主动审查义务等。三是通过"风险—效用"理论对网络服务提供者注意义务进行分析裁量。着重平衡和考虑社会公众利益、权利人的损害、网络服务提供者的成本和效率、追究直接侵权责任的可行性等。[1]

2. 网络服务提供者著作权间接侵权责任应建立在违反"交往义务"基础上。这一观点认为：对于网络服务提供者侵权归责路径和责任范围的问题，《信网权条例》《侵权责任法》和《民法典》网络侵权责任条款均未能解决。目前学界通说认为网络服务提供者侵权责任的解释路径为共同侵权理论（多数人侵权理论），进而将之解释为帮助侵权责任，实际上承认了"过失帮助"的存在。这不仅与美国法中帮助侵权不包括过失帮助的规则相违背，而且从大陆法系法教义学的层面看与体系也不能自洽。此外，我国对于帮助侵权行为的通说也采故意说。学界对此的理解和解释路径转向了网络服务提供者是否尽到注意义务，即从注意义务视角考察，但仍然存在局限性，未能说明这一路径如何与现行的多数人侵权体系相衔接。其根本原因在于我国民法借鉴了德国法上的共同侵权制度，却未将多数人侵权明确规定为连带债务人、承担连带责任（《德国民法典》第840条第1款）。此外，不少学者提出的引入和确立替代责任制度也不可取。为了重塑网络服务提供者侵权制度的归责路径，应放弃从"注意义务"的主观过错角度进行归责，而将"知道""应当知道"作为"交往义务"的客观归责因素和触发因素。具体到《民法典》网络侵权责任条款，其中"应当知道"对应的交往义务一是网络服务提供者应采取充分合理的措施，使自己可以对直接侵权行为有所认知，二是如果已经

---

[1] 崔国斌："网络服务商共同侵权制度之重塑"，载《法学研究》2013年第4期。

履行了这一预防措施义务,则在其被权利人通知告知直接侵权行为后,履行采取必要措施的行为义务;而对于"通知—必要措施"规则对应的交往义务,则是在网络服务提供者得知直接侵权行为后,立即引发其及时采取必要措施的行为义务。此外,还应针对不同危险性的网络服务提供者,具体地、类型化区分其不同的交往义务。总之应放弃传统的主观过错归责路径,引入"交往义务"客观归责理论。[1]

(三) 大改方案

与小改、中改方案相比,大改方案最彻底,成本也最大。大改方案主张彻底脱离美国模式的影响和具体规则的继受,废除现有网络服务提供者侵权制度模式(包括顶层设计、过错认定规则、侵权责任形态等),改从中国既有民法体系中寻找制度接口和解决方案,实现中国网络服务提供者侵权制度的革命性变革和制度再造。这一方案的代表性观点是将网络服务提供者侵权制度纳入安全保障义务制度,从安全保障义务视角对各方权利义务关系进行重置,核心思想是以注意义务为中心,要求网络服务提供者对其开启和构建的社会交往空间可能发生的侵权危险采取必要、合理的防范措施,实质上将显著提高网络服务提供者的注意义务,要求其承担更大的监管责任。由于本书主张采用这一方案,故在此不做赘述,相关学者观点下文也将一并介绍。

三、放弃美国模式制度样板

必须承认,美国模式在中国的法治实践已进入死胡同,其对中国网络服务提供者侵权制度的负面影响已日益显现,甚至有学者认为基本上是失败的。[2]因此,无论选择何种改造模式,放弃美国模式制度样板可以说已经成为业内共识和"最大公约数"。

(一) 摒弃免责规定

美国模式是以免责条件的面目出现的,因此被称为网络服务提供者版权侵权的"避风港"。中国模式先是将美国模式几乎原封不动地以免责条件形式

---

〔1〕 冯楚奇:"网络服务提供者违反'交往义务'的间接侵害著作权责任——基于《民法典》第1194条至第1197条的法教义学分析",载《法律适用》2020年第14期。

〔2〕 崔国斌:"网络服务商共同侵权制度之重塑",载《法学研究》2013年第4期。

照搬过来，后又改造为归责条件。这种生硬地引入和改造使两大法系的立法传统矛盾凸显出来。一方面，"避风港"规则作为免责条件，在 DMCA 中并未明确免除的是何种责任。通说认为，美国模式免除的实际上是对于网络服务提供者不分青红皂白的版权侵权严格责任，这不仅是来自判例法的苛责，也与美国侵权法、版权法的一般侵权认定规则密不可分。而换到中国，即使在网络服务提供者侵权制度产生前，法院也并未要求单纯提供技术服务的网络服务提供者对其用户的著作权侵权行为承担无过错责任。因此，在中国，美国模式免责条件的前提和基础都不存在。另一方面，中国模式将免责条件改造为归责条件不仅本身就体现了立法者对于免责条件尴尬地位的反思，迫切地想将其融入传统民法体系，更重要的是，改造将这种立法体系矛盾摆上了桌面，导致一段时期内法院无所适从，或者基于法律位阶考量事实上的舍"免"取"归"。

免责条件与归责条件的矛盾引发持续的讨论，从认识观点来看，大致分为三种看法：一是免责条件与归责条件是互补作用，这也是官方态度；二是免责条件与归责条件本属硬币的两面，实际上是一回事；[1]三是免责条件与归责条件是高度重合和交叉关系。[2]而司法机关又不得不"创造性"地从适用关系角度将二者进行了修补和弥合。北京市高级人民法院早在 2016 年颁布的《关于涉及网络知识产权案件的审理指南》即规定："侵权责任法第三十六条属于侵权责任构成要件条款。信息网络传播权保护条例第二十条、第二十一条、第二十二条、第二十三条属于网络服务提供者侵权损害赔偿责任免责条款。不符合前述免责条件的，应根据侵权责任法第三十六条判断网络服务提供者是否应当承担损害赔偿责任。"[3]2018 年，该院在《侵害著作权案件审理指南》中进一步确认和强化了这一观点。[4]依照北京高院的上述观点，判断网络服务提供者是否承担间接侵权责任，首先应考察其是否符合免责条

---

[1] 王迁："《信息网络传播权保护条例》中'避风港'规则的效力"，载《法学》2010 年第 6 期。

[2] 朱开鑫："网络著作权间接侵权规则的制度重构"，载《法学家》2019 年第 6 期。

[3] 《北京市高级人民法院关于涉及网络知识产权案件的审理指南》第 11 条。

[4] 《北京市高级人民法院侵害著作权案件审理指南》第 9.17 条 "侵权责任法第三十六条与避风港条款的关系"。

件：如果符合，则予以免责；如果不符合，则应继续根据《侵权责任法》一般构成要件考察其是否应承担责任，而考察的关键在于是否存在"过错"。

这一判断逻辑看似在免责条件与归责条件之间留出了"过错"审查的空间，实现了免责条件与归责条件的功能区分，然而根据《信网权司法解释》，"网络服务提供者的过错包括对于网络用户侵害信息网络传播权行为的明知或者应知"[1]，结合该解释对"过错"认定的整体规定可以看出，网络服务提供者"过错"认定实际上在免责条件认定环节已经完成了。换言之，网络服务提供者免责条件中"不存在过错"与归责条件中"存在过错"是同一回事，免责条件与归责条件之间的"空间"实际上是不存在的。这说明中国模式已将美国模式的免责条件彻底改造成大陆法系的归责条件，从而进一步实现了"避风港"规则这一传统民法体系之外的"孤儿"和"怪胎"从形式上融入民法体系。此外，从《信网权司法解释》对《信网权条例》和《侵权责任法》的规则弥合上看，主要也是从解释论的角度对侵权形态、归责条件等进行了具体化（以上述"过错"认定规则为标志），进一步抑"免"扬"归"，基本上彻底放弃了免责条件。

由此，本书认为，既然美国模式免责条件从法理上与中国传统民法体系不合，事实上又已被归责条件所替代，不如适时将其从立法中剔除。这种取舍既是迈出放弃美国模式、转换赛道的第一步，更是将"避风港"规则这种带有时代烙印、明显偏向网络服务提供者利益、在复杂法律关系中先验的专为某一类群体开绿灯、颁发免死令牌的歧视性立法政策扫入历史垃圾堆。

（二）降低对"通知—必要措施"规则的依赖性

美国模式创立的这一兼具形式化、技术性和实用性的规则模式对特定技术条件和商业模式下的网络服务提供者免除版权侵权责任务实管用，也为促进互联网产业发展起到了推动作用。但这一规则模式一方面具有其内在逻辑和原理，另一方面也存在局限性，并非放之四海而皆准的通用模式，对其过度依赖和普遍适用是把复杂问题简单化、特殊规则一般化的错误做法。关于中国模式对"通知—必要措施"规则严重依赖性的具体表现，前文已做过分

---

[1]《信网权司法解释》第8条第1款。

析。总结起来：其一，从制度设计来看，无论是《侵权责任法》《电子商务法》还是《民法典》，都将"通知—必要措施"规则作为所谓"制度亮点"和两大支柱之一进行明文规定，凸显其重要性。在条文排序上也都坚持排在一般网络侵权规则之前，间接导致对适用关系的理解混乱。其二，伴随着免责条件整体改造为归责条件，"通知—必要措施"规则这种明显带有"履行某一法律确定的作为义务即可认定减轻或免除一定注意义务"的免责性质的条款强行赋予其归责效力，成为一项法定义务。这种僵化的义务设定模式在实践中造成了"通知—必要措施"规则被滥用，一方面，权利人滥用投诉规则，导致恶意投诉、虚假投诉泛滥；另一方面，网络服务提供者为了规避责任，对通知的审核标准不断放宽、审核门槛逐步降低，导致对通知的审核流于形式。其三，必要措施的门槛也在不断降低、范围逐渐泛化。一方面，某些本来无法适用或不宜适用"通知—必要措施"规则的网络服务提供者（如自动接入、自动传输、云服务器提供商、网络直播平台等），归责条件要求和惯性思维下被强制纳入该规则模式；另一方面，必要措施扩大到"转通知"等实质意义不大的措施后，丧失其原本阻断侵权、防止侵权结果扩大的立法本意，逐渐架空这一规则。

在此背景下，中国网络服务提供者侵权制度应摆脱对"通知—必要措施"规则的路径依赖：一是从《民法典》中删除有关"通知—必要措施"规则的条文，至少将其调整到一般网络侵权规则之后。事实上，在民法典这种位阶的基本法律中规定"通知—必要措施"这种具体操作性规则，本身就未考虑其是否具有普适性，影响了民法典的整体效力。二是确立网络服务提供者侵权新的一般制度模式，将注意义务作为中心，结合多重因素综合考虑和评价网络服务提供者是否具有过错。三是发挥"通知—必要措施"规则中的合理因素，将其明确为某些网络服务提供者过错评价的参考因素，而非"一刀切"的普适规定。

降低对"通知—必要措施"规则的依赖性，本质上是对权利人和网络服务提供者利益的再平衡、再校准。其产生的现实效果将是：一方面，解除了悬在网络服务提供者头上的"达摩克斯之剑"，使其不必为了规避法律责任而对某些缺陷通知或事实上无法执行的通知感到无所适从，抑或采用流于形式的措施"走过场",同时也抑制了权利人滥用投诉权利的冲动。另一方面,对于网络服务提供者过错评价将更加灵活、全面,而非局限于某一具体规则的执行效果。网络服务提供者不能再以采取了(哪怕毫无效果的)措施而万事大吉,更要结合其技术特点、经营模式综合考虑侵权防范措施、其他注意义务履行情况等。

第二节 新视野下的网络服务提供者侵权制度

在摒弃美国模式制度样板的基础上,本书建议对网络服务提供者侵权制度中国模式进行"大改",即彻底"转换赛道",将网络服务提供者侵权制度融入传统民法中安全保障义务制度。以安全保障义务的视角考察网络服务提供者所开启的网络社会交往空间,同时适应这一变化对既有安全保障义务制度进行调整改造。

一、安全保障义务基础理论

(一) 安全保障义务概论

1. 安全保障义务的概念。一般认为,安全保障义务起源于德国民法上的"交易安全义务(Verkehrspflicht)",亦称为"交通安全义务""交易往来安全义务""交往安全义务"等,是由法官在司法案件中通过类推适用创造出来的法律制度。[1]关于这一制度的概念内涵,学界从不同角度有着不同的解读:"交往安全义务是指开启或持续特定危险的人所承担的、根据具体情况采取必要的、具有期待可能性的防范措施,以保证第三人免遭损害的义务。"[2]经营者对其所经营的服务场所负有的安全保障义务,"是指经营者在经营场所对消费者、潜在的消费者或者其他进入服务场所的人之人身、财产安全依法承担的安全保障义务"。[3]德国学者对此认为,安全保障义务吸收英美法系的注意义务理论,"任何人无论其为危险的制造者还是危险状态的维持者,他都有义

---

[1] 王泽鉴:《侵权行为》,北京大学出版社2009年版,第261~262页。
[2] 王思源:"论网络运营者的安全保障义务",载《当代法学》2017年第1期。
[3] 张新宝、唐青林:"经营者对服务场所的安全保障义务",载《法学研究》2003年第3期。

务采取一切必要的和适当的措施保护他人和他人的绝对权利。"[1]本书认为，基于安全保障义务的两项基本事实"开启交往"和"带来危险源"[2]，安全保障义务应指开启、维持社会交往空间，或者可能给他人权益带来危险的人，应对他人人身、财产权益免受侵害采取必要保障措施的注意义务。这里的"免受侵害"包括不受侵害、减少侵害和侵害发生后防止损害后果扩大。

2. 安全保障义务的理论依据。从法理上看，安全保障义务的理论依据主要有：一是维护公共安全。安全保障义务的主体通常为公共场所的管理者、控制人，这些场所往往涉及不特定社会公众的公共安全，科以公共场所管理人以保障安全之义务，有利于维持社会秩序和公共安全。二是民法中的诚实信用原则。从安全保障义务的起源来看，德国法院就是通过援引和解释诚实信用原则，推导出这一制度。三是危险控制理论。对于在特定公共场所可能发生的危险，作为管理者更了解和熟知该场所的环境、设施、设备等实际情形，理论上应具有更大的可能预见到相关危险，并有能力积极采取预防措施或其他保障措施控制危险的发生，即对危险源的控制能力。[3]四是"收益—风险"相一致原理。公共场所的管理者或者控制人，往往是通过该场所开展经营性活动，即利用该场所获取利益（包括潜在利益），那么根据"收益—风险"相一致原理，管理者就应当为避免可能发生在该场所的侵害他人权利的危险做出行动。换言之，从危险源中获利者应被视为制止危险的义务人。[4]五是节约社会总成本理论。法经济学认为，义务的承担应以承担该义务所受损失（成本）最低者为原则。在公共场所防止他人权益遭受侵害的风险控制义务上，相较于不特定多数的社会公众为此付出的成本，管理者更具有能力和条件，付出的成本明显更小，因此将保障义务分配给管理者具有经济上的合理性。

---

〔1〕［德］克雷斯蒂安·冯·巴尔：《欧洲比较侵权行为法（上卷）》，张新宝译，法律出版社2001年版，第145页。

〔2〕刘文杰："网络服务提供者的安全保障义务"，载《中外法学》2012年第2期。

〔3〕［德］克雷斯蒂安·冯·巴尔：《欧洲比较侵权行为法（下卷）》，焦美华译，法律出版社2001年版，第269页。

〔4〕［德］克雷斯蒂安·冯·巴尔：《欧洲比较侵权行为法（下卷）》，焦美华译，法律出版社2001年版，第271页。

（二）比较法上的安全保障义务

在安全保障义务的发源地德国，正如前文所述，《德国民法典》中并无安全保障义务的明文规定，德国法院是在具体案件审理过程中，通过对民法典相关条文（第823条第1款、第836条）进行类推解释逐步确立的。德国法院首先在判例中确立了"交通安全义务"规则，规制交通设施造成损害时的责任分担问题。[1]此后又通过判例将这一规则延伸至其他领域，统称为"交易往来安全义务"，成为一般法律原则，即"开启或持续一定危险源之人，负有防范义务"。[2]在法国，与之相关的规则是所谓"保安义务"，也是法官造法之结果。保安义务最早调整合同法律关系，要求合同一方当事人应当负有保障对方当事人人身和财产安全的义务。此后法国法院将其适用范围扩大到侵权法上，受害人可不以合同依据而直接向义务人主张损害赔偿。[3]在日本，安全保障义务称为"安全关照义务"，由日本最高裁判所在案件中创立，是要求基于某种特定关系的人，依据诚实信用原则，保障其他关系方生命健康免受侵害的附随义务。[4]而在英美法系，通常通过"注意义务"来规制安全保障义务。在某种特定关系中的一方，或者开启某种危险源的一方，负有注意义务。这种注意义务可以来源于契约、制定法或非制定法的规定。[5]

（三）中国法上的安全保障义务

1. 制度载体。中国法上最早将安全保障义务引入的是最高人民法院2003年颁布的《人身损害赔偿司法解释》，该解释第6条[6]首次使用了"安全保障义务"这一法律术语，并通过两款条文将之规定下来。根据起草者的介绍，

---

[1] RGZ 52，273；RGZ 54，53.
[2] 王泽鉴：《侵权行为》，北京大学出版社2009年版，第263页。
[3] 黄薇主编：《中华人民共和国民法典侵权责任编释义》，法律出版社2020年版，第105页。
[4] 王胜明主编：《中华人民共和国侵权责任法解读》，中国法制出版社2010年版，第189页。
[5] 全国人大常委会法制工作委员会民法室编：《〈中华人民共和国侵权责任法〉条文说明、立法理由及相关规定》，北京大学出版社2010年版，第158~159页。
[6] 《人身损害赔偿司法解释》第6条："从事住宿、餐饮、娱乐等经营活动或者其他社会活动的自然人、法人、其他组织，未尽合理限度范围内的安全保障义务致使他人遭受人身损害，赔偿权利人请求其承担相应赔偿责任的，人民法院应予支持。因第三人侵权导致损害结果发生的，由实施侵权行为的第三人承担赔偿责任。安全保障义务人有过错的，应当在其能够防止或者制止损害的范围内承担相应的补充赔偿责任。安全保障义务人承担责任后，可以向第三人追偿。赔偿权利人起诉安全保障义务人的，应当将第三人作为共同被告，但第三人不能确定的除外。"

当时社会上接连出现了公众在住宿、餐饮、娱乐等公共场所和社会活动中权益受损的案件，甚至有人在这些场所和活动中对他人实施违法犯罪等严重侵害人身安全的行为，但现实中直接行为人往往无法确定或者不具有赔偿能力，为了解决在这些案件中对于责任分配、损害赔偿责任落实的制度空白，最高人民法院制定了这一制度。《侵权责任法》首次将该制度在法律上予以明确。《侵权责任法》第 37 条[1]借鉴《人身损害赔偿司法解释》的立法模式，通过两款条文规定了安全保障义务。虽然该条仅使用了"造成他人损害"的笼统表述，但通过体系解释，《侵权责任法》显然将该制度从保护人身利益安全扩展到了财产利益。值得一提的是，不同于其他大陆法系国家通过判例确立安全保障义务的立法传统，《侵权责任法》作为民事基本法律直接予以明文规定，符合"无需经过长期判例发展而直接进入现代化的现实"[2]。此后，《民法典》通过第 1198 条[3]承继和完善了《侵权责任法》的规定。

此外，《消费者权益保护法》第 18 条、《公路法》第 43 条、《铁路法》第 10 条、《民用航空法》第 124 条、《互联网上网服务营业场所管理条例》第 24 条、《物业管理条例》第 46 条等法律法规也从特别法角度规定了安全保障义务。

2. 安全保障义务的主体。关于安全保障义务的义务主体，中国法上经历了一个发展过程。《人身损害赔偿司法解释》的规定是"从事经营活动或者其他社会活动的主体（当然包括自然人、法人和其他组织）"。在制定《侵权责任法》时，各界对安全保障义务的义务主体范围意见不一。对此，立法者认为，应当遵循的基本原则一是以人为本，尽可能把社会生活中可能发生的此

---

[1] 《侵权责任法》第 37 条："宾馆、商场、银行、车站、娱乐场所等公共场所的管理人或者群众性活动的组织者，未尽到安全保障义务，造成他人损害的，应当承担侵权责任。因第三人的行为造成他人损害的，由第三人承担侵权责任；管理人或者组织者未尽到安全保障义务的，承担相应的补充责任。"

[2] 王思源：《论网络服务提供者的安全保障义务》，对外经济贸易大学 2018 年博士学位论文，第 61 页。

[3] 《民法典》第 1198 条："宾馆、商场、银行、车站、机场、体育场馆、娱乐场所等经营场所、公共场所的经营者、管理者或者群众性活动的组织者，未尽到安全保障义务，造成他人损害的，应当承担侵权责任。因第三人的行为造成他人损害的，由第三人承担侵权责任；经营者、管理者或者组织者未尽到安全保障义务的，承担相应的补充责任。经营者、管理者或者组织者承担补充责任后，可以向第三人追偿。"

类危险容纳进来，要求相关主体履行必要的防范义务；二是考虑国情，避免盲目扩大范围导致过多社会矛盾纠纷；三是侵权法内部体系，防止法律冲突或竞合。[1]在具体表述上，考虑《人身损害赔偿司法解释》中"其他社会活动"的表述过于宽泛、模糊，《侵权责任法》使用了"群众性活动"的术语，即面向社会公众举办的人数较多的活动的举办者（法人或其他组织）。[2]《侵权责任法》的最终规定为"公共场所的管理人"和"群众性活动的组织者"，即两类主体。其中，公共场所既包括营利性的，也包括非营利性的。《侵权责任法》颁布后，关于"公共场所"含义的争论不绝于耳，特别是管理人是否包括经营者，引发了对经营者逃逸安全保障义务的担忧。[3]针对这一问题，《民法典》安全保障义务条款明确将"经营者"纳入义务主体，并将其修改为"经营场所、公共场所的经营者、管理者"，与"群众性活动的组织者"共同作为中国法上安全保障义务的义务主体。

3. 安全保障义务的法律性质和义务来源。考虑安全保障义务的义务来源，首先涉及对这一义务性质的认识。正如德国法上的"交往安全义务"的发展历程，安全保障义务最初源自合同法上的义务。德国最高法院在"亚麻毯案"中，通过解释"存在一个对第三方利益具有保护效果合同"的方法扩大了合同关系，从而认定商店因未履行保护义务，造成地毯砸伤顾客，应负赔偿责任。[4]进而有学者认为，安全保障义务属于合同法上的附随义务，[5]即"附随义务说"。然而这一学说存在明显问题，一方面附随义务区别于主合同义务，而安全保障义务很多时候是以主合同义务的形式出现的，另一方面，大量安全保障义务并非由合同约定，而是来自法律的直接规定。这就产生出"法定义务说"，认为安全保障义务是由法律、法规等规范性文件具体规定的，是一种法定义务。还有一种观点采"折中说"，认为安全保障义务以"法定义

---

[1] 全国人大常委会法制工作委员会民法室编：《〈中华人民共和国侵权责任法〉条文说明、立法理由及相关规定》，北京大学出版社2010年版，第161页。

[2] 王胜明主编：《〈中华人民共和国侵权责任法〉条文解释与立法背景》，人民法院出版社2010年版，第158页。

[3] 杨立新："民法分则侵权责任编修订的主要问题及对策"，载《现代法学》2017年第1期。

[4] RGZ 52, 273.

[5] 刘言浩："宾馆对住客的保护义务——王利毅、张丽霞诉上海银河宾馆损害赔偿上诉案评析"，载《法学研究》2001年第3期。

务为原则、约定义务为例外",[1]兼具法定和约定性质。本书认为，安全保障义务本质上是一种法定义务，但不排除通过合同对其进行明确、具体约定，在发生争议时，受害人可以选择法律依据或合同依据，二者在权利救济时是竞合的，有时合同依据也起到补充作用。

从这一理解出发，安全保障义务的义务来源首先是法律规定，即法律、行政法规等对相关公共场所、公共活动的经营管理者、组织者有安全保障义务方面的明确规定的，在判断义务人是否履行义务时应作为依据和标准。其次是合同约定，实践中，不少场合下经营管理者、组织者会和公众签订合同，对安全保障义务进行约定，此时合同也可以成为义务来源。需要注意的是，如果合同内容明显属于减轻管理者法定义务的格式条款，或约定宽泛无具体含义的，仍应以法定义务为标准。再次是行业标准。这是因为，安全保障义务主体往往是某一行业、某一领域的专业人士，具备相应的专业知识、专业技能和硬件条件，熟知行业实际，此时安全保障义务作为一项高于"一般理性人"的特殊要求，应符合行业标准要求。最后是诚实信用原则下的善良管理人义务。诚实信用原则是民法的"帝王条款"，而善良管理人则是两大法系根据注意义务理论，要求具有一定知识经验的人，应当对相关事件予以善意关注和必要管理。

4. 安全保障义务侵权责任的归责原则。安全保障义务产生的损害赔偿责任，本质上属于一种不作为责任。质言之，法律规定了经营管理者、组织者应当采取一定的措施、防止他人遭受损害的义务，即"安全保障义务"，是一种积极地作为义务；而义务人怠于采取相关措施、造成他人损害，属于违反作为义务的不作为责任，即"未尽安全保障义务"。"不作为能否构成侵权行为，是两大法系都面临的理论与实践难题。"[2]盖因对于禁止某种行为而言，要求义务人积极作为、否则承担侵权责任，可能给公民自由带来威胁。因此，不作为责任的成立至少需要两个条件：一是当事人之间并非普通社会关系，而是存在于某种特定关系中，或者一方当事人开启了某种危险源；二是义务人存在过错，即故意或过失地未履行法定义务。可见，安全保障义务侵权责

---

[1] 张新宝、唐青林："经营者对服务场所的安全保障义务"，载《法学研究》2003年第3期。
[2] 冯珏："安全保障义务与不作为侵权"，载《法学研究》2009年第4期。

任属于过错责任。这一点从《侵权责任法》和《民法典》的制度体系中也可以推导出来。《侵权责任法》和《民法典》均将安全保障义务规定在"责任主体的特殊规定"一章中,而非作为适用过错推定原则、无过错原则的特殊侵权行为,因而适用一般侵权归责原则,即过错责任原则。有一种观点认为安全保障义务侵权责任属于过错推定责任,认为义务人应证明其已经尽到注意义务。本书认为,这一观点忽视了具体诉讼中,证明经营管理者、组织者未尽安全保障义务的初步证明责任人是原告,只不过由于其证明消极事实难度较大,故而法律未科以其过重的证明责任,对于"已尽义务"、不承担侵权责任的证明责任主要在被告一侧,但这并不意味着采用了过错推定原则。

5. 安全保障义务侵权责任的责任性质。从《人身损害赔偿司法解释》到《侵权责任法》再到《民法典》,中国法对于安全保障义务的总体框架并未改变,即第1款规定的是安全保障义务人在没有第三人介入的情况下,自己没有采取必要预防措施或消除危险的措施,违反该义务造成他人人身、财产损害,义务人未尽到注意义务是他人损害发生的直接原因;第2款规定由于有了第三人的加入,第三人实施了侵害他人权益的行为,但是安全保障义务人由于未尽到安全保障义务,未能防止或制止第三人实施侵权行为,或者导致第三人损害后果扩大。

对于这两种情形中的第一种,责任性质比较明确,即安全保障义务人属于直接侵权,应负直接侵权责任。关键是对第二种情形的认识,《人身损害赔偿司法解释》《侵权责任法》和《民法典》均采用了"补充责任"的责任形态,区别是《人身损害赔偿司法解释》和《民法典》规定安全保障义务人在承担补充责任后,可以向第三人追偿,而《侵权责任法》未规定追偿权。其法理基础是:其一,第三人是导致他人权益损害的直接原因,安全保障义务人的不作为是间接原因。其二,第三人与安全保障义务人不属于共同侵权,也不属于无意思联络数人侵权,因此安全保障义务人所承担的既不是连带责任,也不是按份责任,而是补充责任。其三,在赔偿顺序上,应先追究第三人的责任,只有当第三人无法确定或不具有赔偿能力时,才由安全保障义务人补充赔偿。其四,安全保障义务人的补充责任是"相应的",也即并非对他人损害负全部赔偿责任,而是在过错范围内承担赔偿责任。

二、将网络服务提供者侵权制度纳入安全保障义务制度

在现行中国法律体系中，网络服务提供者侵权制度（网络侵权责任）与安全保障义务制度分属不同的系统，互相独立且泾渭分明。从《侵权责任法》和《民法典》的条款设计上来看，似乎属于"特殊责任主体"项下分别调整虚拟空间和实体空间的法律制度。造成这一局面的主要原因是中国立法者在考虑对网络服务提供者侵权行为进行规制的时候，机械性地套用了网络服务提供者版权侵权制度美国模式的基本原理和基本构造，而放弃了从大陆法系传统民法中寻找出路。而事实上，安全保障义务制度具有高度一般适用性，在民法体系中发挥着重要作用，与网络服务提供者侵权制度具有内在契合性，可以将后者融入其中，从而根本上实现对中国模式的重塑。

（一）制度契合性

1. 法理上的正当性。从适用范围上看，安全保障义务规制的目标概括起来主要是"一定的公共空间"，中国法将其具体化为"宾馆、商场、银行、车站、机场、体育场馆、娱乐场所等经营场所、公共场所"和"群众性活动"，其基本特征是公共社会性和特定关系，所立足的基本事实有学者指出为两项，即"开启、参与社会交往"和"给他人权益带来危险"。[1]而网络服务提供者不论是开设综合性门户网站，还是电子商务平台、音乐、视频等媒体平台、社交平台、网络直播平台、云盘存储平台，还是提供搜索链接服务，甚至是最底层的接入商、数据传输商、云计算服务商等，本质上均是开启了某种社会交往关系，实现了社会公众之间的互联互通。同时，网络服务因其涉及面广、参与人数众多、管理难度大等特点，带来的侵害他人合法权益的风险巨大。网络服务提供者只不过把这种社会交往关系和危险源从实体空间搬到了虚拟空间，不仅本质没有变，反而随着网络的放大效应使公众参与数量与危险性较实体空间大大提升，且呈现一定程度的不可知性。

从理论依据上看，安全保障义务主要的理论依据是维护公共安全、诚实信用原则、危险控制理论、"收益—风险"相一致原理和节约社会总成本理

---

[1] 刘文杰："网络服务提供者的安全保障义务"，载《中外法学》2012年第2期。

论。对于网络服务提供者而言，维护网络空间的公共安全和遵守诚实信用原则自不待言。而网络空间中层出不穷的侵权危险也要求其制造者担负起尽其可能消除危险的责任。同时，随着网络经济的飞速发展，网络服务提供者从其服务中获得了巨大的商业利益，甚至建立起"互联网商业帝国"，从"收益—风险"相一致的角度出发，也要求网络服务提供者不能只获利不担责或者少担责，而应担负起与其获利相适应的防控风险责任，也即所谓"富人责任"。此外，对于网络环境中侵权行为的防范，权利人固然也有一定的责任，但从节省社会成本角度看来，网络服务提供者显然对于风险的防控更具有技术上和管理上的优势，防控成本较分散的、信息不对等的社会大众更为节约。

可见，从法理上安全保障义务是完全可以适用于网络环境、虚拟空间的。网络服务提供者作为网络服务的开启者、管理控制者和获利者，不应仅仅作为消极被动的"守夜人"，[1]科以其"必要的、具有期待可能性的防范措施，以保护第三人免受损害"[2]的作为义务具有合理性和正当性。

2. 行为类型上的一致性。大多数情形下，安全保障义务是一种作为义务，违反这一义务产生的侵权责任是不作为责任。法律规定了经营管理者、组织者应当采取一定的措施、防止他人遭受损害的义务，即"安全保障义务"，是一种积极的作为义务；而义务人怠于采取相关措施、造成他人损害，属于违反作为义务的不作为责任，即"未尽安全保障义务"。关于网络服务提供者侵权责任的性质则存在争论：一种观点认为，网络服务提供者侵权责任是一种作为责任，即网络服务提供者因其提供的服务导致他人权益受到侵害，违反了不得踏入他人绝对权利范围的不作为义务；[3]另一种观点认为，网络服务提供者侵权责任是一种不作为责任，即责任产生的原因是网络服务提供者在知道（基于通知或不基于通知）用户侵权行为后未采取必要措施（不作为）而产生的责任。[4]本书认为，这两种观点都存在缺陷。对于第一种观点：在技术中立思想下，网络服务提供者单纯提供技术服务的行为不能被评价为侵

---

[1] 王思源："论网络运营者的安全保障义务"，载《当代法学》2017年第1期。

[2] [德]克雷斯蒂安·冯·巴尔：《欧洲比较侵权行为法（下卷）》，焦美华译，法律出版社2004年版，第260~262页。

[3] 朱开鑫："网络著作权间接侵权规则的制度重构"，载《法学家》2019年第6期。

[4] 蔡唱："网络服务提供者侵权责任规则的反思与重构"，载《法商研究》2013年第2期。

权行为。对于第二种观点，其基本结论是正确的，但对于责任产生的原因（即作为义务的内涵）解释得不完整，网络服务提供者除了应在事后履行防止损害结果扩大的必要措施义务，还应在事前、事中尽可能做好风险防控义务，任何一项保障义务没有尽到，都可能产生不作为责任。

值得一提的是，安全保障义务人承担直接侵权责任的情形中，安全保障义务人并非因主动、积极地实施了侵权行为而承担责任（作为责任），而恰恰也是由于其对于危险没有采取防范措施（不作为责任）。如饭店未及时擦拭地面导致顾客滑倒；游乐场未按规定检修设备导致游客受伤等。因为如果经营者主动实施了侵权行为，如故意将顾客打伤，这就不属于违反安全保障义务而属于加害行为导致的直接侵权责任了。实践中，往往是经营者违反安全保障义务负直接侵权责任居多，而主动实施加害行为的情形较少。

然而网络环境中则刚好相反。在"内容—技术"二分法下，网络服务提供者构成直接侵权的情形主要是其直接上传了侵权内容，或与他人通过分工合作的方式共同实施侵权行为，即违反了不得进入他人绝对权利领地的不作为义务，属于作为责任。而单纯因为管理不善而导致权利人（尤其是知识产权权利人）遭受侵害（不作为责任）的情形极为罕见。

尽管如此，不可否认的是，实践情形的多寡并不影响行为性质的分类。在实施加害行为的情形下，不论是传统经营者抑或是网络服务提供者，都应在安全保障义务制度之外，承担相应的直接侵权责任（作为责任）。而在未尽危险防控义务的情形下，无论传统经营者抑或网络服务提供者，也都应承担安全保障义务项下之直接侵权责任（不作为责任）。这一问题真正的难点在于如何在网络环境下区分网络服务提供者实施的是哪一种直接侵权行为，对此，下文将在网络直播平台直接责任的认定中加以论述。

3. 比较法上的经验。同样受美国模式影响，德国网络服务提供者侵权制度也是根据"避风港"规则理论模型设计的，体现在《德国远程通讯法》和《德国远程媒介法》中。作为大陆法系的代表，德国法院在对于两种法律体系下的规则冲突同样深感苦恼，逐渐通过司法判决将包容性更强的安全保障义务运用于网络空间。如有的法院认为，网站对其网站上存在的侵权内容长期视而不见，可以认定其对侵权内容持支持态度。有的法院认为，当网站对他人侵权行为具有预见性，或者已经知道侵权行为的存在且可能持续发生，则应进行主动审查。[1]联邦最高法院则通过类推适用民法典，将网络服务提供者责任明确为"妨害人责任"并创设了"面向未来的审查义务"[2]。而这些义务的法理依据正是安全保障义务中的"开启危险源"理论。"'安全保障义务'直接出现在法院判词中，其面目在网络空间越来越清晰。"[3]

(二) 现行安全保障义务制度的改造

实现将网络服务提供者侵权制度接入安全保障义务，除了从法理上论证其内在契合性外，还应从制定法角度，对现行安全保障义务制度载体进行调整。具体来说，为使安全保障义务更加兼容网络服务提供者，在简单修改法条文字表述之余，更应重视对其制度内涵的适当调整，这集中体现在对责任承担方式的改造和替代责任的引入上。

1. 改造责任承担方式。现行立法上安全保障义务产生的侵权责任主要是义务人自己造成损害产生的直接侵权责任和义务人因第三人损害承担的补充责任。对于直接侵权责任争议不大，关键在于对于补充责任的认识。一般认为，这种情况下，安全保障义务人是间接侵权人，承担间接侵权责任。[4]但这种间接侵权责任并非共同侵权责任，是补充责任而非连带责任。广义的共同侵权一般分为共同加害行为、共同危险行为、教唆帮助行为三类，特征是均基于共同的意思，故共同侵权人应承担连带责任。而在共同侵权之外，德国法和中国法都规定了多数人侵权的另一种形式，即无意思联络数人侵权，其具体责任形态因导致损害后果的原因力关系分为连带责任和按份责任。[5]可见，补充责任的发生原因并不属于多数人侵权的理论体系。安全保障义务之所以规定补充责任，其原理是：其一，这一责任本质上属于自己责任，即安全保障义务人并非因他人侵权行为而承担（共同）侵权责任，而是因自身未尽到注意义务，安全保障义务人责任和第三人责任是两个体系、两套逻辑。

---

[1] OLG Hamburg, MMR 2006, 744.

[2] BGH NJW 2008, 758, 762.

[3] 刘文杰："网络服务提供者的安全保障义务"，载《中外法学》2012年第2期。

[4] 最高人民法院民法典贯彻实施工作领导小组主编：《中华人民共和国民法典侵权责任编理解与适用》，人民法院出版社2020年版，第288页。

[5] 《民法典》第1171条、第1172条。

其二，第三人介入无法判定原因力关系，因为"第三人的侵权行为单独发生即足以造成全部损害，安全保障义务人即便尽到安全保障义务，在大多数时候也不足以避免损害结果的发生"。[1]其三，上述基本认识强化了一个观点：第三人介入时，第三人的过错才是损害后果发生的真正原因。有学者认为，产生这一认识根源在于所谓"必然因果关系说"，[2]即直接因果关系才能必然导致损害，而间接因果关系并非真正原因。这就相当于认为，安全保障义务人与损害结果之间不存在因果关系（并非导致损害的原因力），其只是因为违反法定义务而承担责任。

然而实践中，第三人介入产生损害的情形远比上述抽象认识复杂得多，安全保障义务人在其中的原因力关系也不尽相同，应当区分情况规定其应负的责任：

第一种情形，第三人的行为与安全保障义务人完全无关，直接且单独导致了损害结果的发生，安全保障义务人即使尽到了合理注意义务，采取了保障措施，也无法阻止损害发生（即现行法律设想的情形），此时安全保障义务人不应承担侵权责任或在其未尽义务（过错）范围内承担补充责任。

第二种情形，第三人利用了安全保障义务人提供的场所、构建的环境、组织的活动（即利用了危险源），实施了侵权行为，而安全保障义务人又怠于采取合理防范措施，间接导致了损害的发生。此时，第三人和安全保障义务人对损害发生均有原因力上的"贡献"，安全保障义务人应承担连带责任。但由于第三人往往无法确定或无力赔偿，因此安全保障义务人"名义上是中间责任，但实质上是最终责任"，[3]也即不真正连带责任。

基于上述分析，在第三人介入导致他人损害引起的侵权责任中，安全保障义务人实际上既可能承担补充责任，也可能承担（不真正）连带责任。[4]通说认为，因权利人通常很难先向第三人主张权利，故补充责任对于网络服务提供者侵权责任不适用。而第二种情形则正是网络服务提供者侵权责任发

---

[1] 程啸：《侵权责任法》，法律出版社2015年版，第467页。
[2] 冯珏："安全保障义务与不作为侵权"，载《法学研究》2009年第4期。
[3] 吴汉东："论网络服务提供者的著作权侵权责任"，载《中国法学》2011年第2期。
[4] 齐爱民、陈琛："论网络交易平台提供商之交易安全保障义务"，载《法律科学（西北政法大学学报）》2011年第5期。

第五章 重塑网络直播平台著作权侵权制度的对策建议

生的一般情形。网络用户在实施侵权行为时，不可能完全脱离网络服务提供者的服务，本质上是利用了网络服务提供者"开启的危险源"，而网络服务提供者无论是事前、事中还是事后，均未采取合理、有效的保障措施防止损害发生，双方原因力相结合，最终导致损害结果。

安全保障义务对于责任承担方式的上述改造，可以妥善地将网络服务提供者侵权责任的一般情形融入其中，解决了责任承担方式上现行规定的局限性。

2. 改造归责原则，引入替代责任。在第三人介入产生的损害中，实际上还有第三种情形：第三人利用安全保障义务人提供的场所、构建的环境、组织的活动（即利用了危险源），实施了侵权行为，而安全保障义务人不仅开启了危险源，还从第三人的侵权行为中直接获得了经济利益。此时，安全保障义务人理应承担比第二种情形更重的侵权责任。这种情形下，安全保障义务人不仅对危险源有控制的权利和能力，还从侵权行为中直接获利，符合替代责任的成立条件。故安全保障义务制度应增加第三款，明确将替代责任引入。由于替代责任通常属于无过错责任，因此在安全保障义务制度中引入替代责任，实际上也将改造和丰富安全保障义务侵权责任的归责原则。而正如前文所述，网络服务提供者侵权制度中国模式的一个重要缺陷就是替代责任的缺位，导致"直接获得经济利益"条款在实践中与"构成应知""具有过错"画上等号，所谓"更高注意义务"并无用武之地。网络服务提供者的安全保障义务中引入替代责任，可以使其更加全面、科学、合理。同时，网络直播平台著作权侵权制度面临的相关困境也可以迎刃而解。

第三节 安全保障义务下的网络直播平台著作权侵权制度

新视野之下的网络服务提供者侵权制度将告别以"避风港"规则为代表的美国模式的影响，回归大陆法系立法传统，以安全保障义务作为规范基础，并从中国民法理论和民法体系的思想制度宝库中完善具体解决方案。就网络直播平台而言，在安全保障义务范畴下构建其著作权侵权制度体系，首先应转换思维：网络直播平台著作权侵权责任的产生是由于网络直播平台作为为直播参与主体开展各类直播活动提供软硬件服务和虚拟场所的经营者，不仅开启、参与了网络直播活动的社会交往，还客观上使其经营管理的平台产生大规模著作权侵权的危险，而网络直播平台疏于采取防范和消除侵权危险的措施，未尽注意义务，使得权利人遭到侵害的损害后果得以发生。鉴于这一逻辑，安全保障义务下的网络直播平台著作权侵权制度应以网络直播平台"注意义务"为制度内核和体系中心，重点围绕安全保障义务的来源、注意义务的内容及违反安全保障义务的责任承担三个方面进行制度设计。

一、义务来源

（一）规范性文件

网络直播平台著作权安全保障义务首先来源于法律、行政法规、部门规章等规范性文件，当然也包括在中国实质上作为法律渊源的司法解释。规范性文件作为义务来源，关键在于如何看待和评价不同规范性文件在安全保障义务中的关系和作用，以及如何进行完善：

第一，《民法典》《著作权法》《网络安全法》等法律可以成为网络服务提供者安全保障义务的基本来源。其中《民法典》从总体上确立网络服务提供者安全保障义务的原则性规定。鉴于《民法典》的法律位阶较高、统摄面极广，且网络环境变化发展较快，为维护法典的权威性和普适性，《民法典》无须规定具体规则，也无须针对不同网络服务提供者设计类型化规则。《著作权法》是网络直播平台著作权安全保障义务的基本来源。但就现行《著作权法》而言，并未将网络服务提供者侵权制度纳入其中，将来可以考虑上承《民法典》，规定网络服务提供者著作权安全保障义务的原则性条款，但亦不宜规定过细。《网络安全法》对于网络服务提供者审查义务的原则性要求是安全保障义务的重要方面。

第二，对于《信网权条例》《信网权司法解释》等原先基于美国模式制定的行政法规、司法解释，本书认为，行政法规和司法解释作为网络直播平台著作权安全保障义务的主要义务来源是可行的，但应在以下几个方面进行完善：其一，应就不同类型的网络服务提供者，根据其技术特点、服务特征、商业模式和侵权风险分别制定相应的制度规则（分类规制原则）。这就包括针对网络直播平台制定著作权（或涵盖其他知识产权）安全保障义务方面的行政法规或司法解释。打破现行制度下一种模式（特别是"通知—必要措施"规则）"包打天下"和信息网络传播权侵权规则普遍适用的僵化体系。欧盟在2018年通过的《单一数字市场版权指令》中，就专门针对新划分出来的"在线内容分享服务提供者（online content sharing service provider）"规定了版权保护义务。[1] 其二，《信网权条例》《信网权司法解释》中的具体条款可以作为综合考量网络直播平台是否尽到注意义务的参考因素，但不应作为认定标准甚至唯一标准，在尊重立法经验、发挥制度资源的同时避免僵化适用。其三，在行政法规或司法解释中对网络直播平台著作权安全保障义务的类型、具体要求、认定方式、责任承担等做细化规定但为司法实践解释适用留有余地。

第三，其他行政法规、部门规章和部门规范性文件也可成为网络直播平台著作权安全保障义务的来源。为规范互联网经营管理秩序，有关部门不断出台了一系列规范性文件，包括《互联网信息服务管理办法》《互联网视听节目服务管理规定》《互联网文化管理暂行规定》《网络表演经营活动管理办法》《互联网新闻信息服务管理规定》《网络音视频信息服务管理规定》等。特别是近年来为了治理网络直播市场而专门出台的《互联网直播服务管理规定》（2016年出台）、《关于加强网络视听节目直播服务管理有关问题的通知》（2016年发布）、《关于加强网络直播服务管理工作的通知》（2018年发布）和2021年刚刚由7部门发布的《关于加强网络直播规范管理工作的指导意见》等。这些规范性文件中涉及网络直播平台著作权保护义务方面的规定均可以成为其安全保障义务的来源。

（二）行业规范

网络直播平台著作权安全保障义务不应忽视行业规范的重要作用，符合行业实际、反映行业自律的行业规范是网络直播平台注意义务的重要来源。长期以来，在美国模式（特别是"红旗规则"）影响下，中国模式固守"明

---

[1] Directive (EU) 2019/790 of the European Parliament and of The Council of 17 April 2019 on Copyright and Related Rights in the Digital Single Market and Amending Directives 96/9/EC and 2001/29/EC, Article 17.

知+应知"的过错主观形态,并将"应知"标准具体化,导致法院在审理网络服务提供者侵权案件时,形成了对照"明知""应知"标准逐一审查的惯性思维,忽视了行业标准、行业规范在网络服务提供者过错认定中的意义,较少参考行业规范。而在"阿里云"案二审中,上诉人阿里云公司提交了相关国家标准和行业规范,证明云服务器提供商负有严格的安全义务、保密义务和隐私保护义务,不允许接触更不能对内容进行审核和处理,故与信息存储空间存在本质区别,不应承担删除义务。法院参考并采信了这一证据,对正确认定阿里云公司的过错发挥了重要作用。[1]

行业规范作为网络直播平台著作权安全保障义务的来源有三方面要求:一是网络直播平台应当符合同行业通常的注意义务水平,而高于普通人的认知水平。"由于安全保障义务主体一般是某一行业的经营者、管理者,其往往具备行业要求的相关专业资质、管理能力,其对安全保障义务的履行应当高于对普通人的标准,即要达到与其专业管理能力相匹配的程度。"[2]二是应当鼓励行业协会、自律组织根据行业实际、发展动态、高危领域及时制定行业规范。如北京市网络文化协会2016年4月携手花椒、六间房、映客、百度、新浪等20多家网络直播平台经营者,联合发布《北京网络直播行业自律公约》,具体要求包括主播实名制、直播房间标识水印、内容留存15天以上备查等,实际上对网络直播平台提出了不仅高于一般人而且高于法律法规的注意义务标准。[3]三是在法律法规、司法解释没有明确规定的新型案件中,应更加注重对行业规范确定的注意义务的考察和理解。

(三) 善良管理人义务

善良管理人义务是基于诚实信用原则推导出来的注意义务,源自经营管理活动的实际和社会生活常识。在法律法规、部门规章、司法解释、行业规范等均未明确规定的特殊场合,网络直播平台是否有义务对某些可能发生著作权

---

[1] 北京知识产权法院(2017)京73民终1194号民事判决书。

[2] 最高人民法院民法典贯彻实施工作领导小组主编:《中华人民共和国民法典侵权责任编理解与适用》,人民法院出版社2020年版,第289页。

[3] 该公约主要针对网络直播涉黄涉毒和低俗内容等问题,但其提出的某些具体措施完全可以延伸作为著作权保护方面的注意义务内容。

侵权风险的情形采取合理、必要措施进行防范，应当按照"善良家父"[1]的标准进行判断，考察网络直播平台是否尽到了善良保护权利人的义务。由于善良管理人义务比较抽象和原则，在将其作为网络直播平台著作权安全保障义务来源时，应着重注意：一是必须在法律法规、部门规章、司法解释、行业规范等均无明文规定，且无法类推适用的情形下才可以将其作为义务来源进行评价，防止滥用。二是坚持审慎原则，在评价时应平衡权利人、网络直播平台和社会公众利益，综合考量权利人损害、网络直播平台成本、社会公众获益及司法导向，避免对权利人过度保护。三是符合安全保障义务的制度初衷和制度价值，始终将网络直播平台放在网络直播社会活动的开启者、潜在危险的来源方地位，以专业人士而非普通人的标准考察其是否尽到善良义务，防止失之于宽。

除了上述义务来源外，实际上合同约定也可能成为网络直播平台著作权安全保障义务的来源。但实践中网络直播平台与权利人签订协议的方式不常见，且即使有协议外界也很难获知，故不作详细论述。

二、注意义务的内容

安全保障义务下网络直播平台著作权侵权制度中，注意义务是其制度内核，正是因为法律法规、部门规章、司法解释、行业规范、诚实信用原则乃至合同为网络直播平台设定了一定的注意义务，网络直播平台才应在注意义务范围内采取合理措施防范著作权侵权风险或防止侵权损害结果扩大，而也正是由于网络直播平台未尽到这些注意义务（存在主观过错），才触发了著作权侵权责任的产生。因此，合理确定注意义务的内容和范围至关重要，这将给网络直播平台和权利人带来相对稳定的预期。其中尤其应当注意的是针对网络直播平台著作权侵权的实际制定差异化的规则。

（一）现有制度资源的合理取舍

确定网络直播平台著作权安全保障义务中注意义务的内容，首先面临的

---

[1] [德] 格哈特·瓦格纳："当代侵权法比较研究"，高圣平、熊丙万译，载《法学家》2010年第2期。原文载 [德] 莱茵哈德·齐默曼等主编：《牛津比较法手册》(The Oxford Handbook of Comparative Law)，牛津大学出版社2007年版，第1004～1041页。

就是对原有中国模式下规则体系的梳理和扬弃,对此应把握以下原则:一是在前文提到的"分类规制原则"下,至少针对网络直播平台,应打破内嵌和依附于美国模式色彩浓重的中国模式下的制度架构,在安全保障义务视野下建立符合网络直播平台规律的著作权侵权制度,其核心就是合理确定注意义务范围。二是应充分尊重中国模式形成过程中和实践运行中积累的立法和司法经验,将其中符合新模式的制度资源继承下来,纳入网络直播平台的注意义务。三是对现有制度资源的继承并不意味着照搬现有规则体系,更不能理解为继续机械套用相关规则进行认定,而应将其有机融入安全保障义务的规则体系中,作为认定网络直播平台是否尽到注意义务的参考因素。具体来讲:

第一,关于不负主动审查义务。一方面,源自美国模式的这一规则带有明显偏向网络服务提供者的立法取向,另一方面,随着网络技术的发展,通过过滤技术等技术手段对内容进行审查早已不是网络服务提供者"不可承受之重"。此外,在安全保障义务视野下,更不可能武断地免除主动审查义务(对此下文详述)。值得注意的是,中国模式实际上考虑到了主动审查的实践可行性,但囿于"不负主动审查和监控义务"在美国模式中的"帝王条款"地位,中国模式仅从正面规定了鼓励过滤筛查规则。[1]然而这一规则作为中国模式对美国模式下"不负主动审查义务"的平衡,却可以作为制度资源改造运用到网络直播平台著作权安全保障义务中,即:当网络直播平台已经尽其所能采取现有技术条件和管理模式下可能的审查措施,但由于网络直播的及时性、主播的随意性,或主播故意避让审查措施,导致侵权损害发生的,可以认为网络直播平台已经尽到注意义务,不存在主观过错。

第二,关于"应知"标准和"红旗规则"。"应知"标准和"红旗规则"在信息网络传播权侵权领域长期受到法院重视。在网络直播平台著作权侵权案件中,法院也习惯性地将其作为参照系,几乎是逐一对照进行审查,借以确定网络直播平台是否"应知",有无过错。在安全保障义务视野下,"明知+应知"的过错主观状态标准应被废除,对于"应知"具体标准,应分类处理:①关于服务性质方式、引发侵权可能性、管理信息能力能作为网络直

---

[1] 《信网权司法解释》第8条第3款。

第五章 重塑网络直播平台著作权侵权制度的对策建议

播平台著作权安全保障义务的总体考量因素而非具体考量因素，自不待言；②关于合理预防措施的标准实际已被注意义务吸收；③关于设置便捷程序接收通知并采取合理反应的标准纳入改造后的"通知—必要措施"规则一并考量；④关于制止重复侵权的合理措施归入网络直播平台的事后管理义务；⑤其他考虑因素，如涉案作品类型和知名度、侵权明显程度、选择编辑修改推荐、热播影视作品推荐等，作为评价注意义务履行情况的参考因素，与其他注意义务履行情况综合判断，不应机械套用，更不应单独评价。

  对于"红旗规则"，在网络直播平台著作权安全保障义务中应不予适用。一是美国版"红旗规则"过度降低了网络服务提供者义务。二是中国版"红旗规则"虽然较美国模式更为具体、可操作性强，但也更为僵化，丧失了美国模式的灵活性。一方面，侵权行为只有达到"明显感知"的程度才引发"红旗规则"，另一方面，侵权行为只要达到了"明显感知"的程度几乎必然认定为"应知"。而网络直播平台通过首页提示、排行榜、提供名称链接等"明显可以感知"的方式对热门体育赛事节目、网络游戏进行推荐并不能当然推定其存在过错，还应辅之以"明显不可能获得授权"等前提，这实际上就使中国版"红旗规则"失去了在网络直播领域适用的独立价值。

  第三，关于"通知—必要措施"规则。对于"通知—必要措施"规则的过度依赖和滥用，前文已做过分析。在著作权领域，这一明显针对信息网络传播权侵权设计的规则对于网络直播平台基本不存在适用可能：首先，对于"实时通知"，网络直播平台无法采取具有实质意义的必要措施。其次，对于"预警函"，应纳入网络直播平台事前审查注意义务中进行评价。最后，对于"转通知"，应从两个维度进行把握：从立法上，考虑到周延性、网络直播平台成本和趋利避害的本能，可以将其规定为"与权利人合作义务"项下的一项注意义务；但从裁判角度，则应在个案中区分"转通知"对预防和制止侵权行为有无实质上的因果联系，如果构成损害发生或扩大的原因力，则可认定网络直播平台违反了这一注意义务，而如果并无实质影响，则不应"一刀切"地认定网络直播平台未尽注意义务，更不能在其他注意义务均已履行的情形下不考虑因果联系而刻意归责。

  第四，关于直接获得经济利益。应将现行制度下的这一规则结合"对危险具有控制的权利和能力"这一要素,规定为网络直播平台因第三人介入侵害著作权而承担替代责任的构成要件。从而将现行制度中"负有较高注意义务"的规定落到实处。

(二)主动审查义务

1. 网络服务提供者著作权主动审查义务的正当性。美国模式对于"不负主动审查义务"的绝对化和彻底性导致利益的天平明显偏向网络服务提供者,其弊端前文已做分析。中国模式将这一规则引入后,也带来了网络服务提供者对主动审查缺乏积极性的现象。近年来,这一规则备受批评,要求科以网络服务提供者一定的主动审查义务的呼声不绝于耳。而反对的理由不外乎从美国模式的制度价值、技术条件和成本负担等角度提出。本书认为,至少在著作权领域,抛开美国模式制度基因,从安全保障义务的视角,将一定的主动审查义务作为包括网络直播平台在内的网络服务提供者的一项注意义务,从技术、法律和经济角度都是合适的,具有正当性:

第一,从技术条件来看,美国模式产生时的技术条件尚不具备大规模通过自动化的内容识别和过滤技术进行非人工的版权内容审查活动。如果要求网络服务提供者对网站上的内容进行普遍的审查和监控,网络服务提供者只能主要依靠人工进行过滤审查,这不仅将耗费巨大的人力、财力成本和时间成本,而且错误率也会很高。[1]正是在这一技术前提下,美国立法者只能选择将发现版权侵权的义务主要分配给权利人,并通过"通知—删除"规则的设计实现权利人、网络服务提供者和社会公众之间的利益平衡。中国模式形成初期的技术条件也未有实质性改变。然而时至今日,内容过滤技术已得到了长足的发展,主流网络平台实际上都已经在不同程度地使用内容过滤技术对文字、图片和音视频文件等进行过滤审查。常见的内容过滤技术包括基于PICS(Platform for Internet Content Selection)的过滤、基于URL(Uniform Resource Location)的过滤、基于不良关键词的过滤和基于智能内容分析的过滤,其中基于智能内容分析的过滤成为发展趋势。[2]基于智能内容分析的过滤是

---

〔1〕 刘家瑞:"论我国网络服务商的避风港规则——兼评'十一大唱片公司诉雅虎案'",载《知识产权》2009年第2期。

〔2〕 孙艳、周学广:"内容过滤技术研究进展",载《信息安全与通信保密》2011年第9期。

第五章 重塑网络直播平台著作权侵权制度的对策建议

通过语言分析、机器学习、图像处理等手段对文字、图片、音视频等内容的语义进行深度理解，分拣出特定内容并与版权库中的原有作品进行比对，从而实现过滤。这一技术过滤范围广、错误率低，获得广泛运用。可见，随着科技进步，不断发展的内容过滤技术已经完全可以替代人工（或技术为主人工为辅）对版权内容进行审查，科以网络服务提供者著作权审查义务具有技术实现可能性。

第二，从法治实践来看，无论美国还是中国，在著作权保护实践中都不同程度地倾向于要求网络服务提供者承担一定的审查义务。美国最高法院在Grokster案[1]中指出，如果没有采取过滤措施、网络服务提供者推广其服务的侵权用途、商业模式依赖于侵权行为三个条件同时具备，则可间接证明网络服务提供者存在引诱侵权的故意。这一认定规则倒逼网络服务提供者主动采用过滤技术措施，降低被定为存在引诱侵权主观故意的风险。中国法院在司法实践中也通过明示或者暗示的方式体现要求网络服务提供者承担一定的过滤义务的司法倾向。[2]更重要的是，行政机关在国家安全、网络安全、著作权行政管理、网络直播治理等领域中，已经通过法律、行政法规、部门规章以及各种通知、办法、规定等对网络服务提供者公法上的审查义务做了细致规定。典型如《全国人民代表大会常务委员会关于加强网络信息保护的决定》第5条、《网络安全法》第47条、《互联网新闻信息服务管理规定》第12条、《互联网直播服务管理规定》第7条、《关于加强网络直播规范管理工作的指导意见》第1条和第7条等。可见，网络服务提供者在公法视野下进行内容审核不仅是合理可行的，而且是国家意志强烈要求下的一项基本注意义务。这实际上造成了公法审查义务和私法"避风港"两种制度"悖论式并行"[3]的奇特现象。在放弃美国模式"避风港"规则、纳入安全保障义务制度下，中国的网络服务提供者侵权制度，尤其是著作权侵权制度有必要将主

---

〔1〕 Metro‐Goldwyn‐Mayer Studios Inc. v. Grokster, 545 U. S. 913. （2005）.

〔2〕 北京市海淀区人民法院（2012）海民初字第 5558 号民事判决书；北京市高级人民法院（2014）高民终字第 2045 号民事判决书；上海市浦东新区人民法院（2010）浦民三（知）初字第 789 号民事判决书；北京市海淀区人民法院（2017）京 0108 民初 15648 号民事判决书。

〔3〕 姚志伟："公法阴影下的避风港——以网络服务提供者的审查义务为中心"，载《环球法律评论》2018 年第 1 期。

动审查纳入注意义务。此外，欧盟《单一数字市场版权指令》第 17 条[1]对于在线内容分享服务提供者底线审查义务和上传过滤器技术[2]等规定也备受关注，其关于一般监控义务与具体监控义务相区分、网络服务提供者只承担具体监控义务而仍然豁免一般监控义务[3]的立法取向值得参考。[4]

第三，从成本负担来看，主要采用内容过滤技术进行著作权审查，对于网络服务提供者而言可能的经济成本主要有三个方面：一是购买或者自行研发内容过滤技术的成本；二是在日常经营活动中维修、养护内容过滤技术软件系统的软硬件费用和资源成本；三是在主要依靠内容过滤技术的同时，不可避免地辅之以人员进行人工筛查、复查或错筛恢复等工作的人力成本。其中占比较大的是前两项成本。对此，有学者建议引入著名的"汉德公式"进行评价[5]：综合考虑侵权行为发生的可能性（Probability，"P"）、损害结果（Loss，"L"）和预防措施的成本（Burden，"B"），当 $B < P \times L$ 时，也即预防措施的成本小于侵权发生的可能与损害结果乘积时，采取预防侵权的措施是具有经济合理性的。[6]由于网络著作权侵权的潜在风险和后果是巨大而现实的（否则无须为其专门立法），因此判断主动审查义务的经济负担是否合理主要应看网络服务提供者对于内容过滤技术的研发、采购、维护成本能否得到有效控制。事实上，内容过滤技术作为一项通用技术，完全可以通过"专业开发＋个性化定制"的模式，由专门的研发机构或企业进行设计开发，再出售给不同网络服务提供者，并根据不同平台的运营模式进行个性化调整，后

---

[1] Directive（EU）2019/790 of the European Parliament and of The Council of 17 April 2019 on Copyright and Related Rights in the Digital Single Market and Amending Directives 96/9/EC and 2001/29/EC，Article 17.

[2] 王筝："网络服务提供者最低义务设置——兼评欧盟《数字化单一市场版权指令》第 17 条"，载《中国出版》2020 年第 6 期。

[3] 华劼："社交媒体网络直播版权侵权法律规制研究"，载《科技与法律》2020 年第 4 期。

[4] 当然，对此也有不同看法，有学者认为该指令"形式上不要求但实质上要求在线内容分享服务提供商履行一般过滤义务"，见谭洋："在线内容分享服务提供商的一般过滤义务——基于《欧盟数字化单一市场版权指令》"，载《知识产权》2019 年第 6 期。

[5] 施小雪、徐春成："论网络交易平台商标侵权判定规则的修正——以事前审查义务为中心的考量"，载《电子知识产权》2015 年第 6 期。

[6] U. S. v. Carroll Towing, 159 F. 2d 169, 173（2d Cir. 1947）.

期维护也可在开发者指导协助下完成,类似 ERP 系统。[1]这样,内容过滤技术的研发、采购和维护成本就可在网络服务提供者之间进行分担,必将得到有效控制。此外,还可以采取权利人支付一定费用的"合理收费机制",[2]进一步降低网络服务提供者的成本。总之,在成本可控的情况下,网络服务提供者承担著作权主动审查义务不会造成过重的负担,经济上是合理的。

2. 网络直播平台著作权主动审查义务的实现方式。网络服务提供者著作权主动审查义务正当性的上述分析自然适用于网络直播平台。对于网络直播平台而言,由于其传播方式和经营模式的特殊性,在考虑其主动审查义务的实现方式时,应从技术实现和运行机制两个维度进一步分析:

第一,关于技术实现问题。

由于不同类型的网络服务提供者服务模式差异很大,前文提到的内容过滤技术,通常在信息存储空间服务提供者中广泛运用,而其对应的著作权专有权利是信息网络传播权。之所以如此,主要是因为内容过滤技术的实现有赖两个关键环节:一是网络服务提供者应首先建立起一套涵盖面尽可能大的版权库,并将版权库中的作品特征进行索引分析;二是网络服务提供者能够获取到网络用户传播的内容,并将其与版权库中的作品特征进行比对,一旦发现相同或高度相似,则应对相关内容进行删除或屏蔽访问。对于第一个环节,主要涉及内容过滤技术的运行机制问题,下文详述。而第二个环节是内容过滤技术能否适用于网络直播平台的关键因素。这是因为,网络直播具有即时性特点,主播传播的内容在网络上存在的时间很短。在极端的时间内,能否有效捕捉、比对并采取措施呢?考虑到网络直播平台涉及的作品主要类型是视听作品和音乐作品,也即音视频,故应从音视频的过滤技术上考察。从技术发展现状来看,是具备这个可能性的。

在音频过滤技术上,传统采用语音转写技术将语音转为文字进行审核,也有采用音频指纹技术。而近年来在音频大数据检索技术上,有科学家结合

---

[1] ERP 系统:企业资源计划(Enterprise Resource Planning)的简称,是指建立在信息技术基础上,集信息技术与先进管理思想于一身,以系统化的管理思想,为企业员工及决策层提供决策手段的管理平台。参见"百度百科",https://baike.baidu.com/item/ERP%E7%B3%BB%E7%BB%9F,访问时间:2021 年 10 月 6 日。

[2] 崔国斌:"论网络服务商版权内容过滤义务",载《中国法学》2017 年第 2 期。

音频指纹技术和"过滤—提纯"思想提出一种高效检索方法,实验结果显示平均检索时间少于1秒,而理论准确率则接近100%。[1]视频过滤方面,目前主要采用关键帧提取技术,[2]即对视频拆分关键帧,分析关键帧的帧间信息实现对镜头的分割,再通过对镜头间关联性的分析,实现对场景的分割,最终通过分析汇总得到结果。[3]上述过滤技术在网络直播中同样可以发挥作用。在网络直播中,基于图像识别的内容过滤技术可以对每个直播间的播出内容进行监控,每隔几秒(甚至一秒)采集一个关键帧,再将关键帧同步发送到图像识别引擎进行比对过滤。运用这种技术对涉黄违法行为的检测准确率可达99%,为平台减少了70%以上工作量。[4]实践中,以抖音直播平台为例,当主播穿着过于暴露或使用违禁用语时,平台能即时发现识别并立刻对其采取关停措施。此外,对于体育赛事节目直播、网络游戏直播、影视作品直播等持续时间相对较长的直播形式,内容过滤技术能够更有效地发挥过滤和阻断优势。

第二,关于运行机制问题。

在主动审查义务的运行机制方面:首先,网络直播平台应加强与权利人、著作权集体管理组织等的合作,及时更新和不断丰富版权库。特别是针对热播影视剧、当红音乐作品、热门体育赛事节目、网络游戏画面,或者竞争对手享有独家网络直播权利的内容时,网络直播平台更应将其列入"高危版权管理"名单,通过技术手段对其重点关注和预先(关键词)过滤审查。其次,网络直播平台还应与主播建立著作权保护共识机制。如建立版权申报系统,通过积分、虚拟币、广告位等资源鼓励和引导主播对计划直播的内容进行申报和预先审查。最后,网络直播平台对于传统预防措施还应坚持并不断完善。这包括通过平台告示、用户协议、版权规则等明确告知主播平台知识产权政策、著作权保护规则及违规后果;也可以通过弹窗、私信、平台消息等方式

---

[1] 张兴忠等:"一种高效过滤提纯音频大数据检索方法",载《计算机研究与发展》2015年第9期。

[2] 王松等:"基于图像主色彩的视频关键帧提取方法",载《计算机应用》2013年第9期。

[3] 陈志国、姚瑞虹、张奇:"不良视频特征提取与重复检测技术探讨",载《广播与电视技术》2014年第4期。

[4] 姜波:"利用智能审核平台对数字内容作品把控的探讨",载《传媒论坛》2018年第5期。

第五章　重塑网络直播平台著作权侵权制度的对策建议

在直播过程中规律性发送警告信息，提醒主播增强版权保护意识、避免侵权。

（三）与权利人合作义务

早在缔结 WCT 和 WPPT 时，世界知识产权组织就提出了鼓励网络服务提供者与权利人合作的原则性建议。[1]美国在制定 DMCA 时，立法者对于第 512 条的立法目的之一也是促进网络服务提供者与版权人合作。[2]然而限于当时的技术条件和价值取舍，美国模式只能选择"避风港"规则，主要是"通知—删除"规则实现二者在发现和处理侵权中的合作。长期以来，基于"通知—删除"规则的"合作"逐渐异化为网络服务提供者被动接收权利人通知的基础模式，网络服务提供者本身缺乏与权利人主动合作的动力和意愿。对于网络直播平台著作权安全保障义务而言，尤其在"通知—删除"规则失效的情况下，积极主动与权利人进行合作防止侵权，是其注意义务不可或缺的实现方式。网络直播平台可以从以下几个方面推进与权利人的合作：

第一，正如前文提到的，网络直播平台在通过内容过滤技术进行主动审查时，建立并不断更新版权库是其中重要一环，而与权利人或著作权集体管理组织保持畅通的合作机制就显得尤为重要。一方面，网络直播平台可以自行建立版权库（系统），鼓励权利人进行注册和权利申报；而在内容过滤技术由专门机构开发的情况下，可以一并建立贯通各类平台的版权库，内嵌入内容过滤系统，并根据不同网络直播平台对作品的特殊需求（著作权侵权高危领域）增加定制个性化作品申报端口，方便权利人进行定向注册和申报。另一方面，在实现方式上，应由权利人主动进行权利申报，申报的内容主要包括作品复制件或简介、权属证明、联系方式、已许可授权情况说明等。已许可授权情况说明可以帮助网络直播平台避免错误过滤。同时，对于权利人已通过独占或排他许可方式对外授权的，网络直播平台应予以重点关注，并纳入内容过滤"白名单""黑名单"进行管理。

第二，网络直播平台还应打通版权库与在线授权系统。网络直播平台应

---

[1]《世界知识产权组织（WIPO）管理的版权及相关权条约指南以及版权及相关权术语汇编》CT-14.10.，第 176 页，载 https://www.wipo.int/publications/en/details.jsp?id=361&plang=EN，访问时间：2021 年 5 月 29 日。

[2] Senate Report 105~190，105th Congress，2nd Session，p.40.

在版权库基础上，借鉴国外经验探索建设在线授权系统。谷歌在与美国作家协会的版权诉讼中提出构建图书权利登记中心 BRR（Book Right Registry）的设想，通过多种许可机制在保障权利人利益的同时给予平台版税分成。[1]类似的还有 DPS（Digital Permissions Service）数字许可系统[2]等。BRR 与 DPS 仅涵盖文字作品，网络直播平台应将在线授权系统扩展到视听作品和音乐作品等作品类型，对于符合在线授权条件的（如音乐作品），网络直播平台应与权利人建立价格协商机制，尽可能实现授权价格标准化、阶梯化，方便主播根据直播计划涉及的具体使用方式、时长等提前进行选择购买。在线授权系统至少具有三方面积极效果：一是保障权利人利益，这里不仅指经济利益，采用这一方式还将大大减少侵权行为进而降低权利人维权成本。二是培养主播付费意识，当前主播"先授权、后使用"的著作权保护意识极为薄弱，尤其在 UGC 模式下，创作者与使用者身份往往发生混同，[3]主播对于使用他人作品甚至毫无认知。三是间接起到约束著作权集体管理组织乱许可、乱收费的作用。[4]

第三，网络直播平台在建立版权库、建设在线授权系统的过程中，还应及时跟踪采用前沿科技成果，提高著作权保护效能，这自然离不开与权利人的深度合作。例如哈希值比对技术[5]和基于区块链技术的非同质化代币 NFT（Non - Fungible Token）。NFT 是与比特币等传统区块链货币相区别的一种新型代币，目前处在区块链技术的前沿。传统比特币等代币理论上可以进行无限分割，比特币之间也是等价的；而每一枚 NFT 都是不可分割、独一无二的。NFT 在版权领域的应用场景十分广泛，无论是音乐作品、视听作品、美术作

---

[1] Amended Settlement Agreement, Authors Guild, Inc. v. Google, Inc., 93 U.S.P.Q.2d 1159 (S.D.N.Y. 2009) [No. 05 CV. 8136 (DC)], art. 2.1 (b), 6.1.

[2] Glynn Lunney, Copyright Collectives and Collecting Societies: The United States Experience, in Collective Management of Copyright and Related Rights (Daniel Gervais ed.), London, Kluwer Law International, 2010, p. 371.

[3] Edward Lee, "Warming Up to User - Generated Content", Ill, L. Rev. 2008, 2008, pp. 1499 ~ 1500.

[4] 关于著作权集体管理组织存在的问题，见熊琦：《著作权法中的私人自治原理》，法律出版社 2020 年版，第 183 ~ 189 页。

[5] 崔国斌："网络版权内容过滤措施的言论保护审查"，载《中外法学》2021 年第 2 期。

品、摄影作品等,通过 NFT 进行标注后就成为特定化的数字资产,相当于在每个作品后贴上了一个无形的、独一无二的条形码,在此后的使用中用以确认和识别其身份。[1]利用 NFT 标注作品后,权利人在该作品以后的每次转让和许可使用中都可以进行追踪并获得版税分成。2021 年 3 月,佳士得以 6900 万美元天价拍出一件 NFT 画品,震惊艺术圈并使 NFT 迅速成为"杀手级"区块链技术。[2]网络直播平台如果能够通过与权利人充分合作,将 NFT 等区块链技术引入到网络直播著作权保护中来,不仅可以方便主播使用,还将给权利人带来可观的收入。事实上,在 NFT 广泛应用之前,阿里巴巴就已于 2021 年 3 月推出了基于区块链技术的"IPmart"一站式版权交易平台,将传统"打包收费"的版权授权批发模式变为"按件收费""实时结算、实时分成"的零售模式,方便中小企业者和个人使用版权,显著降低了授权门槛。[3]

(四) 事后管理义务

网络服务提供者著作权侵权中的事后义务,在传统模式中主要是指网络服务提供者应采取制止重复侵权的合理措施,中国模式将其作为"应知"的考量因素。实践中,网络服务提供者主要通过建立用户行为管理规范、对侵权用户实施惩戒措施来实现的。安全保障义务视野下,网络直播平台对于著作权侵权的事后义务,应结合其传播特点,更侧重从主动管理的角度进行设定,提高网络直播平台的事后注意义务。需要指出的是,本书是以"事后"的视角分析网络直播平台的管理义务,但不可否认的是,在安全保障义务下,事后管理与日常监管是密不可分,甚至是融为一体的。

第一,网络直播平台应建立直播内容留存制度。北京市网络文化协会联合多家网络直播平台发布的《北京网络直播行业自律公约》对此作出明确规定,要求平台对所有直播内容的最高清晰度版本都要进行留存,且留存时间不少于 15 日。这一要求无疑是积极的,但其规制目标主要是针对主播违法违

---

[1] 高泽龙等:"非同质化代币的应用原理及身份识别场景解析",载《网络空间安全》2021 年第 1 期。

[2] 徐玲:"区块链技术怎样促进创意产业?",载"得到头条"网,https://m.igetget.com/share/course/article?id=xzYo2GPNq4W8VEbg6mJejyRBZbnw0d,访问时间:2021 年 9 月 17 日。

[3] 搜狐新闻:"阿里 IPmart 创新试验场'落子'非遗纹样 IP",载搜狐网,https://www.sohu.com/a/471586724_120988576,访问时间:2021 年 10 月 7 日。

规、涉黄涉毒等现象。对于网络直播平台著作权侵权问题，在此基础上还应配套相关具体措施：其一，对主播违法违规现象的处置主要有赖行政机关，其处理效率通常要高于普通权利人。因此在直播内容的一般留存时间上，本着有利于权利人的原则应适当延长，至少应为 30 日。存储成本方面，鉴于分布式存储技术极大降低了信息存储成本，网络直播平台可以通过云存储、区块链存储等方式低成本保存海量信息且确保其不被篡改。其二，权利人可以在直播内容首次播出后 30 日内（即一般留存时间内），随时向网络直播平台发送侵权通知，平台在对通知内容进行初步核实后，应对涉事直播内容进行长期留存，留存时间不少于 3 个月，方便权利人进行维权。其三，权利人于 3 个月内起诉的，网络直播平台自收到法院转递的起诉材料或权利人起诉通知（二者以在先者为准）之日起，应对涉案直播内容持续保存直至案件终结。其四，考虑到权利人对网络直播取证困难，在诉讼中，如果权利人提交了涉嫌侵权的初步证据（如直播截图、事后宣传报道、主播自认等），则实行举证责任倒置，由网络直播平台提交留存的涉案直播内容，如平台没有合理理由无法提交的，应根据初步证据进行认定。其五，实行双重追责制度。有些网络直播平台会对直播内容提供事后点播服务（即平台主动进行长期、可接触式存储），权利人针对点播内容起诉，追究侵权人侵害信息网络传播权责任的，法院应向其释明，可以一并主张推定存在网络直播行为，同时追究侵权人侵害广播权（或其他专有权利）的责任。

第二，加强网络直播平台在制止重复侵权方面的科学管理。一是在坚持通过用户行为规范、用户惩戒规则进行管理的基础上，完善和细化具体针对著作权侵权的惩戒措施。二是建立"惩罚＋教育"相结合的制度。近年来，世界各国都在不断探索"强化责任的事后执行模式"。[1]法国 2010 年施行的《促进互联网创作保护及传播法》确立了针对网络用户的所谓"三振出局"机制，即由专门设立的网络著作权保护机构对网络盗版问题进行监管，权利人发现网络用户反复进行上传下载盗版文件的，可以向保护机构提出申请，通过网络服务提供者向该用户发出两次警告，如果该用户仍然持续侵权，保

---

〔1〕 梁志文："网络服务提供者的版权法规制模式"，载《法律科学（西北政法大学学报）》2017 年第 2 期。

护机构可申请法院对其进行断网、罚款甚至监禁,正所谓"事不过三"。[1]"三振出局"机制对英国、日本、韩国、新西兰等国家和地区相关立法产生了重要影响,[2]但由于其过于严厉,且存在损害个人信息自由、隐私权之嫌,2013年被法国政府撤销。[3]此外,欧盟也有由法院对侵权网站进行断网的所谓"断网禁令(blocking injunction)"[4]做法。事实上,美国模式的诞生地美国近年来也在针对DMCA的缺陷尝试进行修补,如SOPA法案、PIPA法案等,但迫于互联网产业的强大压力,这些法案在国会遭到了搁置。2013年,美国再次推出反盗版六振警告机制CAS,[5]通过六次警告最终对用户采取的措施包括降低网速和服务等级、完成在线版权教育计划等。"六振警告"相较法国的"三振出局"机制温和得多,不仅最终措施不包括断网,而且将版权教育纳入其中。网络直播平台可借鉴上述经验,一方面对侵权主播采取多次警告、惩戒、封号甚至"黑名单"制度,打击重复侵权;另一方面在主播实名制基础上,网络直播平台应通过行业组织建立更广泛的"黑名单",采取全行业准入限制、降低服务等级、限制收入分成等措施,防止其变换"马甲"逃避处罚。

第三,网络直播平台应学习国外经验,在对主播进行的日常教育、管理、培训的过程中,应进一步完善著作权教育。一是针对著作权侵权进行著作权基本知识教育,结合在线授权系统进行培训宣讲,弥补主播群体在著作权保护意识方面的短板。二是对于发生过著作权侵权的主播,应区分侵权次数、性质、情节等,进行分类强制教育,包括强制要求进行著作权法制学习(限定时长或计学时)、强制进行答题考试,乃至要求开展一定时间的著作权保护公益活动等,从认识根源上帮助主播树立"不想侵权"的意识。

第四,网络直播平台应充分发挥直播公会的管理作用。直播公会在网络

---

[1] 贺琼琼:"信息自由与版权保护:法国反网络盗版立法最新发展及评述",载《法国研究》2012年第1期。

[2] Rebecca Giblin, When ISPs Become Copyright Police. 2014 IEEE Internet Computing, pp. 84~87.

[3] 康彦荣:"英国走向数字化未来",载《世界电信》2010年第4期。

[4] Althaf Marsoof, The Blocking Injunction – A Critical Review of lts Implementation in the United Kingdom Within the Legal Framework of the European Union. 46 IIC (2015), pp. 632~664.

[5] 吕凯、李婷:"网络服务提供者的著作权保护责任",载《天津法学》2016年第1期。

直播生态系统中居于重要地位,某些直播公会与入会主播之间建立了代理、经纪等法律关系,甚至劳动关系。在网络直播越来越步入专业化的趋势下,主播对直播公会在资源引进、能力提升、内容打造、收入分配上的依赖度不断增强。网络直播平台应充分利用其与直播公会之间、直播公会与主播之间的利益绑定关系,在创作、发布和事后管理各个环节加强对直播公会著作权保护方面的管理。对于主播发生著作权侵权的,在平台内部应追究直播公会的连带责任;对主播反复侵权、屡教不改的,应对其所属直播公会进行各类处罚。

三、责任承担方式

(一)直接责任和第三人介入下的连带责任

网络服务提供者与传统意义上的安全保障义务人在直接侵权的类型上并无实质区别,但在实践中却存在一定差异,主要体现在:传统安全保障义务人(如饭店经营者),被认定实施了直接侵权行为、承担直接侵权责任的原因主要是违反了安全保障义务,而经营者积极实施加害行为的情形较为少见。而网络服务提供者刚好相反,网络服务提供者被认定实施了直接侵权行为往往是因为其直接提供了侵权内容,或者与用户通过分工合作的方式共同实施侵权行为,而因其对网络平台管理不善造成权利人损害的情形比较少见。

产生这一区别的根本原因在于危险来源和"社会交往空间"中的主体关系(义务对象)差别。在实体空间——安全保障义务人构建的社会交往空间中,危险理论上的来源有:①交往空间的物理危险(如设施毁损、电火水等);②第三人介入的危险;③经营者自己主动实施侵权行为的危险。而实践中主要是前两种,第三种情况极为罕见,且第三种情况属于经营者违反不作为义务的主动加害行为,并非安全保障义务范畴。主体关系上:顾客、游客、乘客等人是社会交往的参与人,也是可能的受害人;而第三人(直接侵权人)既可能是交往空间内的参与人,也可能是交往空间外的非参与人(如歹徒闯入等)。

换到网络虚拟空间——网络服务提供者构建的社会交往空间中,危险来源理论上也是三种:④网络服务提供者因管理不善导致权利人受损的危险；⑤第三人介入的危险；⑥网络服务提供者自己主动实施侵权行为的危险。实践中则主要是后两种，第一种情况极为少见，且此时权利人往往本身亦是平台用户（例如网盘用户在网盘中存储了暂未发表的小说，由于网盘经营者技术故障导致小说被公之于众，侵犯了用户的发表权），并非后两种意义上的受害人。主体关系上：网络空间的第三人正是社会交往的参与人——用户，而社会交往空间之外的权利人则成为受害人。

正是由于这种区别，实体空间里经营者的直接侵权通常认为是违反安全保障义务的侵权行为（上述第①种情况），因为其主要风险是物理危险，经营者应努力防范，避免危险发生；网络空间中网络服务提供者的直接侵权通常是主动实施侵权行为（上述第⑥种情况），因为大多数情形下，权利人并非用户，本不参与社会交往，即使发生物理危险也与其无关，通常在权利遭受第三人侵害之时，才被迫加入这一社会交往关系。

将网络服务提供者侵权制度纳入安全保障义务后，就必然涉及网络服务提供者直接侵权行为的性质区分和识别问题，即：何种行为属于主动加害行为，不适用安全保障义务，进而承担主动加害行为产生的直接侵权责任；何种行为属于违反了防范侵权风险的注意义务，应承担安全保障义务下的直接侵权责任。

现行中国模式下，在信息网络传播权侵权领域，网络服务提供者的行为被区分为作品提供行为和技术服务提供行为，分别对应直接侵权和间接侵权。而作品提供行为又被区分为直接提供作品和与他人以分工合作共同提供作品，这两种情形都属于直接侵权行为，承担直接侵权责任。也即所谓"内容—技术"二分法。事实上，这种区分方式也外溢到其他领域。在"爱奇艺诉YY-HD"案等网络直播平台著作权侵权案件中，法院也是遵循这一逻辑进行识别和裁判的。

套用这一分类方法，网络直播平台著作权直接侵权和间接侵权似乎界限分明、一目了然。然而正如前文分析，司法实践中对于"分工合作"的认定标准是比较低的，并不考虑被告之间对于具体侵权行为是否存在意思联络或分工合作，而是从商业模式角度进行考量，只要行为人存在商业合作关系，基于这种合作关系其中一方实施了侵权行为，则直接推定其他合作方对侵权行为存在意思联络，应负共同侵权责任，而并不考虑商业合作模式本身的"实质性非侵权用途"。这就产生了网络直播平台著作权直接侵权和间接侵权的认定困境：网络直播行业发展至今，已形成较为成熟的产业链，产业链上的各个环节和相关主体通过分工协作、价值传导、信息传播、利益分配等方式紧密合作，贯穿网络直播活动的全流程，建立了稳定的行业生态系统。在这样的商业模式下，如果主播提供的直播内容中出现著作权侵权行为，类推适用《信网权司法解释》第4条关于"分工合作"的规定及相关司法实践认定标准，网络直播平台与主播之间存在"分工合作"是显而易见的，而网络直播平台将很难证明其"仅提供网络服务"，从而导致网络直播平台普遍承担直接侵权责任，这显然对网络直播平台是不公平的。

前文提到，产生这一困境的根源在于中国模式对美国模式的僵化改造，具体表现为"内容—技术"二分法的机械规定上。这一方法在互联网发展早期是有意义的，但如今网络平台不仅提供技术服务，还广泛主导平台"游戏规则"制定、开设各种主题和版块，甚至参与、指导用户进行内容创作，早已不可与"BBS""P2P"时代同日而语。这种现状下，单纯以技术属性区分行为性质甚至平台性质是不可取的，而应充分考虑到期社会交往属性及侵权风险的来源。"一项网络服务在技术上或可归入接入、缓存、存储或信息定位乃至其他类别，同时在社会意义上又可以界定为私密性或社会性交往的开启与组织。对于法律而言，更加重要的是后者。"[1]

由此，将直接侵权与间接侵权的识别划分转换到安全保障义务视角，通过分析网络直播平台违反的是"不作为义务"还是"作为义务"以及是否处于社会交往活动中，网络直播平台著作权侵权的上述困境便可迎刃而解，具体来说：①网络直播平台因管理不善（物理风险，无第三人介入）导致权利人损害的，认定为违反安全保障义务（作为义务）的直接侵权责任；②单纯第三人介入，如主播利用平台服务实施侵权行为的，如果网络直播平台未尽注意义务（作为义务），则承担连带责任；③网络直播平台积极实施了侵害著作权的行为（违反不作为义务），认定为主动加害行为性质的直接侵权责任

---

[1] 刘文杰："网络服务提供者的安全保障义务"，载《中外法学》2012年第2期。

（如斗鱼平台的付费内容[1]），此时与安全保障义务无关；④第三人与网络直播平台存在商业合作，第三人又实施侵权行为的，由于商业合作本身就属于参与到了网络直播平台开启的社会交往活动中，网络直播平台应对这种社会交往潜在风险进行防范，否则应认定为违反第三人介入情形下的安全保障义务（作为义务），应与该第三人承担连带责任。这也正是前文提出改造安全保障义务侵权责任的责任性质，加入连带责任的重要原因。

（二）替代责任

根据前文提出的方案，网络服务提供者侵权制度纳入安全保障义务制度后，安全保障义务侵权责任的承担方式应引入替代责任。当网络服务提供者对侵权危险源有控制的权利和能力，还从侵权行为中直接获得经济利益时，应负更高的注意义务，否则将承担替代责任。这种情形下，替代责任产生的基础和原因（可责难性）不仅仅是"直接获利"本身，更重要的在于网络服务提供者对用户行为具有控制的权利和能力，同时又从中直接获利，但却未阻止第三方主体实施著作权直接侵权行为。[2]归责原则上，此时并不需要考虑网络服务提供者是否具有过错（明知或应知），而是遵循了从控制关系和获益关系角度[3]认定侵权的"关系进路"，即无过错责任。网络直播平台著作权安全保障义务在替代责任的承担上实际涉及两个方面问题：一是直接获得经济利益的认定问题；二是如何承担更高注意义务的问题。而解决这两个问题，都离不开网络直播平台的盈利模式。

网络直播平台的盈利模式一般分为直接盈利模式和间接盈利模式。直接盈利模式主要指通过用户打赏（虚拟道具）、会员付费、赛事竞猜、直播门票等方式直接获取收益。部分直接盈利收入会在平台和主播之间进行分成，并根据主播的有效在线时长、完成任务情况等绩效因素，按不同比例分配，从而激励主播。间接盈利模式主要包括营销广告、电商购物、游戏联运、O2O等方式进行盈利。

---

[1] 斗鱼平台《付费内容服务使用协议》，载斗鱼网，https://www.douyu.com/cms/gong/202101/21/17568.shtml，访问时间：2021年6月10日。

[2] 吴汉东："侵权责任法视野下的网络侵权责任解析"，载《法商研究》2010年第6期。

[3] 景春兰："对雇主'替代责任说'的反思与批判"，载《政法论丛》2016年第4期。

司法实践中，法院一般是根据《信网权司法解释》第11条第2款确定的直接获得经济利益判断标准对网络服务提供者在具体案件中是否存在直接获利情况进行认定，基本标准是"特定收益——一般性收益"二分法，即：网络服务提供者获得与被控侵权内容存在特定联系的收益（如针对涉案内容投放特定广告，从涉案内容中获得固定分成等）属于直接获利；网络服务提供者获得一般性收益（如随机播放的贴片广告、中插广告，普遍收取的会员费、服务费等）不属于直接获利。

网络直播平台直接获利的判断基本也遵循这一思路，但在具体认定上，不同法院又有不同标准。"爱奇艺诉虎牙案"二审法院认为，从证据来看，未显示涉案直播被观众打赏，所以认定网络直播平台未从中获利。该案再审法院认为：①涉案平台上主播注册和发布内容不需要向平台支付费用；②观众浏览内容也不需要支付费用；③平台未对涉案直播投放广告获取利益；④涉案直播未有观众打赏，所以涉案平台未从中获利。相反，"新浪诉虎牙案"一审法院则认为，涉案平台与主播就每次直播所获收益进行分成，所以平台从涉案直播中获取了直接收益或存在直接获利的可能。三家法院的认定标准实际考虑了四个因素：一是双向免费（主播免费注册和播出；观众免费注册和观看）；二是投放特定广告；三是直播打赏；四是总体上的收益分成。对此，本书认为，在"注意力经济""眼球经济"[1]驱动下，为获取流量优势，网络平台已广泛采取免费注册、免费发布、免费浏览的模式，因此法院在网络直播平台直接获利的认定上，对于"双向免费"因素几乎可以忽略。

从理论上讲，在网络直播平台直接盈利模式和间接盈利模式中，间接盈利模式通常与主播关系不大，主要是网络直播平台利用其平台资源和平台优势，通过与第三方机构合作（也即B端[2]模式），挖掘商业机会、创新收益渠道。[3]因此，间接盈利模式在网络直播平台直接获利的评价因素中意义不大。网络直播平台直接获利主要存在于直接盈利模式（也即C端模式）中，

---

〔1〕范锋："网络企业商业模式创新的理论基础和方法研究"，载《北京工商大学学报（社会科学版）》2012年第2期。

〔2〕戴兵、宋航："网络直播平台收入确认与计量探讨"，载《财会通讯》2019年第25期。

〔3〕谭畅等："浅析网络直播的定义、特点、发展历程及其商业模式"，载《现代商业》2018年第19期。

第五章　重塑网络直播平台著作权侵权制度的对策建议

而 C 端收入主要来自用户打赏，这里仅以用户打赏为例进行分析。

所谓用户打赏，即用户在观看直播的过程中，从平台将真实货币兑换成虚拟礼物（如火箭、游艇、房子、汽车等）并打赏给喜欢的主播，获得满足感和娱乐体验，平台收到用户打赏后，将其再次换算成真实货币，并根据约定的比例将收入在平台、直播公会和主播间进行分配。例如有的大型网络直播平台对于用户打赏的分配比例为平台∶主播∶直播公会＝6∶3∶1。[1]其中不难看出，网络直播平台对于用户打赏是明显存在直接获利的。上述案件中法院也注意到这一点，故着重考察是否存用户打赏。由于网络直播中用户打赏实际普遍存在，也即网络直播平台具有因用户打赏而从侵权行为中直接获得经济利益的普遍可能性，因此考察替代责任的重点应是针对具体案件、具体涉案行为（危险源），网络直播平台有无控制的权利和能力、是否尽到控制义务。理论上，对于相对长时间的侵权直播活动，或主播持续、多次实施侵权行为的，网络直播平台应通过内容过滤技术等主动审查措施予以关注、警告和制止；而对于主播随意、突发、短暂的侵权行为，则不宜苛责网络直播平台对于具体行为采取管控措施，如果网络直播平台从技术上、管理上建立了主动审查机制、与权利人合作关系和事后惩戒措施，就可以认为已尽到注意义务。

除用户打赏外，网络直播平台在其他盈利模式中的直接获利认定，也可参考上述方法。值得一提的是，考虑到直播效果，网络直播平台的广告投放与传统模式有所差异，一般不采用贴片广告、中插广告等形式，而是采取与主播合作（平台发布广告任务，主播接单）进行口播、页面推送、直播带货等方式，事后根据合同约定比例进行分成（如斗鱼平台的"斗鱼星海"广告发布服务[2]）。此时应注意识别和区分专业电商直播和其他直播中商业植入不同情况：对于专业电商直播，从商品交易中获利是平台主要目的，其中发生著作权侵权的，不宜从"广告投放"角度认定直接获利；而对于其他直播中的商业植入，则应考虑广告投放与具体侵权行为的关系，如在盗播体育赛

---

〔1〕 李泽清：《网络直播：从零开始学直播平台运营》，电子工业出版社2018年版，第162页。

〔2〕 《斗鱼星海平台主播、公会服务协议》，载斗鱼网，https：//www.douyu.com/cms/gong/202104/23/18050.shtml，访问时间：2021年6月10日。

事节目过程中主播同时推介相关体育用品并提供链接的，应认定为直接获利。

最后，判断直接获得经济利益只与认定网络直播平台是否具有侵权危险源控制的权利和能力、是否尽到控制义务（更高的注意义务）、最终是否承担替代责任有关，也即仅具有评价意义。直接获利的金额不应作为替代责任下损害赔偿金数额的唯一考量因素，损害赔偿额的确定还应依照法律规定，综合作品价值、侵权行为性质等因素进行判断。

小　结

总体而言，中国模式的影响既有积极面，也有消极面。积极方面主要是立法层面的顺势而为、实践层面的务实管用和理论层面的创新发展。而随着网络技术的飞速发展和商业模式的日新月异，中国模式逐渐显现其消极方面：一是制度土壤大相径庭，美国模式无法真正融入大陆法系；二是制度模式僵化滞后，缺乏对不同类型网络服务提供者的包容性；三是制度价值保守落后，未能紧跟时代步伐调整利益天平。

通过对中国模式制度实践的总结和反思，学术界纷纷提出改造网络服务提供者侵权制度的理论方案。总体来看，学者提出的方案主要有小改、中改、大改三种模式，其划分依据是对于现有中国模式及其基本理论建构、规则体系的容忍程度：其中，建议脱离美国模式，但以中国模式的基本框架和体系为基础，通过完善具体规则使其理论建构上更为精准、更能适应实践要求的谓之"小改"；建议放弃美国模式"避风港"规则，但未脱离直接侵权、间接侵权二分法，在间接侵权理论内寻求新的解释路径的谓之"中改"；完全脱离美国模式及其理论基础，从传统民法的制度资源中重新寻找制度接口，彻底重塑网络服务提供者侵权制度的谓之"大改"。

然而无论选择何种改造模式，放弃美国模式制度样板可以说已经成为业内共识和"最大公约数"。一是摈弃免责规定，将"避风港"规则这种带有时代烙印、明显偏向网络服务提供者利益、在复杂法律关系中专为某一类群体开绿灯、颁发免死令牌的歧视性立法政策扫入历史垃圾堆。二是降低对"通知—必要措施"规则的依赖性，一方面解除了悬在网络服务提供者头上的

第五章 重塑网络直播平台著作权侵权制度的对策建议

"达摩克利斯之剑",另一方面对于网络服务提供者过错评价将更加灵活、全面,而非局限于某一具体规则的执行效果。

在摈弃美国模式制度样板的基础上,本书建议对网络服务提供者侵权制度中国模式进行"大改",将网络服务提供者侵权制度融入传统民法中安全保障义务制度。安全保障义务指开启、维持社会交往空间,或者可能给他人权益带来危险的人,应对他人人身、财产权益免受侵害采取必要保障措施的注意义务。从法理上看,安全保障义务的理论依据主要是维护公共安全、民法中的诚实信用原则、危险控制理论、"收益—风险"相一致原理和节约社会总成本理论。比较法上,大陆法系的安全保障义务均是"法官造法"的产物;英美法系则通过"注意义务"来规制安全保障义务。

在中国,安全保障义务由《人身损害赔偿司法解释》引入,《侵权责任法》首次将该制度在法律上予以明确并通过《民法典》承继和完善。此外,《消费者权益保护法》等法律法规也从特别法角度规定了安全保障义务。《民法典》规定"经营场所、公共场所的经营者、管理者"与"群众性活动的组织者"共同作为中国法上安全保障义务的义务主体。安全保障义务本质上是一种法定义务,但不排除通过合同对其进行明确、具体约定,从这一理解出发,安全保障义务的义务来源主要是法律规定、合同约定、行业标准和诚实信用原则下的善良管理人义务。安全保障义务产生的损害赔偿责任,本质上属于一种不作为责任,其成立至少需要两个条件:一是当事人之间并非普通社会关系,而是存在与某种特定关系中,或者一方当事人开启了某种危险源;二是义务人存在过错,即故意或过失地未履行法定义务。可见,安全保障义务侵权责任属于过错责任。中国法上安全保障义务侵权责任的性质有两种情形:一是安全保障义务人自己未尽到注意义务导致他人发生损害,承担直接侵权责任;二是第三人介入实施了侵权行为,但是安全保障义务人由于未尽到安全保障义务,未能防止或制止第三人实施侵权行为,或者导致第三人损害后果扩大,此时应承担相应补充责任。

在现行中国法律体系中,网络服务提供者侵权制度(网络侵权责任)与安全保障义务制度分属不同的系统,互相独立且泾渭分明。而事实上,安全保障义务制度具有高度一般适用性,在民法体系中发挥着重要作用,与网络服务提供者侵权制度具有内在契合性，可以将后者融入其中，从而根本上实现对中国模式的重塑。首先是法理上的正当性。网络服务提供者本质上是开启了网络环境中的社会交往关系，实现了社会公众之间的互联互通。同时，也带来了侵害他人合法权益的巨大风险。网络服务提供者只不过把这种社会交往关系和危险源从实体空间搬到了虚拟空间，不仅本质没有变，反而随着网络的放大效应使公众参与数量与危险性较实体空间大大提升，且呈现一定程度的不可知性。从理论依据上看，安全保障义务是完全可以适用于网络环境、虚拟空间的。其次是行为类型上的一致性。大多数情形下，安全保障义务是一种作为义务，违反这一义务产生的侵权责任是不作为责任。网络服务提供者侵权责任也是一种不作为责任，网络服务提供者除了应在事后履行防止损害结果扩大的必要措施义务，还应在事前、事中尽可能做好风险防控义务，任何一项保障义务没有尽到，都可能产生不作为责任。比较法上，德国法院通过司法判决将包容性更强的安全保障义务运用于网络空间。

实现将网络服务提供者侵权制度接入安全保障义务，除了从法理上论证其内在契合性外，还应从制定法角度，对现行安全保障义务制度载体进行调整。一是改造责任承担方式，在安全保障义务侵权责任中增加连带责任。在第三人介入导致他人损害引起的侵权责任中，安全保障义务人实际上既可能承担补充责任，也可能承担不真正连带责任。而不真正连带责任正是网络服务提供者侵权责任发生的一般情形。二是引入替代责任。第三人利用安全保障义务人提供的场所、构建的环境、组织的活动（即利用了危险源），实施了侵权行为，而安全保障义务人不仅怠于采取合理防范措施，还从第三人的侵权行为中直接获得了经济利益。此时，安全保障义务人理应承担比第二种情形更重的侵权责任，也即符合替代责任的成立条件。网络服务提供者的安全保障义务中引入替代责任，可以使其责任承担方式更加全面、科学、合理。同时，网络直播平台著作权侵权制度面临的这一困境也可以迎刃而解。

在安全保障义务范畴下构建网络直播平台著作权侵权制度，首先应转换思维：网络直播平台著作权侵权责任的产生是由于网络直播平台作为为直播参与主体开展各类直播活动提供软硬件服务和虚拟场所的经营者，不仅开启、参与了网络直播活动的社会交往，还客观上使其经营管理的平台产生大规模著作权侵权的危险，而网络直播平台疏于采取防范和消除侵权危险的措施，未尽注意义务，使得权利人遭到侵害的损害后果得以发生。鉴于这一逻辑，安全保障义务下的网络直播平台著作权侵权制度应以网络直播平台"注意义务"为制度内核和体系中心，重点围绕安全保障义务的来源、注意义务的内容及违反安全保障义务的责任承担三个方面进行制度设计。

网络直播平台著作权安全保障义务首先来源于法律、行政法规、部门规章、司法解释等规范性文件。其次，网络直播平台著作权安全保障义务不应忽视行业规范的重要作用，符合行业实际、反映行业自律的行业规范是网络直播平台注意义务的重要来源。最后，在法律法规、部门规章、司法解释、行业规范等均未明确规定的特殊场合，网络直播平台是否有义务对某些可能发生著作权侵权风险的情形采取合理、必要措施进行防范，应当按照"善良家父"的标准进行判断，考察网络直播平台是否尽到了善良保护权利人的义务。

安全保障义务下网络直播平台著作权侵权制度中，注意义务是其制度内核，合理确定注意义务的内容和范围至关重要，这将给网络直播平台和权利人带来相对稳定的预期。其一，应对现有制度资源进行合理取舍，这包括对不负主动审查义务的突破、"应知"标准和"红旗规则"的扬弃、减少对"通知—必要措施"规则的过度依赖，以及改造直接获利规定。其二，应要求网络直播平台承担一定的主动审查义务。一方面，无论从技术条件、中外法治实践还是成本负担来看，要求网络服务提供者承担一定的主动审查义务是具有正当性的。另一方面，在网络直播平台著作权主动审查义务的实现方式上，内容过滤技术已经较为成熟，能够对网络直播平台上留存时间很短的直播内容进行过滤，此外还应配套建立主动审查的运行机制。其三，应要求网络直播平台加强与权利人合作。首先，网络直播平台在使用内容过滤技术时必不可少应与权利人或著作权集体管理组织建立畅通的合作机制，不断更新版权库。其次，网络直播平台还应打通版权库与在线授权系统。最后，网络直播平台在建立版权库、建设在线授权系统的过程中，还应及时跟踪采用前沿科技成果，提高著作权保护效能，如积极利用NFT等区块链技术打造在线授权系统，而这自然离不开与权利人的深度合作。其四，网络直播平台应加强事后管理,并将事后管理与日常监管融为一体。首先,网络直播平台应建立直播内容留存制度。其次,应加强网络直播平台在制止重复侵权方面的科学管理。再次,网络直播平台应学习国外经验,在对主播进行的日常教育、管理、培训的过程中,应进一步完善著作权教育。最后,网络直播平台还应充分发挥直播公会的管理作用。

  网络直播平台著作权安全保障义务的侵权责任性质有直接侵权责任、第三人介入下的连带责任和替代责任。其一,对于直接责任和连带责任的承担,应通过分析网络直播平台违反的是"不作为义务"还是"作为义务"以及是否处于社会交往活动中进行区分:①网络直播平台因管理不善(物理风险,无第三人介入)导致权利人损害的,认定为违反安全保障义务(作为义务)的直接侵权责任;②单纯第三人介入,如主播利用平台服务实施侵权行为的,如果网络直播平台未尽注意义务(作为义务),则承担连带责任;③网络直播平台积极实施了侵害著作权的行为(违反不作为义务),认定为主动加害行为性质的直接侵权责任,此时与安全保障义务无关;④第三人与网络直播平台存在商业合作,第三人又实施侵权行为的,由于商业合作本身就属于参与到了网络直播平台开启的社会交往活动中,网络直播平台应对这种社会交往潜在风险进行防范,否则应认定为违反第三人介入情形下的安全保障义务(作为义务),应与该第三人承担连带责任。其二,对于替代责任的承担,应结合网络直播平台盈利模式考虑直接获利的认定问题及如何承担更高注意义务。其中,对于用户打赏而言,现行商业模式下,网络直播平台对于用户打赏是明显存在直接获利的,因此考察替代责任的重点应是针对具体案件、具体涉案行为(危险源),网络直播平台有无控制的权利和能力、是否尽到控制义务。对于广告收益,应注意识别和区分专业电商直播和其他直播中商业植入两种情况。此外,直接获利的判断只与认定网络直播平台是否具有侵权危险源控制的权利和能力、是否尽到控制义务(更高的注意义务)、最终是否承担替代责任有关,不应作为赔偿金额的唯一考量因素。

总　结

伴随着 4G、5G 技术的快速发展，以及互联网终端（特别是智能手机）的迅速普及，网络直播产业在我国蓬勃发展起来，网络直播在网络视听行业甚至是整个互联网行业中呈现异军突起之势。根据中国互联网络信息中心（CNNIC）发布的第 47 次《中国互联网络发展状况统计报告》，截至 2020 年 12 月，我国网络直播用户规模达 6.17 亿，较 2020 年 3 月增长 5703 万，占网民整体的 62.4%。[1] 从著作权法的视角看，网络直播是网络直播生产者通过网络直播服务提供者，基于网络以音视频、图文等多种形式向公众实时传播作品等内容的行为。其中，网络直播生产者主要是指主播及其签约的经纪组织（如直播公会、经纪公司等），网络直播服务提供者主要是指网络直播平台，基于互联网进行实时传播体现了网络直播的本质特性，而网络直播传播的内容既包括作品也包括部分邻接权客体（如广播电视信号）。网络直播主要有即时性、涉网性、互动性等基本特征，从而将其与交互式传播、广播电视直播、单向性直播相区分。同时，网络直播还具有巨大的商业价值，因此具有商业性特征，权利人可以通过控制网络直播行为获得巨大商业利益。网络直播运行逻辑上，网络直播产业链包括上游的网络主播和直播公会等经纪组织，中游主要是网络直播平台，下游则是网络直播受众群体，此外，网络直播产业链的周围还围绕着众多支持方，如内容版权方、技术开发商、游戏运营商、电商平台、广告平台、网络支付平台、媒体推广渠道等，与产业链各主体协调配合形成了网络直播生态版图。网络直播行业的商业模式主要体现

---

〔1〕 中国互联网络信息中心：第 47 次《中国互联网络发展状况统计报告》，第 52 页。

为网络直播生产者和服务者的盈利模式，主要包括通过用户打赏（虚拟道具）、会员付费、赛事竞猜、直播门票等方式直接获取收益的直接盈利模式和主要包括营销广告、电商购物、游戏联运、O2O 等方式进行盈利的间接盈利模式。

网络直播行业发展至今，已形成较为成熟的产业链，产业链上的各个环节和相关主体通过分工协作、价值传导、信息传播、利益分配等方式紧密合作，贯穿网络直播活动的全流程，建立了稳定的行业生态系统。在这一生态系统中，网络直播平台处于中心环节，发挥着主导作用。网络直播平台是基于网络，为直播参与主体开展各类直播活动提供软硬件服务和虚拟场所的经营者。网络直播平台作为网络直播产业链的中心环节，在网络直播活动中起着主导作用。网络直播平台的经营模式有三个方面内涵：一是网络直播平台与直播公会、主播的关系模式。从产业链主体的关系模式来看，为了应对日益激烈的市场竞争，网络直播逐渐告别过去单纯的 UGC 模式，主播们需要背靠直播公会等经纪组织，扶持、培养自己，获得技术和专业支持，同时为自己在网络直播平台上争取优质资源。直播公会负责对签约主播进行培养、管理、孵化、扶持，通过自身实力、市场影响力、与平台关系等资源，为主播在平台争取例如流量倾斜、推荐信息流、频道信息流、个性化推荐、广告位展示等推广资源，极力打造网红主播。同时，网络直播平台也建立起复杂的直播公会政策，并通过与直播公会签订协议，对直播公会、公会所属主播进行支持、管理和激励。二是网络直播平台的内容生产模式。在网络直播平台群雄逐鹿的赛场上，平台之间要同时进行资本竞逐、硬件技术对垒、主播争夺、广告资源比拼等诸多博弈，但主播争夺无疑是最根本、最核心的竞争，而主播的直播生命延续根本又在于持续性、高质量、高价值直播内容的生产。因此，网络直播内容的生产对于平台具有特殊和极为重大的意义。发展至今，网络直播平台对于直播内容已远远超越了仅提供基础服务的阶段。为了增强内容的专业性、趣味性、互动性，打造持续输出的优质内容，平台不仅躬身入局，许多场景下还成为内容生产的主导力量。三是网络直播平台的盈利模式和收入分成模式。网络直播平台的盈利模式主要有直接盈利模式和间接盈利模式两种。其中，直接盈利模式主要包括用户打赏、会员付费、赛事竞猜、直播门票等；间接盈利模式主要包括营销广告、电商购物、游戏联运、O2O等。在面向 C 端的直接盈利模式下，用户在观看直播的过程中，从平台将真实货币兑换成虚拟礼物（如火箭、游艇、房子、汽车等）并打赏给喜欢的主播，获得满足感和娱乐体验，平台收到用户打赏后，将其再次换算成真实货币，并根据约定的比例将收入在平台、直播公会和主播间进行分配。除了用户打赏以外，不少平台还针对广告营销、会员收费、各类绩效目标完成情况等与直播公会和主播进行收入分成。网络直播平台与直播公会、主播之间的利益绑定已经日渐成熟、定型，呈现出规则清晰、分配稳定、各司其职、绩效挂钩等特点。

依照现行法律，网络直播平台因其提供行为的不同特征，存在不同的法律性质，其中：当网络直播平台直接参与直播内容的投资、制作、选择、编辑、审查、发布等行为，或与直播公会、主播存在分工合作时，属于网络内容服务提供者；当网络直播平台未对直播内容进行上述干预，仅仅提供技术服务时，属于网络技术服务提供者。但事实上这一分类方式对于网络直播平台并非科学合理。而从功能特征来看，网络直播平台从外观上与信息存储空间具有相似性，但区别也是明显的，甚至可以说存在本质上的特殊性和差异性。此外，国外学者也近乎牵强地将网络直播平台解释为自动传输服务提供者。网络直播平台法律性质的认定困境反映出自 DMCA 开始延续到中国的四类网络服务提供者的分类方法存在极大的不确定性。此外，这一分类方法明显基于信息网络传播权，对网络著作权的其他领域缺乏包容性，适用范围显得狭窄而保守。

一、美国模式对网络直播平台著作权侵权制度的影响

美国于 1998 年制定了 DMCA，DMCA 共分五个部分，其中第二部分"网络版权侵权责任限制法案"通过 14 个条款规定了网络服务提供者提供的服务及涉及版权侵权诉讼时的责任承担范围。DMCA 将第二部分作为《美国版权法》的新条款，在《美国版权法》第 5 章"侵犯版权和救济"中增设为第 512 条。DMCA 的最大亮点和影响最广的规则即明确四类网络服务提供者（短暂传输、系统缓存、面向用户的系统或网络信息的储存、信息定位工具）在

版权侵权行为中的责任限制，此外通过一系列配套规则对上述免责规则进行辅助规制。

美国模式的制度机理是由"避风港"规则中若干具体规则及其相互关系构成的，其中具有代表性并发挥关键作用的是"通知—删除"规则、免责排除（过错认定）规则和特别义务条款。

第一，DMCA建立了适用于信息存储空间和信息定位工具两类网络服务提供者的"通知—删除"规则。"通知—删除"规则不同于"避风港"规则：一方面，"通知—删除"规则是美国模式的主要代表性元素，也是"避风港"规则的中心；另一方面，"通知—删除"规则只适用于上述两类网络服务提供者，而对于短暂传输和系统缓存两类网络服务提供者，只要符合法定免责条件即完全免责，[1]而不受"通知—删除"规则约束。

"通知—删除"规则从形式上看是一种技术性安排，即权利人向网络服务提供者发送侵权通知，网络服务提供者收到通知后删除通知中所指的涉嫌侵权内容或断开其链接。实践中，由于不负主动审查和监控义务，网络服务提供者"明确知晓"侵权行为的情形较为少见，而版权人的"通知"则成为网络服务提供者对侵权行为"实际认知"的主要途径。网络服务提供者只要收到了版权人发送的合格、有效通知，就推定其已经知晓侵权内容存在于其提供的网络服务中，此时，网络服务提供者如果及时、迅速地删除侵权内容或断开链接，则获得了进入"避风港"的资格（当然最终是否能够免责还要看其是否满足其他条件）。如果网络服务提供者收到通知后未对通知内容进行初步核实，或者认定通知有效而未对侵权内容采取措施，则无异于网络服务提供者放任和支持直接侵权行为，为直接侵权行为提供了"实质性帮助、引诱或因果联系（Material Contribution, Inducement, or Causation）"[2]，从而从法理上符合版权间接侵权理论。

"通知—删除"规则规定了合格、有效"通知"成立的法定要求，以及

---

[1] "可见，《信息网络传播权保护条例》第20条的立法目的就是让网络自动接入和传输服务提供者完全免责，……'通知与移除'规则对于此类服务提供者并不适用"，见王迁：" 论'通知与移除'规则对专利领域的适用性——兼评《专利法修订草案（送审稿）》第63条第2款"，载《知识产权》2016年第3期。

[2] Perfect 10, Inc. v. Visa International Service Association, 494 F.3d 788, (9th Cir. 2007).

如果"通知"不符合要求所产生的法律效果（即程序要件），实际上确立了三个重要规则：一是提供主张权利的作品、指出涉嫌侵权内容并足以使网络服务提供者定位到该内容、提供联系方式使网络服务提供者能够联系到投诉方三个条件[1]属于合格、有效"通知"的实质性要件，其中尤以能使网络服务提供者定位到侵权内容为关键；二是投诉方通知如果不符合实质性要件，则不认为网络服务提供者已经知晓侵权事实；三是投诉方通知如果含有实质性要件，但存在其他瑕疵，则网络服务提供者负有及时联系投诉方或采取其他步骤协助接收合格通知的义务，如果网络服务提供者未尽该义务，则不能免责。

从规则效力和规范属性上看，"通知—删除"规则属于免责条件而非归责条件。综合第512条在《美国版权法》中的地位、第512条的整体结构、"通知—删除"规则的自身逻辑以及配套措施"反通知"规则，在网络服务提供者事先不知道侵权事实、侵权事实不明显的情况下，如果版权人向网络服务提供者发送了合格、有效通知，网络服务提供者又及时进行了删除、屏蔽访问或断开链接，则法律认为网络服务提供者对于侵权行为不存在主观过错，无需承担帮助侵权责任。但如果网络服务提供者未采取上述行动，则并不必然认定其存在主观过错、应当承担帮助侵权责任。

此外，从"通知—删除"规则的配套措施来看，第512条第（g）款同时规定了"反通知"规则。"反通知"规则从反面规定了网络服务提供者不对与其存在商业合作或合同关系的签约用户（subscriber）承担责任的条件，这就进一步说明了，DMCA的立法者对于版权人发出通知的真实性是持怀疑，至少是不确信态度的。

第二，DMCA明确了网络服务提供者的免责排除（过错认定）规则。一是对于短暂传输和系统缓存服务提供者而言，除了系统缓存服务提供者第（D）和（E）目外，其他过错构成均体现为网络服务提供者的积极作为或主观追求，从传统过错分类来看应属"故意"，而系统缓存服务提供者第（D）目则既可能属于"故意"，也可能属于"过失"（网络服务提供者过失未对访

---

[1] 即第512条第（c）款第（3）项第（A）目第（ⅱ）（ⅲ）（ⅳ）三个要件。

问内容进行限制)。二是对于信息存储空间和信息定位服务提供者来说,第512条第(c)款第(1)项第(A)目规定的三个免责[1]条件都包含了对网络服务提供者主观因素的规定,且须同时满足,而第(B)目对于替代侵权的免责条件中,从侵权行为中"直接获利"应属信息存储空间和信息定位工具服务提供者的主观过错。三是建立了"红旗规则"并明确网络服务提供者不负主动审查义务。"红旗规则"是建立在网络服务提供者不对网络中的版权侵权行为负主动审查义务的理论基础之上的。关于"红旗规则"下网络服务提供者的过错认定规则,《DMCA报告》认为应当同时采取主观标准和客观标准,即在确定网络服务提供者是否意识到"危险信号"("红旗")时,应当确定网络服务提供者对于相关事实的主观意识;但是在判定这些事实是否构成"危险信号"时,应当采用客观标准,也就是侵权行为在相同或类似情况下对于从事活动的"理性人(reasonable person)"来说是否明显。[2]值得一提的是,美国法院在判例中结合"红旗规则"发展进一步解释了网络服务提供者不负主动审查义务的具体适用标准,即:即使网络服务提供者对用户的直接侵权行为有大致的了解,但如果对具体侵权行为没有认知,则也没有义务主动审查或采取措施降低侵权风险。

第三,第512条规则体系中,除免责条款外,还存在一些基于其行为特性而设立的特别义务条款,包括公开网络服务提供者的名称和联系方式、披露网络用户的身份信息、停止向反复侵权者提供服务和不得妨碍技术措施。其中,停止向反复侵权者提供服务和不得妨碍技术措施是所有网络服务提供者都必须遵守,且获得免责的前提要求、门槛资格和通用条件。上述条款本质上属于法律直接为网络服务提供者设定的特殊义务,违反这些条款并不必然与侵权行为有关或必然承担侵权责任,而有可能承担违反法定义务的某些法律责任。

Square Ring案是美国模式下网络直播平台版权侵权的司法实践典型案例,被认为可能是美国最早的网络直播平台版权侵权案件。该案中,法院认为网络直播适用DMCA"避风港"规则,认定网络直播平台属于网络服务提供者,

---

[1] 第512条第(c)款第(1)项同时适用于信息定位工具服务提供者。
[2] Senate Report 105~190, 105th Congress, 2nd Session, p.44.

符合进入"避风港"的资格门槛。然而由于该案属于对即决判决动议的裁决,法院并未进一步分析网络直播平台具体属于四类网络服务提供者的哪一类。同时,对于"事前通知"是否属于合格、有效通知,网络直播平台在直播进行过程中收到通知后处理是否"迅速"和及时,乃至"通知—删除"规则是否适用于网络直播平台均未给出明确结论。

二、建立在中国模式基础上的网络直播平台著作权侵权制度

网络直播平台是一类特殊的网络服务提供者,其从外观上看,与传统信息网络传播权保护中的"信息存储空间"服务提供者十分类似,但行为模式又具有特殊性;此外,网络直播平台作为一类网络平台,其主要涉及的网络直播行为与信息网络传播行为在著作权法意义上也有着本质区别。在中国现行法律规范体系下,网络直播平台著作权侵权制度缺乏独立性,依附于网络服务提供者侵权制度一般规则。因此,研究网络直播平台著作权侵权制度,就须对其本土规范基础——中国模式的形成和发展、理论建构和规则体系以及司法实践影响进行重点分析,把握中国模式的发展脉络、制度机理和适用规则。这是准确考察和评价网络直播平台著作权侵权制度在中国运行现状的理论基础。

(一) 中国模式的理论建构和规则体系

鉴于中国模式的形成过程,在中国,网络服务提供者侵权制度呈现通用化特点,网络侵权责任条款与其他规范(主要是信息网络传播权保护的具体规则)之间具有较强的协同性和互补性。换言之,由于网络服务提供者侵权制度首先产生于信息网络传播权领域,此后扩展到其他民事权益,而具体运行规则又再次在信息网络传播权领域得到建立,因此在个案的法律适用上往往呈现出特别法与一般法互相影响、互相补充的紧密互动现象。

1. 主体范围和权利客体的扩大。《侵权责任法》第 36 条在规定网络服务提供者侵权责任时并未如《信网权条例》一般列举具体类型,而是借鉴欧盟和日本经验,对主体范围进行了抽象扩大,从而突破了美国模式。《民法典》网络侵权责任条款对《侵权责任法》第 36 条的承继和延续,无疑因其法律位阶进一步强化了"网络服务提供者"主体范围的普适性。中国模式对于网络

服务提供者范围和类型开放式的立法态度对于增强制度张力，及时将商业实践中出现的新型主体纳入既有法律规制范围具有重要意义。同时，中国模式将被侵害权利客体范围进行了扩张，不限于信息网络传播权，但实际也并没有且不可能扩展到全部民事权益，而仅是对可以"信息化"并可能在网络环境中被侵害的权利进行保护。

2. 形式上与传统民法理论相兼容。中国模式脱胎于美国模式，移植和借鉴了其制度基因和主要规则。由于中国一贯采用大陆法系注重体系化的立法传统，中国模式在形成、确立和发展的过程中必然伴随着与传统民法理论的碰撞与兼容，从形式上看，中国模式完成了这种兼容，主要体现在侵权行为形态的融合和免责条件的改造两个方面。

一是侵权行为形态的融合，中国模式通过区分提供作品行为和提供服务行为，事实上确立了直接侵权和间接侵权二分法；同时把间接侵权纳入侵权法共同侵权规则，将网络服务提供者因实施网络服务提供行为而承担的间接侵权责任划分为教唆和帮助两种类型。二是从规范属性上将美国模式的免责条件改造为归责条件，形式上为在中国法律体系下本来就仅是归责条件同义反复的免责条件在民法体系中找到了归宿。

3. 过错认定规则的发展。中国模式在对网络服务提供者过错的认定规则上并未遵循传统民法"故意""过失"的界定方法，而是参照美国模式，逐渐形成了以"明知+应知"的过错主观要件为统领、具体认定标准作为考量因素的过错认定规则模式。中国模式过错认定规则具有六大特点：一是美国模式烙印较深。二是在融入传统民法体系的过程中，同步对过错认定规则进行了改造和调整，使其形式上适应传统侵权法的规则结构。三是体现平衡各方利益，特别是不过度倾向网络服务提供者的司法政策导向。四是反映实践要求，包括确立鼓励过滤筛查规则，"红旗规则"的具体化等。五是既有概括式规定也有列举式规定。六是上述法律、法规、司法解释的具体规则可以相互参照适用，整体上体现中国特色。

4. "必要措施"理论。将"通知—删除"规则改造为"通知—必要措施"规则是中国模式的重要特征。按照《侵权责任法》第36条第2款的规定，必要措施包括删除、屏蔽、断开链接、其他必要措施。《民法典》延续了这一规定。必要措施理论主要有三个方面内涵：一是在规范属性整体上改造为归责条件后，必要措施成为过错构成的客观要件。二是在"及时性"上确立了四个方面考量标准，即通知本身的有效性、采取措施的难易程度、网络服务的性质以及所涉作品的类型、知名度、数量等。三是对必要措施的范围采取开放式规定，不限于"删除、屏蔽、断开链接"，具体判断标准则是与制止侵权行为以及网络服务提供者自身负担相适应的"比例原则"。

（二）新型案例对中国模式的影响

近年来，随着网络技术的飞速创新发展，新兴网络服务类型也不断涌现，相伴而来新兴的服务模式也对网络环境下相关权利的保护提出了新的课题。"阿里云"案、"阿鲁克"案和"微信小程序"案三件典型案例分别涉及云服务提供商、域名解析商和微信平台等新型网络服务提供者，从服务性质来看均与传统网络服务提供者存在区别，相关司法观点对主体的定性、具体规则的适用和侵权责任的界定展现了司法机关对中国模式的理解，具有重要意义。三案明确了以下几个问题：一是对于不属于传统四类网络服务提供者的新型主体侵权案件，应适用《侵权责任法》第36条，同时具体认定规则可以参照《信网权条例》《信网权司法解释》《网络人身权司法解释》等。二是在对新型网络服务提供者性质认定方面，在无法归入和类比传统四类主体时，可以不从正面认定其具体性质而直接根据上述规范性文件判定其法律责任。三是依据特别法上的规定对"有效通知"的标准进行界定。四是对必要措施的认定规则予以明确，即坚持合理、审慎原则下，综合考虑权利类型、服务性质、具体侵权行为、争议场景、行业惯例等因素，平衡权利人、行业发展和网络用户利益，不超过必要限度。同时，"转通知"可以成为必要措施。

三、中国模式下网络直播平台著作权侵权制度的困境与成因

中国现行法律规范体系下，网络直播平台作为一类新型网络服务提供者，在发生著作权侵权时，应当且只能在网络服务提供者侵权制度中国模式的一般规则框架内进行侵权责任认定。这就形成了中国网络直播平台著作权侵权制度运行的应然逻辑，即理论上的侵权责任认定逻辑。事实上，司法实践中法院也是依照这一逻辑进行审理和裁判的。然而，司法实践貌似公正合理的

结论背后，不仅遗留了不少深层次问题，个案本身也存在争议，暴露了运用中国模式解决网络直播平台著作权侵权责任认定问题的制度性障碍。此外，结合网络直播及网络直播平台的基本特征和商业模式，不难推理出中国网络直播平台著作权侵权制度可能面临的更大困境。而困境产生的成因一方面囿于中国模式的规范渊源——美国模式的制度基因局限性，另一方面也源自中国模式自身建构上的制度缺陷。

(一) 司法实践

在"爱奇艺诉YYHD"案、"爱奇艺诉虎牙"案、"新浪诉虎牙"案等涉及网络直播平台著作权侵权责任的典型案例中，各级法院无一例外采用了中国模式下网络直播平台著作权侵权制度的应然逻辑。然而，在个案中，不同法院却对一些问题存在争议：一是在均认可涉案作品具有较高的知名度的前提下，是否就此推断侵权行为明显，以及网络直播平台是否应当由此必然产生较高注意义务。二是关于涉案网络直播平台是否积极采取了预防措施、设置了便捷程序接收通知问题。三是预警函的效力，以及网络直播平台收到预警函投诉后采取的措施是否合理问题。四是关于网络直播平台直接获得经济利益的判断标准问题。此外，与美国Square Ring案类似，上述案件中法院也遗留了一些问题：一是关于网络直播平台的具体法律定性问题。二是上述个案事实之外，对过错认定问题的挑战。三是网络直播平台直接获得经济利益的判断标准、较高注意义务的界定问题。四是在"通知—必要措施"规则方面，预警函的效力问题以及侵权发生同时发送通知对应的必要措施问题。

(二) 中国模式下网络直播平台著作权侵权制度的困境

中国模式对于网络直播平台因直播活动产生的著作权侵权责任提供了理想化的解决路径。然而结合本书第一章关于网络直播及网络直播平台类型、特点、商业模式等分析，网络直播平台著作权侵权责任的认定在适用中国模式的实践上或实然逻辑上却可能存在严重困境。

1. 直接侵权与间接侵权的区分困境。网络直播平台著作权侵权责任的认定，首要问题是区分网络直播平台的行为属于直接侵权行为还是间接侵权行为，进而按照不同的责任认定规则确定其承担直接侵权责任还是间接侵权责任。作为网络内容服务提供者直接实施侵权行为、承担直接侵权责任自不待言，而通过分工合作方式与网络用户共同实施侵权行为，司法解释并未作出清晰、明确的界定。司法实践中对于"分工合作"的认定标准是比较低的，即在认定《信网权司法解释》第4条"分工合作"时，并不考虑被告之间对于具体侵权行为是否存在意思联络或分工合作，而是从商业模式角度进行考量，只要行为人存在商业合作关系，基于这种合作关系其中一方实施了侵权行为，则直接推定其他合作方对侵权行为存在意思联络，应负共同侵权责任，而并不考虑商业合作模式本身的"实质性非侵权用途"。在网络直播平台的商业模式下，如果主播提供的直播内容中出现著作权侵权行为，类推适用《信网权司法解释》第4条关于"分工合作"的规定及相关司法实践认定标准，网络直播平台与主播之间存在"分工合作"是显而易见的，而网络直播平台将很难证明其"仅提供网络服务"，从而导致网络直播平台普遍承担直接侵权责任，这显然对网络直播平台是不公平的。

2. 过错认定规则的困境。

第一，由于通过网络直播方式对网络游戏、体育赛事节目进行有偿或无偿传播和推广本身就是相关权利人和行业重要的运营模式，简单适用中国版"红旗规则"认定网络直播平台只要存在上述行为就对其中可能存在的侵权行为具有过错显然不符合行业实际。网络直播平台通过首页提示、排行榜、提供名称链接等"明显可以感知"的方式对热门体育赛事节目、网络游戏进行推荐并不能当然推定其存在过错，还应辅之以"明显不可能获得授权"等前提，这实际上就使中国版"红旗规则"失去了在网络直播领域适用的独立价值。

第二，如果参照和类推适用信息网络传播权领域的"应知"认定标准，网络直播平台无论事前、事中、事后，可能都不得不采取一定的主动审查和监控措施，实际上科以其主动审查义务，但如果固守网络直播平台不负主动审查义务的规则，又可能使对于"明显"侵权行为推定为"应知"的认定标准落空。

第三，《信网权司法解释》对"直接获利"规则进行了改造，既未坚持将其规定为免责条件，也未明确将其规定为归责条件或过错认定的标准，而是规定网络服务提供者从网络用户提供的作品中直接获得经济利益的，对网络用户的侵权行为"负有较高的注意义务"。而根据司法判例,被告与游戏用户签订合作协议,并在涉案游戏短视频播放窗口下方和评论区上方设置广告位,与签约用户共享短视频带来的收益即被法院认定为构成"直接获利"。[1] 套用这一标准,网络直播平台的经营模式毫无疑问应被认定为"直接获利",这就会导致网络直播平台普遍负有较高注意义务,甚至只要主播实施侵权行为,网络直播平台就具有过错。且不论这一标准是否公平,至少与"不负主动审查义务"的规定又产生了冲突和矛盾。

3. "通知—必要措施"规则的失灵。

第一,在网络直播活动中,由于网络直播具有即时性特点,直播内容一经而过,仅在网络上停留极短的时间。除非主播提前预告直播内容,权利人根据这一线索定向锁定主播并等待直播内容播出,否则几乎无法及时、有效地在浩如烟海的直播内容中发现侵权行为。发现侵权行为尚且不易,发现后对侵权行为进行符合法律规定的固定则更困难,这不仅因为取证与发现侵权行为一样存在时间紧迫的问题,还涉及维权成本的问题。

第二,权利人在针对网络直播中主播的侵权行为向网络直播平台发送通知时,应当包括自己的身份信息、主张权利作品的权属证明、侵权行为证据等材料,而提供能与侵权行为一一对应的权属证明无疑又为权利人在极短时间内发出通知制造了障碍。这意味着,权利人不仅要在海量直播内容中准确发现侵权行为,还要迅速进行取证固定,并且将权属证明等资料整理好一并发送给网络直播平台,而所有这些准备工作都必须在侵权内容通过网络直播方式一经而过的传播过程中完成。

第三,网络直播平台无法进行初步判断核实并及时采取必要措施。无论是在美国模式的"通知—删除"规则还是中国模式的"通知—必要措施"规则下,网络服务提供者在收到权利人通知后都应当进行初步审核。而对于网络直播平台,要求其在极短的时间内对著作权侵权行为进行初步判断显然是无法做到的。另外,网络直播平台采取必要措施也面临困局。

第四,在网络直播中,一旦有权利人对直播内容向网络直播平台投诉,

---

[1] 广州知识产权法院(2020)粤73民终574~589号系列案件民事判决书。

网络直播平台无论是采取必要措施（如关闭直播间或停止为主播服务）后"转通知"，还是直接将"转通知"作为必要措施，主播都很难在短时间内针对通知内容提出符合法定要求的"反通知"。这将导致"反通知规则"落空，权利人与主播的利益平衡被打破。

（三）困境的成因

尽管从应然逻辑上看，网络服务提供者侵权制度中国模式的具体规则可以涵盖和适用于网络直播平台，然而实际适用中国模式将面临上述多方面困境。探究这些困境产生的原因，根本自然是由于网络直播及网络直播平台的特点和商业模式使然，但从制度设计上看，美国模式和中国模式都存在局限性，两方面原因相互作用共同带来了中国网络直播平台著作权侵权制度的困局。

1. 成因之一——美国模式的制度基因局限性。中国网络直播平台著作权侵权制度困境产生的原因之一是美国模式的制度基因局限性，这体现在：

第一，成立条件方面的局限性。即美国模式在制度设计和产生时由于其所处的时代背景、技术背景等因素而反映在立法思想、立法技术和制度功能方面固有的局限性。一是传播方式的局限性限制了具体规则适用。美国模式的具体规则（如"通知—删除"规则、过错认定规则、"红旗规则"等）是基于其调整交互式传播行为而制定的，即使将网络直播行为纳入其中，这些为交互式传播量身定制的具体规则在运用到网络直播时也会产生不适应性。二是默认网络服务提供者的技术中立性。坚持技术中立思想是美国模式成立的基本条件和思想基础。然而，网络直播平台的服务模式和经营模式则与DMCA设定的网络服务提供者地位和立场迥异，早已超越了DMCA制定时中立、被动的网络服务提供者设定，适用DMCA建立在技术中立思想基础上的相关规则规制网络直播平台是不适宜的。

第二，"通知—删除"规则须有实施的可能性。"通知—删除"规则隐含着一个重要前提，那就是网络服务提供者存在接到通知后对侵权内容进行删除、屏蔽、断开链接的"可能性"。这种"可能性"体现在两个方面：一是网络服务提供者对于其提供的网络服务中存在的侵权内容有控制的权利和能力；二是网络服务提供者能够准确定位和精准删除侵权内容。中国模式通过将"删除"扩展为"必要措施"扩大了"可能性"的范围，但对于网络直播平台来说，连"转通知"等必要措施都无法采取，更遑论"删除"措施。

第三，过度减轻网络服务提供者义务。美国模式具有明显的偏向网络服务提供者、降低网络服务提供者版权保护义务的特点，最能反映这一价值取向的就是"红旗规则"和绝对的不负主动审查义务规则。披着"避风港"规则防弹衣的网络服务提供者一边从网络盗版中获得巨大收益，一边援引DM-CA规避版权保护义务，对于主动采取预防侵权的措施更是缺乏积极性。对于美国模式的这一局限性，美国法院不得不在司法实践中进行变通补救，相当于将某种程度的主动审查义务加回到了网络服务提供者身上。

2. 成因之二——中国模式的自身建构局限性。中国网络直播平台著作权侵权制度困境产生的另一重要原因是中国模式自身存在的制度缺陷局限性：

第一，中国模式对免责条件的僵化改造是困境产生的根本原因。一是《侵权责任法》（及《民法典》）为网络侵权责任设置专条进行规定，本身就存在"应景立法"的嫌疑，从根本上将网络直播平台著作权侵权制度"框死"在这一制度架构中。二是中国模式的僵化改造导致网络直播平台侵权的过错认定规则脱离了传统民法"以注意义务为中心"的模式，而局限在"明知""应知"等具体认定标准中。而法院在司法实践中变通解读"明知""应知"标准，被迫回归注意义务理论，反证出中国模式的僵化局限。

第二，"通知—必要措施"规则的滥用是困境产生的直接原因。一是网络侵权责任条款的制度设计方面。从条文结构上，"通知—必要措施"规则成为两大支柱之一。从调整范围上，"通知—必要措施"规则跃出了"通知—删除"规则的规制范围，成为所有网络服务提供者必须共同遵守的规则。从条款适用关系上，客观上造成"通知"成为"明知"唯一来源的惯性思维和错误理解，进一步加剧了对"通知—必要措施"规则的制度依赖。二是从规范属性改造来看，"通知—必要措施"规则成为归责条件后法律逻辑发生了颠覆性改变，网络服务提供者在收到通知后与其进行初步审核和慎重判断，不如放宽标准，"能删尽删"，避免落入"归责"的风险，造成"通知—必要措施"规则被滥用。三是从必要措施范围来看，其范围不断扩大、标准却不尽一致，渐成泛化之态。特别是"转通知"对阻断侵权、防止侵权后果扩大的意义微乎其微，形式意义大于实质意义。对"通知—必要措施"规则的过度依赖是导致网络直播平台著作权侵权制度困境的直接原因。

第三，替代责任的缺位是困境产生的消极原因。《信网权条例》在引入美国模式时，只移植了"直接获得经济利益"条款，并未一并引入"控制的权利和能力"要件，更未相应确立替代责任规则。其后果是导致"直接获得经济利益"条款处于尴尬境地。网络服务提供者因为"直接获利"而承担侵权责任的原因（可责难性）不仅仅是"直接获利"本身，更重要的在于网络服务提供者对用户行为具有控制的权利和能力，同时又从中直接获利，但却未阻止第三方主体从事著作权直接侵权行为。在网络直播平台著作权侵权制度中，由于替代责任的缺失，单独评价"直接获利"进而认定存在过错的方法空洞且无力。

四、对策与展望

（一）放弃美国模式制度样板

面对中国模式的消极影响，无论选择何种改造模式，放弃美国模式制度样板可以说已经成为业内共识和"最大公约数"。一是摈弃免责规定，将"避风港"规则这种带有时代烙印、明显偏向网络服务提供者利益、在复杂法律关系中专为某一类群体开绿灯、颁发免死令牌的歧视性立法政策扫入历史垃圾堆。二是降低对"通知—必要措施"规则的依赖性，一方面解除了悬在网络服务提供者头上的"达摩克利斯之剑"，另一方面对于网络服务提供者过错评价将更加灵活、全面，而非局限于某一具体规则的执行效果。

（二）新视野下的网络服务提供者侵权制度

在摈弃美国模式制度样板的基础上，应对网络服务提供者侵权制度中国模式进行"大改"，将网络服务提供者侵权制度融入传统民法中安全保障义务制度。安全保障义务指开启、维持社会交往空间，或者可能给他人权益带来危险的人，应对他人人身、财产权益免受侵害采取必要保障措施的注意义务。从法理上看，安全保障义务的理论依据主要是维护公共安全、民法中的诚实信用原则、危险控制理论、"收益—风险"相一致原理和节约社会总成本理论。比较法上，大陆法系的安全保障义务均是"法官造法"的产物；英美法系则通过"注意义务"来规制安全保障义务。

在中国,安全保障义务由《人身损害赔偿司法解释》引入,《侵权责任法》首次将该制度在法律上予以明确并通过《民法典》承继和完善。此外,《消费者权益保护法》等法律法规也从特别法角度规定了安全保障义务。《民法典》规定"经营场所、公共场所的经营者、管理者"与"群众性活动的组织者"共同作为中国法上安全保障义务的义务主体。安全保障义务本质上是一种法定义务,但不排除通过合同对其进行明确、具体约定,从这一理解出发,安全保障义务的义务来源主要是法律规定、合同约定、行业标准和诚实信用原则下的善良管理人义务。安全保障义务产生的损害赔偿责任,本质上属于一种不作为责任,其成立至少需要两个条件:一是当事人之间并非普通社会关系,而是存在于某种特定关系中,或者一方当事人开启了某种危险源;二是义务人存在过错,即故意或过失地未履行法定义务。可见,安全保障义务侵权责任属于过错责任。中国法上安全保障义务侵权责任的性质有两种情形:一是安全保障义务人自己未尽到注意义务导致他人发生损害,承担直接侵权责任;二是第三人介入实施了侵权行为,但是安全保障义务人由于未尽到安全保障义务,未能防止或制止第三人实施侵权行为,或者导致第三人损害后果扩大,此时应承担相应补充责任。

在现行中国法律体系中,网络服务提供者侵权制度(网络侵权责任)与安全保障义务制度分属不同的系统,互相独立且泾渭分明。而事实上,安全保障义务制度具有高度一般适用性,在民法体系中发挥着重要作用,与网络服务提供者侵权制度具有内在契合性,可以将后者融入其中,从而根本上实现对中国模式的重塑。首先是法理上的正当性。网络服务提供者本质上是开启了网络环境中的社会交往关系,实现了社会公众之间的互联互通。同时,也带来了侵害他人合法权益的巨大风险。网络服务提供者只不过把这种社会交往关系和危险源从实体空间搬到了虚拟空间,不仅本质没有变,反而随着网络的放大效应使公众参与数量与危险性较实体空间大大提升,且呈现一定程度的不可知性。从理论依据上看,安全保障义务是完全可以适用于网络环境、虚拟空间的。其次是行为类型上的一致性。大多数情形下,安全保障义务是一种作为义务,违反这一义务产生的侵权责任是不作为责任。网络服务提供者侵权责任也是一种不作为责任，网络服务提供者除了应在事后履行防止损害结果扩大的必要措施义务，还应在事前、事中尽可能做好风险防控义务，任何一项保障义务没有尽到，都可能产生不作为责任。比较法上，德国法院通过司法判决将包容性更强的安全保障义务运用于网络空间。

实现将网络服务提供者侵权制度接入安全保障义务，除了从法理上论证其内在契合性外，还应从制定法角度，对现行安全保障义务制度载体进行调整。一是改造责任承担方式，在安全保障义务侵权责任中增加连带责任。在第三人介入导致他人损害引起的侵权责任中，安全保障义务人实际上既可能承担补充责任，也可能承担不真正连带责任。而不真正连带责任正是网络服务提供者侵权责任发生的一般情形。二是引入替代责任。第三人利用安全保障义务人提供的场所、构建的环境、组织的活动（即利用了危险源），实施了侵权行为，而安全保障义务人不仅怠于采取合理防范措施，还从第三人的侵权行为中直接获得了经济利益。此时，安全保障义务人理应承担比第二种情形更重的侵权责任，也即符合替代责任的成立条件。网络服务提供者的安全保障义务中引入替代责任，可以使其责任承担方式更加全面、科学、合理。同时，网络直播平台著作权侵权制度面临的这一困境也可以迎刃而解。

（三）安全保障义务下的网络直播平台著作权侵权制度

在安全保障义务范畴下构建网络直播平台著作权侵权制度，首先应转换思维：网络直播平台著作权侵权责任的产生是由于网络直播平台作为为直播参与主体开展各类直播活动提供软硬件服务和虚拟场所的经营者，不仅开启、参与了网络直播活动的社会交往，还客观上使其经营管理的平台产生大规模著作权侵权的危险，而网络直播平台疏于采取防范和消除侵权危险的措施，未尽注意义务，使得权利人遭到侵害的损害后果得以发生。鉴于这一逻辑，安全保障义务下的网络直播平台著作权侵权制度应以网络直播平台"注意义务"为制度内核和体系中心，重点围绕安全保障义务的来源、注意义务的内容及违反安全保障义务的责任承担三个方面进行制度设计。

1. 义务来源。网络直播平台著作权安全保障义务首先来源于法律、行政法规、部门规章、司法解释等规范性文件。其次，网络直播平台著作权安全保障义务不应忽视行业规范的重要作用，符合行业实际、反映行业自律的行业规范是网络直播平台注意义务的重要来源。最后，在法律法规、部门规章、司法解释、行业规范等均未明确规定的特殊场合，网络直播平台是否有义务对某些可能发生著作权侵权风险的情形采取合理、必要措施进行防范，应当按照"善良家父"的标准进行判断，考察网络直播平台是否尽到了善良保护权利人的义务。

2. 注意义务的内容。安全保障义务下网络直播平台著作权侵权制度中，注意义务是其制度内核，合理确定注意义务的内容和范围至关重要，这将给网络直播平台和权利人带来相对稳定的预期。

第一，应对现有制度资源进行合理取舍，这包括对不负主动审查义务的突破、"应知"标准和"红旗规则"的扬弃、减少对"通知—必要措施"规则的过度依赖，以及改造直接获利规定。

第二，应要求网络直播平台承担一定的主动审查义务。一方面，无论从技术条件、中外法治实践还是成本负担来看，要求网络服务提供者承担一定的主动审查义务是具有正当性的。另一方面，在网络直播平台著作权主动审查义务的实现方式上，内容过滤技术已经较为成熟，能够对网络直播平台上留存时间很短的直播内容进行过滤，此外还应配套建立主动审查的运行机制。

第三，应要求网络直播平台加强与权利人合作。首先，网络直播平台在使用内容过滤技术时必不可少应与权利人或著作权集体管理组织建立畅通的合作机制，不断更新版权库。其次，网络直播平台还应打通版权库与在线授权系统。最后，网络直播平台在建立版权库、建设在线授权系统的过程中，还应及时跟踪采用前沿科技成果，提高著作权保护效能，如积极利用 NFT 等区块链技术打造在线授权系统，这自然离不开与权利人的深度合作。

第四，网络直播平台应加强事后管理，并将事后管理与日常监管融为一体。首先，网络直播平台应建立直播内容留存制度。其次，应加强网络直播平台在制止重复侵权方面的科学管理。再次，网络直播平台应学习国外经验，在对主播进行的日常教育、管理、培训的过程中，应进一步完善著作权教育。最后，网络直播平台还应充分发挥直播公会的管理作用。

3. 责任承担方式。网络直播平台著作权安全保障义务的侵权责任性质有直接侵权责任、第三人介入下的连带责任和替代责任。

第一，对于直接责任和连带责任的承担，应通过分析网络直播平台违反的是"不作为义务"还是"作为义务"以及是否处于社会交往活动中进行区分：①网络直播平台因管理不善（物理风险，无第三人介入）导致权利人损害的，认定为违反安全保障义务（作为义务）的直接侵权责任；②单纯第三人介入，如主播利用平台服务实施侵权行为的，如果网络直播平台未尽注意义务（作为义务），则承担连带责任；③网络直播平台积极实施了侵害著作权的行为（违反不作为义务），认定为主动加害行为性质的直接侵权责任，此时与安全保障义务无关；④第三人与网络直播平台存在商业合作，第三人又实施侵权行为的，由于商业合作本身就属于参与到了网络直播平台开启的社会交往活动中，网络直播平台应对这种社会交往潜在风险进行防范，否则应认定为违反第三人介入情形下的安全保障义务（作为义务），应与该第三人承担连带责任。

第二，对于替代责任的承担，应结合网络直播平台盈利模式考虑直接获利的认定问题及如何承担更高注意义务。其中，对于用户打赏而言，现行商业模式下，网络直播平台对于用户打赏是明显存在直接获利的，因此考察替代责任的重点应是针对具体案件、具体涉案行为（危险源），网络直播平台有无控制的权利和能力、是否尽到控制义务。对于广告收益，应注意识别和区分专业电商直播和其他直播中商业植入两种情况。此外，直接获利的判断只与认定网络直播平台是否具有侵权危险源控制的权利和能力、是否尽到控制义务（更高的注意义务）、最终是否承担替代责任有关，不应作为赔偿金额的唯一考量因素。

参考文献

一、著作

1. 陈鹏主编：《中国互联网视听行业发展报告（2020）》，社会科学文献出版社 2020 年版。

2. 刘文富：《网络政治——网络社会与国家治理》，商务印书馆 2002 年版。

3. 邵培仁：《传播学》，高等教育出版社 2007 年版。

4. 王迁：《网络环境中的著作权保护研究》，法律出版社 2011 年版。

5. 程啸：《侵权责任法》，法律出版社 2015 年版。

6. 王泽鉴：《侵权行为》，北京大学出版社 2009 年版。

7. 王泽鉴：《民法学说与判例研究》，北京大学出版社 2009 年版。

8. 王迁：《著作权法》，中国人民大学出版社 2015 年版。

9. 崔国斌：《著作权法：原理与案例》，北京大学出版社 2014 年版。

10. 宋木文："我与中国版权立法、修法二十年"，载刘春田主编：《中华人民共和国著作权法三十年》，知识产权出版社 2021 年版。

11. 张建华主编：《信息网络传播权保护条例释义》，中国法制出版社 2006 年版。

12. 全国人大常委会法制工作委员会民法室编：《〈中华人民共和国侵权责任法〉条文说明、立法理由及相关规定》，北京大学出版社 2010 年版。

13. 最高人民法院侵权责任法研究小组编著：《〈中华人民共和国侵权责任法〉条文理解与适用》，人民法院出版社 2016 年版。

14. 最高人民法院民法典贯彻实施工作领导小组主编：《中华人民共和国

民法典侵权责任编理解与适用》，人民法院出版社 2020 年版。

15. 张新宝主编：《互联网上的侵权问题研究》，中国人民大学出版社 2003 年版。

16. 靳学军、宋鱼水主编：《互联网的理性与秩序——网络侵权法律适用与经典案例精析》，人民法院出版社 2006 年版。

17. ［德］西尔克·冯·莱温斯基：《国际版权法律与政策》，万勇译，知识产权出版社 2017 年版。

18. ［德］约格·莱因伯特、西尔克·冯·莱温斯基：《WIPO 因特网条约评注》，万勇、相靖译，中国人民大学出版社 2008 年版。

19. ［美］朱莉·E. 科恩，莉蒂亚·P. 劳伦，罗斯·L. 欧科迪奇，莫林·A. 奥洛克：《全球信息经济下的美国版权法》，王迁、侍孝祥、贺炯译，商务出版社 2016 年版。

20. 王迁：《版权法对技术措施的保护与规制研究》，中国人民大学出版社 2018 年版。

21. 陈卫佐译：《德国民法典》，法律出版社 2010 年版。

22. 张新宝：《侵权责任法》，中国人民大学出版社 2010 年版。

23. 徐爱国编著：《英美侵权行为法》，法律出版社 1999 年版。

24. 宋哲：《网络服务商注意义务研究》，北京大学出版社 2014 年版。

25. ［德］克雷斯蒂安·冯·巴尔：《欧洲比较侵权行为法（上卷）》，张新宝译，法律出版社 2001 年版。

26. ［德］克雷斯蒂安·冯·巴尔：《欧洲比较侵权行为法（下卷）》，焦美华译，法律出版社 2001 年版。

27. 黄薇主编：《中华人民共和国民法典侵权责任编释义》，法律出版社 2020 年版。

28. 王胜明主编：《中华人民共和国侵权责任法解读》，中国法制出版社 2010 年版。

29. 王胜明主编：《〈中华人民共和国侵权责任法〉条文解释与立法背景》，人民法院出版社 2010 年版。

30. 王乃考：《直播经济："互联网 + 泛娱乐"时代的连接变革》，中国铁道出版社 2017 年版。

31. 熊琦：《著作权法中的私人自治原理》，法律出版社 2020 年版。

32. 李泽清：《网络直播：从零开始学直播平台运营》，电子工业出版社 2018 年版。

二、论文

1. 付业勤、罗艳菊、张仙锋："我国网络直播的内涵特征、类型模式与规范发展"，载《重庆邮电大学学报（社会科学版）》2017 年第 4 期。

2. 王兰燕："网络直播的传播学分析"，载《新余学院学报》2017 年第 1 期。

3. 乔新玉："网络直播的现状、问题及趋势研究"，载《现代视听》2018 年第 9 期。

4. 徐漪、沈建峰："网络直播乱象的根源与治理"，载《产业与科技论坛》2018 年第 20 期。

5. 许向东："我国网络直播的发展现状、治理困境及应对策略"，载《暨南学报（哲学社会科学版）》2018 年第 3 期。

6. 谭畅等："浅析网络直播的定义、特点、发展历程及其商业模式"，载《现代商业》2018 年第 19 期。

7. 张燕："网络直播遭遇成长的烦恼"，载《中国经济周刊》2016 年第 45 期。

8. 游浚、陈心佩："团购网站模式与运行机制比较研究"，载《重庆邮电大学学报（社会科学版）》2016 年第 5 期。

9. 温晨晨："传播学视阈下网络直播先行及其监管策略探析"，载《东南传播》2017 年第 3 期。

10. 张瑜、马高曼："泛网络生存下网络直播的审美反思"，载《湖南大众传媒职业技术学院学报》2016 年第 6 期。

11. 袁爱清、孙强："回归与超越：视觉文化心理下的网络直播"，载《新闻界》2016 年第 16 期。

12. 王宇明、何静："从'使用与满足'看网络直播平台的发展出路"，载《新闻知识》2018 年第 2 期。

13. 黄效唐："中国网络直播平台研究"，载《科技传播》2018 年第 23 期。

14. 陈洁："网络直播平台：内容与资本的较量"，载《视听界》2016 年第 3 期。

15. 戴兵、宋航："网络直播平台收入确认与计量探讨"，载《财会通讯》2019 年第 25 期。

16. 郑成思："侵害知识产权的无过错责任"，载《中国法学》1998 年第 1 期。

17. 吴汉东："试论知识产权的'物上请求权'与侵权赔偿请求权——兼论《知识产权协议》第 45 条规定之实质精神"，载《法商研究》2001 年第 5 期。

18. 冯晓青："著作权法的利益平衡理论研究"，载《湖南大学学报（社会科学版）》2008 年第 6 期。

19. 朱开鑫："网络著作权间接侵权规则的制度重构"，载《法学家》2019 年第 6 期。

20. 李长久："从'信息革命'到'网络社会'"，载《时事报告》1997 年第 8 期。

21. 张保明："克林顿政府的'信息高速公路'计划"，载《信息与电脑》1994 年第 1 期。

22. 张海峰："美国'信息高速公路'建设计划的产生背景、进展、社会经济影响及评价"，载《世界研究与发展》1994 年第 6 期。

23. 周民："世界互联网发展状况一瞥"，载《全球科技经济瞭望》2001 年第 4 期。

24. 李颖："网络环境下版权法的修改——美国《知识产权与国家信息基础设施》白皮书简析"，载《情报杂志》1999 年第 5 期。

25. 梁志文："网络服务提供者的版权法规制模式"，载《法律科学（西北政法大学学报）》2017 年第 2 期。

26. 吴汉东："论网络服务提供者的著作权侵权责任"，载《中国法学》2011 年第 2 期。

27. 谢雪凯："网络服务提供者第三方责任理论与立法之再审视——以版权法与侵权法互动为视角",载《东方法学》2013年第2期。

28. 朱冬："网络服务提供者间接侵权责任的移植与变异",载《中外法学》2019年第5期。

29. 崔国斌："网络服务商共同侵权制度之重塑",载《法学研究》2013年第4期。

30. 宋红梅等："中国互联网产业20年发展轨迹研究",载《中国广播电视学刊》2014年第9期。

31. 李建华、何松威、麻锐："论民法典'提取公因式'的立法技术",载《河南社会科学》2015年第9期。

32. 姚震："论'通知—删除'规则对云服务器提供商的豁免——兼议'转权利人通知'",载《南通大学学报（社会科学版）》2020年第5期。

33. 王艳芳："《关于审理侵害信息网络传播权民事纠纷案件适用法律若干问题的规定》的理解与适用",载《人民司法》2013年第9期。

34. 王迁："'通知与移除'规则的界限",载《中国版权》2019年第4期。

35. 郑鹏："网络服务提供者'避风港'的'中立'前置要件研究",载《北方法学》2020年第4期。

36. 王迁："论'通知与移除'规则对专利领域的适用性——兼评《专利法修订草案（送审稿）》第63条第2款",载《知识产权》2016年第3期。

37. 邓社民："网络服务提供者侵权责任限制问题探析",载《甘肃政法学院学报》2011年第3期。

38. 刘文杰："网络服务提供者的安全保障义务",载《中外法学》2012年第2期。

39. 鲁春雅："网络服务提供者侵权责任的类型化解读",载《政治与法律》2011年第4期。

40. 陈锦川："网络服务提供者过错认定的研究",载《知识产权》2011年第2期。

41. 王迁："著作权法中传播权的体系",载《法学研究》2021年第2期。

42. 王迁："网络环境中版权制度的发展"，载张平主编：《网络法律评论》，北京大学出版社 2008 年版。

43. 王洪、谢雪凯："网络服务商第三方责任之现代展开——立法演进、立法思想与理论基础"，载《河北法学》2013 年第 7 期。

44. 焦和平："网络游戏在线直播画面的作品属性再研究"，载《当代法学》2018 年第 5 期。

45. 章武生、杨严炎："论我国即决判决制度的确立"，载《政法论坛》2002 年第 6 期。

46. 王迁："《信息网络传播权保护条例》中的'避风港'规则的效力"，载《法学》2010 年第 6 期。

47. 谢冠斌、史学清："网络搜索服务商过错责任的合理界定——再评'雅虎案'与'百度案'一审判决"，载《知识产权》2008 年第 1 期。

48. 史学清、汪涌："避风港还是风暴角——解读《信息网络传播权保护条例》第 23 条"，载《知识产权》2009 年第 2 期。

49. 李佳伦："影响网络服务提供者采取措施及时性的因素"，载《当代法学》2017 年第 3 期。

50. 李扬、陈曦程："信息网络传播权侵害中的通知与必要措施规则"，载《政法论丛》2020 年第 2 期。

51. 薛军："民法典网络侵权条款研究：以法解释论框架的重构为中心"，载《比较法研究》2020 年第 4 期。

52. 杨立新、李佳伦："论网络侵权责任中的通知及效果"，载《法律适用》2011 年第 6 期。

53. 杜颖："网络交易平台上的知识产权恶意投诉及其应对"，载《知识产权》2017 年第 9 期。

54. 谢惠加："试论著作权间接侵权规则的法定化——兼论著作权间接侵权规则的经济分析"，载《河北法学》2007 年第 2 期。

55. 吴汉东："侵权责任法视野下的网络侵权责任解析"，载《法商研究》2010 年第 6 期。

56. 景春兰："对雇主'替代责任说'的反思与批判"，载《政法论丛》

2016 年第 4 期。

57. 王杰："网络存储空间服务提供者的注意义务新解"，载《法律科学（西北政法大学学报）》2020 年第 3 期。

58. 周学峰："'通知—移除'规则的应然定位与相关制度构造"，载《比较法研究》2019 年第 6 期。

59. 熊文聪："避风港中的通知与反通知规则——中美比较研究"，载《比较法研究》2014 年第 4 期。

60. 程啸："论我国《民法典》网络侵权责任中的通知规则"，载《武汉大学学报（哲学社会科学版）》2020 年第 6 期。

61. 冯楚奇："网络服务提供者违反"交往义务"的间接侵害著作权责任——基于《民法典》第 1194 条至第 1197 条的法教义学分析"，载《法律适用》2020 年第 14 期。

62. 王思源："论网络运营者的安全保障义务"，载《当代法学》2017 年第 1 期。

63. 张新宝、唐青林："经营者对服务场所的安全保障义务"，载《法学研究》2003 年第 3 期。

64. 杨立新："民法分则侵权责任编修订的主要问题及对策"，载《现代法学》2017 年第 1 期。

65. 刘言浩："宾馆对住客的保护义务—王利毅、张丽霞诉上海银河宾馆损害赔偿上诉案评析"，载《法学研究》2001 年第 3 期。

66. 冯珏："安全保障义务与不作为侵权"，载《法学研究》2009 年第 4 期。

67. 蔡唱："网络服务提供者侵权责任规则的反思与重构"，载《法商研究》2013 年第 2 期。

68. 齐爱民、陈琛："论网络交易平台提供商之交易安全保障义务"，载《法律科学（西北政法大学学报）》2011 年第 5 期。

69. 刘家瑞："论我国网络服务商的避风港规则——兼评'十一大唱片公司诉雅虎案'"，载《知识产权》2009 年第 2 期。

70. 孙艳、周学广："内容过滤技术研究进展"，载《信息安全与通信保密》2011 年第 9 期。

71. 姚志伟："公法阴影下的避风港——以网络服务提供者的审查义务为中心"，载《环球法律评论》2018 年第 1 期。

72. 王筝："网络服务提供者最低义务设置——兼评欧盟《数字化单一市场版权指令》第 17 条"，载《中国出版》2020 年第 6 期。

73. 华劼："社交媒体网络直播版权侵权法律规制研究"，载《科技与法律》2020 年第 4 期。

74. 施小雪、徐春成："论网络交易平台商标侵权判定规则的修正 以事前审查义务为中心的考量"，载《电子知识产权》2015 年第 6 期。

75. 崔国斌："论网络服务商版权内容过滤义务"，载《中国法学》2017 年第 2 期。

76. 张兴忠等："一种高效过滤—提纯音频大数据检索方法"，载《计算机研究与发展》2015 年第 9 期。

77. 王松等："基于图像主色彩的视频关键帧提取方法"，载《计算机应用》2013 年第 9 期。

78. 陈志国、姚瑞虹、张奇："不良视频特征提取与重复检测技术探讨"，载《广播与电视技术》2014 年第 4 期。

79. 姜波："利用智能审核平台对数字内容作品把控的探讨"，载《传媒论坛》2018 年第 5 期。

80. 崔国斌："网络版权内容过滤措施的言论保护审查"，载《中外法学》2021 年第 2 期。

81. 高泽龙等："非同质化代币的应用原理及身份识别场景解析"，载《网络空间安全》2021 年第 1 期。

82. 范锋："网络企业商业模式创新的理论基础和方法研究"，载《北京工商大学学报（社会科学版）》2012 年第 2 期。

83. 贺琼琼："信息自由与版权保护：法国反网络盗版立法最新发展及评述"，载《法国研究》2012 年第 1 期。

84. 康彦荣："英国走向数字化未来"，载《世界电信》2010 年第 4 期。

85. 吕凯、李婷："网络服务提供者的著作权保护责任"，载《天津法学》

2016年第1期。

86. [德]格哈特·瓦格纳著："当代侵权法比较研究",高圣平、熊丙万译,载《法学家》2010年第2期。

三、司法判决

1. 北京市海淀区人民法院（1999）海知初字第57号民事判决书。
2. 北京市第一中级人民法院（1999）一中知终字第185号民事判决书。
3. 深圳前海合作区人民法院（2020）粤0391民初7969号等系列案件民事判决书。
4. 北京互联网法院（2019）京0491民初2830号等系列案件一审民事判决书。
5. 北京知识产权法院（2019）京73民终1783号等系列案件二审民事判决书。
6. 北京知识产权法院（2021）京73民终596号民事判决书。
7. 广州知识产权法院（2020）粤73民终574~589号系列案件民事判决书。
8. 广东省广州市中级人民法院（2008）穗中法民三初字第352号民事判决书。
9. 北京市第一中级人民法院（2014）一中民终字第3201号民事判决书。
10. 北京知识产权法院（2015）京知民终字第1818号民事判决书。
11. 上海知识产权法院（2015）沪知民终字第641号民事判决书。
12. 北京市朝阳区人民法院（2014）朝民（知）初字第40334号民事判决书。
13. 北京高级人民法院（2020）京民再128号民事判决书。
14. 广东省高级人民法院（2018）粤民终137号民事判决书。
15. 北京市第一中级人民法院（2014）一中民终字第3199号民事判决书。
16. 北京知识产权法院（2017）京73民终1194号民事判决书。
17. 北京市石景山区人民法院（2015）石民（知）初字第8279号民事判决书。

18. 北京市海淀区人民法院（2017）京 0108 民初 3395 号民事判决书。

19. 杭州互联网法院（2018）浙 0192 民初 7184 号民事判决书。

20. 杭州市中级人民法院（2019）浙 01 民终 4268 号民事判决书。

21. 北京市海淀区人民法院（2016）京 0108 民初 6679 号民事判决书。

22. 北京知识产权法院（2017）京 73 民终 2037 号民事判决书。

23. 北京市高级人民法院（2019）京民申 2693 号民事裁定书。

24. 广州知识产权法院（2017）粤 73 民终 2133 号民事判决书。

25. 广东省高级人民法院（2018）粤民申 2558 号民事裁定书。

26. 北京市海淀区人民法院（2016）京 0108 民初 25234 号民事判决书。

27. 北京知识产权法院（2019）京 73 民终 3019 号民事判决书。

28. 北京市第二中级人民法院（2000）二中知初字第 128 号民事判决书。

29. 北京互联网法院（2019）京 0491 民初 1601 号民事判决书。

30. 北京市海淀区人民法院（2012）海民初字第 5558 号民事判决书。

31. 北京市高级人民法院（2014）高民终字第 2045 号民事判决书。

32. 上海市浦东新区人民法院（2010）浦民三（知）初字第 789 号民事判决书。

33. 北京市海淀区人民法院（2017）京 0108 民初 15648 号民事判决书。

四、报告

1. 中国互联网络信息中心：第 47 次《中国互联网络发展状况统计报告》。

2. 国务院《关于〈中华人民共和国著作权法修正案（草案）〉的说明——2000 年 12 月 22 日在九届全国人民代表大会常务委员会第十九次会议上》。

3. 全国人大法律委员会《关于〈中华人民共和国著作权法修正案（草案）〉审议结果的报告——2001 年 10 月 22 日在第九届全国人民代表大会常务委员会第二十四次会议上》。

五、外文资料

1. Screen Gems-Columbia Music, Inc. v. Mark-Fi Records, Inc., 256 F. Supp. 399（S. D. N. Y. 1966）.

2. Sony Corporation of Americav. Universal City Studios, Inc. 464 U. S. 417 (1984).

3. Fonovisa, Inc. v. Cherry Auction, Inc. , 76 F. 3d259 (1995).

4. Information Infrastructure Task Force, Intellectual Property and the National Information Infrastructure-The Report of the Working Group on Intellectual Property Rights, (1995).

5. Playboy Enterprises Inc v. Frena, 839 F. Supp. 1552 (M. D. Fla, 1993).

6. Religious Technology Center v. Netcom On-Line Communication Services, 907 F. Supp. 1361 (N. D. Ca. 1995) .

7. Viacom v. YouTube, 2010 U. S. Dist. LEXIS 62829, (SDNY, 2010).

8. Senate Report 105～190, 105th Congress, 2nd Session.

9. Perfect 10, Inc. v. Visa International Service Association, 494 F. 3d 788, (9th Cir. 2007).

10. Infrastructure-The Report of the Working Group on Intellectual Property Rights, (1995).

11. Playboy Enterprises, Inc. v. Russ Hardenburgh, Inc. 982 F. Supp. 503 (N. D. Ohio. 1997).

12. Sega Enterprises Ltd. v. Maphia, 857 F. Supp. 679 (N. D. Cal. 1994).

13. Lemley, Mark A. ; Reese, R. Anthony. "Reducing Digital Copyright Infringement without Restricting Innovation," Stanford Law Review vol. 56, no. 6 (May 2004).

14. UMG Recordings, Inc. , v. Shelter Capital Partners LLC, 667 F. 3d 1022 (9th Cir . 2011).

15. Square Ring, Inc. v. Doe, No. CV 09－563 (GMS), 2015 WL 307840 (D. Del. Jan. 23, 2015).

16. Capitol Records, LLC v. Vimeo, LLC, 972 F. Supp. 2d 500, 536 (S. D. N. Y. 2013) (18 ECLR 2621, 9/25/13).

17. Wolk v. Kodak Imaging Network, Inc, 840 F. Supp. 2d 724, 733, 747 (S. D. N. Y. 2012) (17 ECLR 74, 1/11/12), aff'd sub nom.

18. Wolk v. Photobucket. com, Inc., 569 F. App'x 51 (2d Cir. 2014) (19 ECLR 804, 6/25/14).

19. Metro-Goldwyn-Mayer Studios Inc. v. Grokster, 545 U. S. 913. (2005).

20. Viacom Intern., Inc. v, YouTube, Inc., 676 F. 3d 19, (2d Cir. 2012).

21. Shapiro, Bernstein & Co., Inc. v. H. L. Green Company, Inc. 316 F. 2d 304 (2d Cir. 1963).

22. A & M Records, Inc. v. Napster, Inc. 239 F. 3d 1004 (9th Cir. 2001).

23. Donald P. Harris, Time to Reboot:DMCA 2. 0. 47 Ariz. St. L. J. (2015).

24. U. S. v. Carroll Towing, 159 F. 2d 169, 173 (2d Cir. 1947).

25. Amended Settlement Agreement, Authors Guild, Inc. v. Google, Inc., 93 U. S. P. Q. 2d 1159 (S. D. N. Y. 2009) [No. 05CV. 8136 (DC)], art. 2. 1 (b), 6. 1.

六、网络资料

1. QuestMobile 研究院:《QuestMobile 2019 直播 + X 洞察报告》,载 https://www. questmobile. com. cn/research/report-new/73。

2. 艾媒新零售产业研究中心、艾媒网:《艾媒报告 | 2020 – 2021 年中国直播电商行业运行大数据分析及趋势研究报告》,载 https://www. iimedia. cn/c400/68945. html。

3. 易观千帆:《疫情之下企业直播高速发展遇新机》研究报告,2020 年 4 月 14 日发布,载 https://www. fxbaogao. com/pdf? id = 2000408&query = %7B%22keywords%22%3A%22%E7%96%AB%E6%83%85%E4%B9%8B%E4%B8%8B%E4%BC%81%E4%B8%9A%E7%9B%B4%E6%92%AD%E5%91%8A%E8%AF%89%E5%8F%91%E5%B1%95%E9%81%87%E6%96%B0%E6%9C%BA%22%7D&index = 0&pid = 2383。

4. 艾瑞咨询:《2020 年中国游戏直播行业研究报告》,2020 年 8 月 4 日发布,载 https://www. fxbaogao. com/pdf? id = 2111681&query = %7B%22keywords%22%3A%22%E6%B8%B8%E6%88%8F%8F%E7%9B%B4%E6%92%AD%E6%92%AD%E6%92%AD%E6%92%AD%AD%E8%A1%8C%E4%B8%9A%E7%A0%94%E7%A9%B6%E6%8A%A5%E5%91%8A%22%7D&

E5%91%8A%22%7D&index=0&pid=。

5. 百度百科，https://baike.baidu.com/item/%E5%B9%B3%E5%8F%B0/20155557？fr=aladdin。

6. 《抖音直播 2021 年 5.1 – 5.31 公会月任务说明》，载 https://zhibogonghui.feishu.cn/docs/doccnJQPDvmDNBQIcsLIYhFQqfb。

7. 世界知识产权组织官方网站：《世界知识产权组织版权条约》（WCT）（1996 年）提要，载 https://www.wipo.int/treaties/zh/ip/wct/summary_wct.html。

8. 《世界知识产权组织（WIPO）管理的版权及相关权条约指南以及版权及相关权术语汇编》CT–8.20.，第 166 页，载 https://www.wipo.int/publications/en/details.jsp？id=361&plang=EN。

9. 虎牙直播网站，载 https://www.huya.com。

10. 腾讯体育网站，载 https://kbs.sports.qq.com/#hot。

11. Simon J. Frankel, Ethan Forrest and Virginia Scholtes：How DoesLivestreaming Video Fit into the DMCA's Safe Harbor? Bloomberg Law, September 19, 2015, https://news.bloomberglaw.com/tech-and-telecom-law/how-does-livestreaming-video-fit-into-the-dmcas-safe-harbor。

12. 百度百科，https://baike.baidu.com/item/ERP%E7%B3%BB%E7%BB%9F。

13. 得到头条：《区块链技术怎样促进创意产业？》，载 https://m.igetget.com/share/course/article？id=xzYo2GPNq4W8VEbg6mJejyRBZbnw0d。

14. 搜狐新闻：《阿里 IPmart 创新试验场"落子"非遗纹样 IP》，载 https://www.sohu.com/a/471586724_120988576。

15. 《斗鱼星海平台主播、公会服务协议》，载 https://www.douyu.com/cms/gong/202104/23/18050.shtml。

16. 斗鱼平台《付费内容服务使用协议》，载 https://www.douyu.com/cms/gong/202101/21/17568.shtml。

七、学位论文

1. 汪彤：《中国知识产权保护与 TRIPS 协定的衔接——以民事法律救济

为中心》，华东政法大学 2006 年博士学位论文。

2. 徐瑞鸿：《我国网络环境下著作权之民法保护及其限制》，中国政法大学 2007 年博士学位论文。

3. 何悦：《网络著作权侵权责任研究》，吉林大学 2009 年博士学位论文。

4. 王华：《我国著作权集体管理制度的困境与出路》，武汉大学 2013 年博士学位论文。

5. 徐伟：《网络服务提供者侵权责任理论基础研究》，吉林大学 2013 年博士学位论文。

6. 姜福晓：《数字网络技术背景下著作权法的困境与出路》，对外经济贸易大学 2014 年博士学位论文。

7. 李晶晶：《数字环境下中美版权法律制度比较研究》，武汉大学 2014 年博士学位论文。

8. 严波：《现场直播节目版权保护研究》，华东政法大学 2015 年博士学位论文。

9. 王斌：《网络环境下版权侵权归责制度研究》，武汉大学 2015 年博士学位论文。

10. 王思源：《论网络服务提供者的安全保障义务》，对外经济贸易大学 2018 年博士学位论文。

11. 田辉：《计算机游戏著作权保护问题研究》，重庆大学 2018 年博士学位论文。

12. 孙栋：《著作权法中的传播行为界定研究》，华东政法大学 2018 年博士学位论文。

13. 朱开鑫：《网络服务提供者注意义务研究》，对外经济贸易大学 2019 年博士学位论文。

14. 郝明英：《网络直播节目著作权保护研究》，中国政法大学 2020 年博士学位论文。

后 记

本书是在作者博士学位论文的基础上修改而成的。早在 2020 年底博士论文选题时，导师张楚教授就明确指导我，论文选题要体现知识产权法对于新技术、新模式、新业态的高度敏感性，选择对于现行法律制度具有创新性、对于新兴行业领域（特别是互联网产业）具有前瞻性的视域，同时结合自身研究兴趣和既有科研成果综合考虑。在导师的建议下，我仔细研究了近年来知识产权法学主要研究阵地的知名学者关注热点、博士论文研究主题，考察了国家社科基金 2018 年以来知识产权领域重大项目、年度项目和青年项目的选题方向，充分结合实践工作中积累的对于网络服务提供者侵权制度的研究心得，思考论文选题。

2017 年，我所在的知识产权律师团队先后接手了"阿鲁克案"一审和"阿里云案"二审代理工作。我本人作为代理律师，全程参与了"阿里云案"的二审诉讼，并参与了"阿鲁克案"的分析论证。在"阿里云案"的代理过程中，为了帮助当事人扭转一审不利局面，我们起初将上诉重点确定在"云服务器提供商是一类特殊的网络服务提供者，不能简单、机械套用《侵权责任法》网络侵权责任条款"上。随着诉讼进程的推进和分析研究的不断深入，我们又进一步将论证重点细化和分解开来，我主要负责对"通知"有效性、网络侵权责任条款的适用（包括适用规则、过错判断、必要措施规则等）以及云服务器提供商法律性质等问题的研究。功夫不负有心人，在经过三次庭审、提交了 7 份数万字代理意见和说明材料后，我们迎来了"阿里云案"二审改判胜诉，该案也入选最高人民法院"2019 年中国法院 50 件典型知识产权案例"。值得欣喜的是，我们的主要论证观点被二审法院采纳，大量代理意见被二审判决原文引用。"阿鲁克案"也在此影响下获得胜诉。也正是在"阿里云案"的代理过程中,我对网络服务提供者侵权制度中国模式有了更加理论性和体系化的理解,并对此产生了浓厚的研究兴趣。此后,我将"阿里云案"的研究成果进行总结凝练后发表了《论"通知—删除"规则对云服务器提供商的豁免——兼议"转权利人通知"》一文。

在对网络服务提供者侵权制度中国模式的研究中,我越来越深刻地感受到,这一源自20世纪末美国模式的制度体系,已经逐渐暴露出种种局限性。以"通知—必要措施"规则为核心的制度模式,不仅在规则适用层面难以广泛覆盖各类网络服务提供者(特别是层出不穷的新兴网络平台),出现规则失灵,而且在制度价值层面,以"避风港"(减轻和限制平台责任)为初衷,先验式的立法政策也不断接受着公平正义的拷问。这种起初用于解决互联网发展早期网络平台在信息网络传播权保护领域侵权责任的技术性规则,因其便捷、高效的工具特性被广泛适用之后,实际放弃了以注意义务为中心的抽象认定方法,而纠结于对明知应知、"通知—必要措施"等具体规则的生搬硬套,客观上造成了法治实践中模糊平台差异、忽视不同功能平台在其开启的迥异的网络社会交往空间中应负之安全保障义务的多元性。这种"手段战胜目的"的模式,与其说是路径依赖,又何尝不是一种工具理性压倒价值理性的"片面理性化"呢?

也正是为了将中国模式及其实践困境研究透彻,在广泛调研后,我选择了近年来迅猛发展的网络直播平台这一新兴网络服务提供者作为讨论对象,聚焦于其在著作权侵权领域的制度规则进行深入研究,以期将其作为支点,撬动对网络服务提供者侵权制度中国模式的批判和重塑。某种意义上,也算是阶段性地实现了我从"阿里云案"开始,对于网络服务提供者侵权制度课题的学术研究愿望。

回首通过博士论文答辩的一刻,它不仅证明我已基本完成了攻读博士学位的学术要求,也意味着从本科开始,近20年在法大学习、工作的生涯将告一段落。回顾这段难忘的时光,多少欢笑和泪水历历在目。读博以来,我更深刻地体会到法大作为中国法学教育最高学府对于学术水准的高标准、严要求,鞭策着我不断丰富专业知识、夯实理论基础、关注热点问题、提升创新思维。尤其在负担繁重工作的同时，要求自己必须静下心来阅读大量文献资料、时刻关注知识产权法律制度和司法实践变化发展、撰写高质量的学术论文和学位论文，个中甘苦也许只有自己能够体会。也正是在这种高压（有时甚至是极限高压）之下，我才不仅实现了学术上的升华，还完成了自身能力品质、心态建设和人生目标上的淬炼。当然，这样的飞跃离不开众人的教导、支持、鼓励和鞭策。

首先要感谢我尊敬的导师张楚教授。张老师渊博的知识、深邃的洞察、独特的视角和终身学习的精神令我钦佩！从硕士阶段与张老师结缘，一直到博士毕业，张老师始终用一种慈父般的关爱引领着我。疫情两年以来，张老师虽远在国外，但仍然对我博士论文的选题、思路、写作等进行着远程指导。更重要的是，张老师在同门群里每一次发表学术观点、介绍自己新的奋斗目标，都无比激励着我追随老师的脚步不断"走出舒适区"、向更高峰攀登。衷心感谢张老师如明灯般的指引和教导！祝老师和师母幸福安康！

感谢我的家人、师长和亲友。正是家人的默默支持和陪伴，为我读博解除了后顾之忧，让我可以在工作之外全心投入到博士学习之中。此时此刻，特别要感谢我的妈妈，还记得刚考上博士时你难掩的激动和骄傲，如今博士毕业你却已去了天堂，希望我沉甸甸的学术成果能够告慰你在天之灵。感谢我的女儿千千，你"超过爸爸"的"人生目标"是激励爸爸读完博士、给你增加人生挑战的独特动力。感谢身边每一位支持我的亲人、师长、朋友、同学和同事们，你们不仅在日常生活中，更在很多关键时刻帮助我、鼓励我、鞭策我，让我不松劲。

感谢在博士论文写作过程中对我进行悉心指导和严格要求的冯晓青老师、来小鹏老师、张今老师、李扬老师、李明德老师、杜颖老师和崔国斌老师，从开题到预答辩、答辩，老师们严格把关、提出真知灼见、指出问题不足，给了我大量高水平的学术建议。

还要感谢我在知识产权实务上的领路人朱晓宇律师。如上文介绍的，正是在朱律师带领下参与的"阿里云案"等大量知识产权重大、疑难、复杂案件，启发了我撰写学术论文和学位论文的思路，为我学位论文的选题和写作提供了兴趣点、积累了实践经验、增加了知识储备。

后 记

博士学习告一段落恰恰是新的人生目标开启之时。博士论文的写作让我不断感受到自己在学术上的欠缺，特别是对于如此大篇幅论文的把握能力还不够。这提醒我在今后的日子里，除了在知识产权实务上继续攻坚克难，还要坚持对严谨学术的敬畏和追求，保持学术热情和研究精神，向前辈们学习，无悔地投入到中国知识产权事业之中！

值得一提的是，经过一段时间的修改、整理，本书付梓之时，刚好是母校法大七十周年校庆之际，希望通过这本著作为法大七十华诞送上祝福，聊以报答母校的培育之恩！这段时间，北京和全国不少地方正在经历着新冠疫情三年来最严峻的考验，处于最胶着之时。尼采说："一个人能承受多少真相，是对他精神强度的考验。"唯愿疫情早日散去，自由安宁重归你我。

作 者
2022 年 5 月 16 日